"十四五"职业教育国家规划教材
国家新闻出版署出版融合发展（北师大出版社）重点实验室
重点课题"教育出版融合发展的理论与实践研究"优秀成果

融媒体版

幼儿园教师职业道德
（第2版）

YOU'ERYUAN JIAOSHI ZHIYE DAODE

主　编：左志宏
副主编：李　曼　雷　妍

北京师范大学出版集团
BEIJING NORMAL UNIVERSITY PUBLISHING GROUP
北京师范大学出版社

图书在版编目(CIP)数据

幼儿园教师职业道德 / 左志宏主编．—2版．—北京：北京师范大学出版社，2022.8(2025.8重印)

ISBN 978-7-303-26119-2

Ⅰ．①幼… Ⅱ．①左… Ⅲ．①幼教人员－职业道德－幼儿师范学校－教材 Ⅳ．①G615

中国版本图书馆CIP数据核字(2020)第137062号

出版发行：北京师范大学出版社 https://www.bnupg.com
北京市西城区新街口外大街12-3号
邮政编码：100088
印　　刷：唐山玺诚印务有限公司
经　　销：全国新华书店
开　　本：889 mm×1194 mm　1/16
印　　张：13
字　　数：280千字
版　　次：2022年8月第2版
印　　次：2025年8月第34次印刷
定　　价：32.80元

策划编辑：姚贵平　　责任编辑：李锋娟
美术编辑：焦　丽　　装帧设计：焦　丽
责任校对：陈　荟　　责任印制：赵　龙

前 言

近年，师源性虐童事件时有发生，人们心目中原本“温柔善良、热情可爱”的幼儿园教师变得狰狞可怕。这不得不引发我们对幼儿园教师职业道德的思考：幼儿园教师应具备怎样的职业道德？为何有的教师屡屡触碰职业道德底线，自己却浑然不觉？如何从“德”入手重塑幼儿园教师的职业形象？这些显然是当前学前教育发展中亟待解决的基本问题，也是大中专院校学前教育专业培养未来幼儿园教师必须关注的问题。然而，目前与“教师职业道德”相关的教材，大多是专门针对高校教师、中小学教师的，专门针对幼儿园教师的实属稀缺。虽说同是教师职业，但因幼儿园教师教育对象、教育任务的独特性，其职业道德在具体工作上的要求与高校教师、中小学教师有所不同。因此，编写一本适用于幼儿园教师的职业道德教材，实属必要和重要。

在上述形势下，我们编写的《幼儿园教师职业道德》一书由北京师范大学出版社于 2014 年 7 月出版发行。该教材从职业道德的“知”“情”“行”三个方面入手，在进行理论阐述的同时配以“幼儿教师职业发展的相关法律”“幼儿教师职业心理及调适”和“幼儿园教育活动中的职业道德行为”这样实用性较强的模块，以使教材的理论性与实践性互补共融、相得益彰。特别值得指出的是，“幼儿教师职业发展的相关法律”和“幼儿教师职业心理及调适”这两方面的内容在以往的职业道德教材中极为少见。我们做出这样的尝试基于如下考虑：有些幼儿园教师做出违反职业道德规范的事情，并非仅仅道德层面的原因，还可能是由于对相关法律法规的不了解，抑或是消极职业心理状态下的宣泄不当。因此，熟悉相关法律法规应是幼儿教育从业者职业道德认知建立的基础之一，同时了解职业心理的相关问题及调适方法，也应是幼儿教师提升职业道德情感的重要途径。

随着“立德树人”观念的愈益深入人心，2018 年 11 月教育部印发的《新时代幼儿园教师职业行为十项准则》《幼儿园教师违反职业道德行为处理办法》，对幼儿园教师的职业行为进行了明确规定。因此，在对本教材的修订过程中，我们做出了如下努力：一是在内容上，以习近平新时代中国特色社会主义思想为指导，全面落实立德树人的根本要求，注重学生道德知识、道德情感、道德行为的养成。不仅依据《幼儿园教师专业标准(试行)》的相关规定，明确标准中关于幼儿教师职业认知、心理及行为等方面的内容，帮助幼儿教师更好地理解职业要求，而且对所涉及的相关教育部文件精神进行了更新和补充，贯彻了《幼儿园工作规程》(2016 年修订版)、《新时代幼儿园教师职业行为十项准则》等新时代幼儿教育工作文件的指导思想，使得教材内容紧跟潮流动向，以期培养有理想信念、有道德情操、有扎实学识、有仁爱之心的“四有”好幼师。二是在编排上，在保留原有“名言佳句”“拓展阅读”“幼教故事”等栏目的同时，每一模块都增加了学习目标、思维导图、模块导入等设计，凸显了可读性与可用性，使读者的学习更加便捷。三是在习题的设计上，每一模块结束都设计了包括名词解释、填空题、简答题等形式在内的练习题，并提供参考答案，便于读者自测自查，更好地对单元重点进行复习和巩固。四是在拓展资源上，每一模块都选取了两三个重点或难点内容，以微课的形式进行讲解，读者只需扫描二维码即可进入微课堂，为自主学习提供了便利。

本教材是教育部人文社会科学研究项目“幼儿园教师专业伦理困境与决策研究”(项目编号：18YJA880124)的成果之一。本教材的编写、修订是集体力量与智慧的结晶，参与编写的人员及其分工为：绪论，雷妍、左志宏；模块一，高雯雯、黄瑾；模块二，胡晓月；模块三，林芷立、左志宏；模块四，王瑞梅、左志宏；模块五，李曼、左志宏；模块六，王中宁。本书在编写过程中得到了华东师范大学教育学部、华东师范大学附属紫竹幼儿园的大力支持，同时还得到了北京师范大学出版社姚贵平先生的关心与帮助，在此深表感谢！此外，本书的编写还参考了相关的书籍、报刊和网上内容，在此对作者们一并致谢！当然，由于编者能力所限，书中难免存在不足之处，恳请同行与读者不吝指正(发邮件至 yaoguiping@126. com)。

本书可供学前教育等专业学生作为教材使用，也可供学前教育工作者从事教学、科研等工作时参考。

左志宏

目　录
CONTENTS

绪　论

学习目标

1. 了解道德与职业道德的关系，以及职业道德的发展历程。
2. 了解幼儿教师职业道德涉及的各方面关系。
3. 了解幼儿教师职业道德规范面临的挑战。
4. 了解《幼儿园教师专业标准(试行)》的基本内容和特点，以及其对自我职业发展的启示。
5. 能够从宏观层面理解幼儿教师职业道德的重要性，并从微观层面制定个人职业道德准则。

思维导图

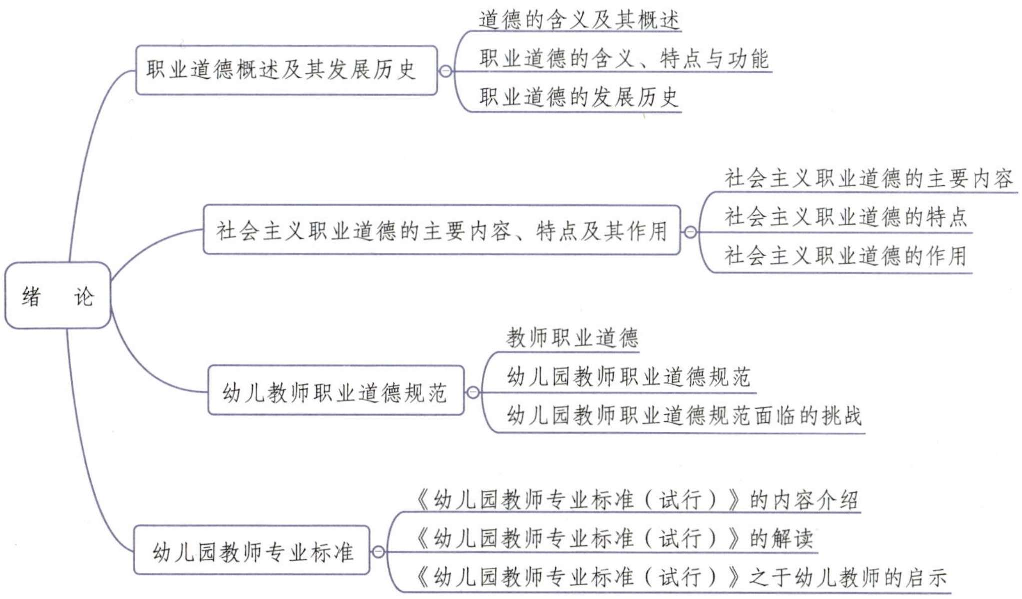

模块导入

“道德绑架”是近年的社会热词，那“道德”究竟是何含义，其发展历程如何？对于幼儿教师行业来说，道德又有哪些特殊性？如何正确理解幼儿教师专业标准及职业道德规范？这些问题将在本模块中找到答案。

学习笔记

教师节到了，家长让孩子给每位老师都送上一份礼物。家长会想，如果自己的孩子不与其他的孩子一样把礼物送给每位老师，那会不会被区别对待呢？而教师会想，别的教师都接受了礼物，自己不接受，那会不会显得不合群呢？家长会不会觉得自己不好亲近呢？

传统意义上代表真挚情意的礼物，被时代赋予了多重含义。随着现代社会分工的发展、专业化程度的增强和人际交往的纷繁复杂，一些传统美德如同“礼物”一般，在得以继承与发展的同时也面临着现实的挑战。

本模块以道德的概述为起点，谈及职业道德的特点及其发展历程，阐述社会主义职业道德的社会功能，探讨现阶段幼儿教师职业道德规范的内容，解读《幼儿园教师专业标准(试行)》，以期读者对幼儿教师职业道德形成宏观和基本的认识，为后续模块的深入学习夯实基础。

单元 1 职业道德概述及其发展历史

被称为“中国人的年度精神史诗”的《感动中国》已经连续举办多年，它以评选出年度最震撼人心、令人感动的十大人物为主打内容，已向全国观众推出两百多位人物。其中有成龙、濮存昕、郎平等光彩耀人的文体明星；也有袁隆平、季羡林、钟南山这样的睿智学者；还有陈玉蓉、洪战辉、谢延信这样的普通百姓。正如主题曲《感动》所表达的——“感动你我，感动中国，这世界有爱才转动；感动你我，感动中国，这世界有爱才永恒”。他们所展现出来的个人品德，或是家庭美德，或是职业道德，抑或是社会公德，都有一种震撼我们心灵的精神力量、道德力量，这力量总能让人感受到人性的光辉！

名言佳句

人君以至诚为道，以至仁为德。
——苏轼

道德并不是虚无缥缈的，它就体现在我们的知情意行之中，可观可感，可践可行。

一、道德的含义及其概述

“道德”二字，在汉语中可追溯到先秦思想家老子所著的《道德经》一书。老子说：“道生之，德畜之，物形之，势成之。是以万物莫不尊道而贵德。道之尊，德之贵，夫莫之命而常自然。”其中“道”指万物生长（自然界运行与人世交往）的规律，而“德”指蓄养万物的方法。只有以“道”为尊，以“德”为贵，才是万物自身发展变化的最自然的状态。但是，《道德经》中的“道”与“德”是两个概念，并无“道德”一词。“道德”二字连用见于《庄子》《荀子》等。荀子在《劝学篇》中写道：“故学至乎礼而止矣，夫是之谓道德之极”，主张把学习的功能与价值归结为提高人的道德品质，认为学习到了“明礼”之境，就是道德的极致。

那么，什么是道德？

马克思主义哲学认为经济基础和上层建筑之间具有辩证关系，经济基础决定上层建筑，上层建筑又反作用于经济基础。道德就是在一定社会经济基础之上产生的一种社会意识形态和上层建筑，是人类社会所特有的，由经济关系决定的，依靠内心信念和社会舆论、风俗习惯等方式来调整人与人、个人与社会以及人与自然之间关系的特殊行为规范总和。①

恩格斯说：“一切已往的道德论归根到底都是由当时的物质生活条件决定的，都是当时社会经济状况的产物。”道德的产生与发展是和人类社会的产生与发展密切相关的，是随着社会经济关系的变化而不断变化的。道德反映着社会和人类发展的要求，反映着特定群体或阶级的利益。它的内容、特征、发展和演变都是受经济关系制约的，具有人类精神的一般特征，是人类精神文明的一种表现。道德，已然成为人类区别于其他动物的一个重要标志。

人类文明从原始社会开始，又经历了奴隶社会、封建社会、资本主义社会、社会主义社会。道德伴随着每个社会发展阶段而不断地继承、发展和创新。道德水平的高低是通过道德现象来体现的。而道德现象又包含道德活动现象、道德意识现象和道德规范现象三个方面。其中，道德活动现象主要是指在一定社会生活环境中，用善恶观念评价个体活动、群体活动等的行为；道德意识现象是指在道德活动中表现出来的具有善恶价值的观念和理论体系；道德规范现象是指在一定社会生活环境中，评价和指导人们行为的准则。② 道德活动现象、道德意识现象、道德规范现象三者之间紧密联系，共同承载着道德，并广泛存在于社会、家庭、个人行为的各个方面。无论哪个社会阶段、哪个社会行业、哪个社会个体，都印刻着道德的痕迹。社会要“以诚信为本”是公德，商人要“童叟无欺”是商德，居家要“尊老爱幼”是美德……这些德行凝结在个人身上就形成了良好的个人品德。社会公德、职业道德、家庭美德和个人品德共同构成道德总和。其中，职业道德建设是重点，它构成道德建设的主体。

学习笔记

名言佳句

道德当身，故不以物惑。

——管仲

扫二维码，学习职业道德

① 中国就业培训技术指导中心：《职业道德》，3页，北京，中央广播电视大学出版社，2007。

② 王平川、宋保忠、张拴升：《教师职业道德新论》，1～6页，西安，陕西人民出版社，2002。

二、职业道德的含义、特点与功能

学习笔记

(一)职业道德的含义

职业道德，是一个偏正短语，即职业的道德，是道德在职业活动中的一种特殊要求和准则，是道德这个庞大体系中的一个重要组成部分，也是职业劳动者素质结构的重要组成部分。深入了解职业的内涵，有助于人们更好地把握职业道德的含义。

职业可以简单地解释为“个人服务社会并作为主要生活来源且相对稳定的工作”。从国民经济活动所需要的人力资源角度来看，职业是指不同性质、不同内容、不同形式、不同操作的专门劳动岗位；从社会角度来看，职业是劳动者获得的社会角色，劳动者为社会承担一定的义务和责任，并获得相应的报酬。职业是责任和权利的有机统一。每一个职业劳动者在履行自己的职业责任、实施自己的职业权利、获取自己的职业利益的过程中，除了要按照法律和职业规范进行各项活动外，还要拥有良好的职业道德才能在职业工作中更好地展现自己，散发出个人或行业的职业魅力。

如此，职业道德就是从事相同职业的人们，通过特定的职业活动所凝结成的具有自身职业特征、比较稳定的并影响和指导自身职业实践的价值观念、道德准则和行为规范的总和。可以说，职业道德是特定职业或行业所具有的软实力。教师以“学而不厌、诲人不倦”受人尊敬，军人以“服从命令为天职”受人敬佩，医生以“救死扶伤”受人爱戴，等等，这些职业道德令职业本身具有特殊的吸引力。

(二)职业道德的特点

1. 职业道德是在职业活动中逐渐形成和完善的，表现出行业性和有限性

职业道德是在特定的行业中，通过职业活动逐渐形成和完善的。行业之间存在差异，各行各业都有自己特定的职业责任和对象，因此，对从事各种职业活动的人们也就有了特定的道德要求。“百年大计、质量第一”是对建筑领域工作者的道德要求，“教书育人、以身作则”是对教师的道德要求，“秉公执法、铁面无私”是对公检法从业人员的道德要求，等等。这些要求都是职业道德的行业性在职业活动中的具体表现。

职业道德存在着个性与共性的统一，它们既相互区别，又相互联系。上文我们谈到职业道德是在职业活动中逐渐形成和完善的，由此，行业的特殊职业活动就成了职业道德生存和发酵的土壤。从事相应工作的岗位活动，遵循相应的职业道德；不同职业所应遵循的职业道德也有所不同。不难理解，某一特定的行业和具体的岗位，存在着与该行业、该岗位相适应的具体的职业道德要求和准则。这些个性化的要求和准则只在特定的职业范围内发挥作用，只能对从事或正在执行该行业、该岗位职责的工作人员具有指导和规范作用，而不能对其他行业和岗

位，或没有正在执行该行业、该岗位职责的工作人员发挥作用。比如，窗口服务行业的工作人员工作时应该面带微笑，但这一特定的职业要求就不能约束法庭上判案执法的法官；空姐在飞机上工作时应面带微笑，但这一特定的职业要求就不能约束她在飞行工作之外的表情和行为。正是因为某一职业道德要求具有有限性，所以每一个职业的从业人员要正确理解和运用与本职业相应的职业道德，从而使该行业、该职业的个性魅力更加鲜明，确保职业活动的顺利开展，以突出职业的特点和优势。

那么这种差异的程度是怎样的呢？其实，不同的职业活动也蕴含着共同的职业道德特征和要求，存在共同的职业道德内容。如诚实守信、友爱互助、艰苦奋斗、戒骄戒躁、兢兢业业等，这些职业道德内容是所有岗位的基本要求，适用于各类职业。职业道德在行业活动中逐步形成与完善，只有将行业独特活动要求下的职业道德与共同的职业道德相结合，才能真正理解职业道德的完整内涵。

2. 职业道德意识和规范代代相传，表现出稳定性和连续性

道德是人类社会所特有的，它由经济关系决定，并且随着社会阶段的发展而发展。职业道德也是在原始社会、奴隶社会、封建社会、资本主义社会、社会主义社会的发展中逐渐产生、发展与完善的。虽然历经了社会的变迁、制度的更迭、统治阶级的更换，但各行各业的职业道德内容（意识和规范）较少发生变化。不论古今中外，“救死扶伤”“治病救人”和“人道主义”始终是医生坚守的医德，汉代华佗、唐代孙思邈、共产主义战士白求恩虽身处不同年代、不同国家，却坚守着相同的职业道德，表现出对优秀职业道德的继承，也表现出职业道德自身的稳定性和连续性。

3. 职业道德能弥补法律调节的不足，表现出一定的强制性

俗话说“不以规矩，不能成方圆”，社会要和谐有序地发展，就需要一定的规矩、规范和准则。“道德”和“法律”是现代社会影响和约束个人行为的两种基本形式。法律是以道德为底线的，法律的设定和实施，以一定的道德为基础。法律带有国家强制性，是硬秩序；与法律相比，道德可被理解为软约束。道德观的建设，既要靠自律，也要靠他律，因此，需要把道德的有关规范纳入法律、法规之中，以职业责任和职业纪律等形式来约束和制止不文明、不道德行为，批评和惩罚落后的、腐朽的思想行为。[①] 职业道德在一定程度上可以弥补法律调节的不足，表现出一定的强制性。正是这一定的强制性才使行业或职业的道德建设所形成的舆论氛围能更好地为行业或职业服务。

4. 职业道德作为一种特殊的精神力量，表现出文化的特性

职业道德与道德相同，属于上层建筑，属于社会意识，属于思想建设，是精

① 赵绥生：《职业道德概论》，37 页，西安，陕西人民出版社，2002。

学习笔记

学习笔记

神文明的重要内容。职业道德以一种特殊的精神力量渗透到职业生活的方方面面，有形无形地影响着人们的思想和道德认识。这种精神力量历经岁月的积累、不断地继承发展，表现出职业文化的特性。孔子曾主张“诲人不倦、言传身教”，强调教师要“以身作则”以更好地完成教育的过程。蔡元培先生指出“教育者，养成人格之事业也”，杜威指出“学校和教师应通过学校生活和各科教学来对学生进行‘间接的道德教育’，教师要靠自己的经验和常识对学生的生活起影响作用”。他们都不约而同地、直接或间接地对教师的德行提出要求，正是这些要求和观念相互融通，逐渐形成了教师的职业道德文化，以一种精神力量支持与鼓励着一代代教育者奉献于教育事业。

5. 职业道德受客观物质的影响，表现出利益相关性

职业道德与物质利益具有一定的关联。各种职业道德规范及表现状况，关系到从业人员的利益。对于爱岗敬业的员工，单位不仅应该给予精神方面的鼓励，还应该给予物质方面的奖励，相反，违背职业道德、漠视工作的员工则会受到批评，严重者还会受到处罚。一般情况下，当企业将职业道德规范，如爱岗敬业、诚实守信、团结互助、勤劳节俭等纳入企业管理时，它都要将职业道德规范与自身的行业特点、要求紧密结合在一起，变成更加具体、明确、严格的岗位责任或岗位要求，并制定出相应的奖励和处罚措施，与从业人员的物质利益挂钩，强调责、权、利的有机统一，以便于监督、检查、评估，直接或间接地促进从业人员更好地履行自己的职业道德。①

（三）职业道德的功能

职业活动要正常进行，除了必要的法律、纪律约束外，还需要职业道德的调节，即通过社会舆论、传统习惯和人们内心信念的力量来影响和约束人们的职业行为，发挥它应有的社会功能。

1. 于个人

职业道德直接影响个人道德行为的发展趋向，对人们的道德品质和人格的形成有重大作用，是促进人们自我完善的必要条件。一个人掌握了正确的职业道德标准，就可以对自己和他人的职业行为做出是荣还是辱，是善还是恶，是高尚还是低下的恰当评价，这有助于劳动者在职业活动中不断提高自己的道德意识，选择高尚的道德行为，健全价值观，促进自我的发展和完善。相反，如果一个人在职业活动中消极怠工或见异思迁，就势必虚度年华、一事无成，更谈不上自我完善。

2. 于社会

职业道德是一个社会精神文明发展程度的突出标志，对于改进和完善人际关系，建设良好的社会道德风尚，纠正行业不正之风有重大作用。

① 邱吉：《职业道德考试指导》，6 页，北京，中央广播电视大学出版社，2008。

学习笔记

职业道德能调节职业关系，维护正常的职业活动和职业生活秩序，是发展物质生产，提高工作效率的精神动力。适应职业活动需要而产生的职业道德，以一定的行为原则和规范来规定人们的职业行为，从而达到调整职业关系、化解职业矛盾、协调整个职业活动的目的。职业道德在调节职业关系时，是以“应当怎样”为尺度来衡量和评价人们的职业行为的。凡是符合职业道德的职业行为，会受到社会的支持、鼓励和赞扬，从而增强人们的职业道德信念，强化这种职业行为；凡是不符合职业道德的职业行为，会受到社会的批评、指责，给当事者造成一种强大的精神压力，促使他改变不道德的行为。

一个人的道德品格和道德境界，往往直接通过自己的职业行为表现出来。一个社会的道德风貌和道德水平，也主要体现在各行各业的职业道德中。职业道德比家庭美德和社会公德更直接、更集中地反映着一个社会的道德要求和道德水平，它突出地反映了整个社会的精神文明发展水平。遵守职业道德反映了人们在职业生活中的共同要求和共同利益，对于建立人与人之间的互相尊重、互相关心、互相爱护、互相帮助的人际关系，形成优良的社会道德风尚，有着重要作用。①

三、职业道德的发展历史

社会发展历程表明，职业道德不是从来就有的，它是伴随职业活动而逐渐形成的。作为社会现象，职业和职业道德都是由于人类社会生产力的提高而产生的，社会分工的出现使其产生具有了社会历史条件。职业道德从萌芽到形成，经历了原始社会、奴隶社会、封建社会、资本主义社会等历史阶段，形成了现在的社会主义职业道德。恩格斯指出：“实际上，每一个阶级，甚至每一个行业，都各有各的道德。”恩格斯的这句话深刻地指明了道德作为一种社会意识关系，总是取决于产生它的那种特定的物质生活关系。各种职业道德产生于特定的职业活动形式，同时又反作用于这些职业活动形式。

（一）原始社会——职业道德的萌芽

在原始社会初期，生产力水平低下，生产、生活条件差，人们靠采摘野果、野菜，打鱼狩猎为生，并不存在社会分工。随着生产力的发展，人类逐渐学会钻木取火、打制石器、磨制石器，一些先进的部落开始驯养动物、种植谷物，出现了人类历史上的第一次社会大分工，即畜牧业和农业的分离。这次社会大分工使低下的劳动生产率得以提高，财富不断增加，生产场所逐渐扩大。后来，人们学会了制造金属工具，于是金属加工业开始出现。同时，原始的纺织业、制陶业等手工业也有了发展。这些彼此独立的手工业的出现及发展，显示出生产的日益多样化和生产技术的日益改进，大大促进了生产力的发展。除了种植谷物、豆科植

① 王平川、宋保忠、张拴升：《教师职业道德新论》，5～6 页，西安，陕西人民出版社，2002。

学习笔记

物和水果作物外，人们开始制作植物油和葡萄酒。于是，出现了第二次社会大分工，即手工业和农业的分离。

第二次社会大分工与第一次社会大分工相比，在性质上发生了很大变化。如果说第一次社会大分工只是简单的部落内部和部落间的物品交换，那么第二次大分工就使得交换产品成为社会生活的必要手段。农业为手工业提供谷物、水果、植物油和葡萄酒，手工业则为农业提供各种金属工具、纺织品、陶器等。这样，自然而然地形成了不同的职业团体。由于人们长期过着不同的职业生活，从事着不同的职业实践，承担着不同的职业责任，于是就形成了不同的劳动习惯、生活习惯，产生了各自的职业利益和需要，形成了因行业不同而产生的职业联系和职业关系，慢慢地萌发了调节、指导、约束人们职业行为的职业道德。然而，由于原始社会的生产力仍不发达，分工也较为简单，所以调整人们之间职业分工的职业道德较少，原始社会的职业道德尚处于萌芽阶段。

(二)奴隶社会——职业道德的形成

由于铁器的出现，生产力得到很大发展，剩余物品不断增加，社会上出现了一部分专门从事艺术、商业活动等的人，进而出现了更加深刻的第三次社会大分工，即农业和商业，以及脑力劳动和体力劳动的分离。与此同时，人类历史上第一个阶级社会——奴隶社会产生。于是，不仅出现了调整阶级关系的阶级道德，而且出现了调整行业和职业关系的职业道德。据《考工记译注》对春秋战国时期社会分工的记载，“国有六职，百工与居一焉，或坐而论道；或作而行之。或审曲面势，以饬五材，以辨民器；或通四方之珍异以资之；或饬力以长地财；或治丝麻以成之。坐而论道，谓之王公。作而行之，谓之士大夫。审曲面势，以饬五材，以辨民器，谓之百工。通四方之珍异以资之，谓之商旅。饬力以长地财，谓之农夫。治丝麻以成之，谓之妇功。”可见，“王公、士大夫、百工、商旅、农夫、妇功”是当时的六大职业，其中百工又“凡攻木之工七，攻金之工六，攻皮之工五，设色之工五，刮摩之工五，抟埴之工二”，共计 30 余种。另外，《考工记译注》又有记述：“凡试梓饮器，乡衡而实不尽，梓师罪之”。这是说检验梓人所制的饮器时，举爵饮酒，二柱向眉，爵中尚有余沥未尽，梓师就要处罚制器的梓人。[①] 这种对于制品质量的要求体现了当时对该职业的道德要求。

不同职业分工有不同的职责，对应不同的职业道德要求。例如，中国古代对官吏提出“恭、宽、信、敏、惠”(《论语·阳货》)、“其身正，不令而行，其身不正，虽令不行”(《论语·子路》)等要求；对将领提出“智、信、仁、勇、严”(《孙子兵法·计篇》)等要求；对教书先生提出“有教无类”(《论语·卫灵公》)、“学而不厌、诲人不倦”(《论语·述而》)等要求。古希腊著名哲学家、思想家柏拉图，在他的著

① 闻人军：《考工记译注》，78、117、128 页，上海，上海古籍出版社，1993。

作《理想国》中也谈到，哲学家的道德是“智慧”，武士的道德是“勇敢”，自由民的道德是“节制”。这三个阶级在国家里面各做各的事，而不互相干扰，便有了正义。这里的“智慧”“勇敢”“节制”已经具有职业道德的意味，是阶级道德在不同职业中的体现。

学习笔记

(三)封建社会——职业道德的初步发展

职业道德在封建社会得到初步发展。在封建社会，职业被分为三六九等，各种手工业者、医生、乐师等，社会地位十分低下。唐代文学家、哲学家韩愈在《师说》一文中说：“巫医乐师百工之人，君子不齿。”其意是，从事巫医乐师百工职业之人，是不能和有地位的仁人君子相提并论的。至于商人，在当时地位就更为低下。汉代史学家司马迁对商人的看法是“行贾，丈夫贱行也”，甚至把商人纳入奸人之列，这代表了当时社会对商人的基本态度和认识。当然，当时商人地位的低下，和中国封建统治阶级历来实行重农抑商、重本抑末的政策有很大关系。至于农民，则“于道德为最高”。正是因为农民在封建社会占多数，所以农民的“安居乐业”职业道德成为封建社会职业道德的主体，承载着其他各行各业的发展。

东汉《太平经》中说：“夫人各自衣食其力”“力强者当养力弱者”。意思是各个行业的劳动者都应该付出自己的劳动，当有剩余的时候应该与贫乏者分享。清末国学大师章太炎曾把我国封建社会的职业总结为16种(农人、工人、裨贩、坐贾、学究、艺士、通人、行伍、胥徒、幕客、职商、京朝官、方面官、军官、差除官、雇译人)，并提出“其职业凡十六等，其道德之第次亦十六等”，意思是16种职业有16种不同的道德要求。统治阶级把各行各业的安于本分、忠于职守的职业道德看作保护现有职业分工和维护其统治秩序的长治久安之方，认为人们只要“安其居，乐其业”，国家就能出现“太平之象”。

封建社会对职业划分等级并未影响职业道德的发展，反而表现出良好的继承。例如，“救死扶伤”的医德在汉代华佗和唐代孙思邈身上体现得淋漓尽致；明清时期的徽商，在经营活动中发生很多义中取利、轻财重义的事例。[①] 然而，由于自给自足的自然经济和等级森严的政治制度的共同作用，封建社会的各种职业道德不可避免地带有浓厚的封建色彩。

(四)资本主义社会——职业道德的快速发展

从18世纪开始，欧美资本主义国家开展工业革命，资本主义进入了机器大工业的发展时期，资本主义工业快速发展。社会分工和生产内部的分工越来越明确具体，形成了更大规模的职业活动，职业道德获得了充分发展。这时不但保留了手工业者、农民、商人、学者、医生、军人等古老传统职业及其职业道德规范，而且出现了诸如律师、工程师、新闻记者等新兴的职业，并形成了一些新的职业道德规范。

① 成思：《我国历史上的良贾、义商及民族传统商德》，载《道德与文明》，1995(3)。

在资本主义社会，各个职业团体之间和各个职业团体内部的人与人之间的关系越来越复杂，人们之间的交往和联系愈益频繁，职业道德对人类相互关系的维系、调节、规范、约束等作用愈加显现，这引起人们对职业道德的愈加重视。由此出现了研究各种职业道德的职业伦理学，如律师伦理学、工程师伦理学、科学工作者伦理学、新闻记者伦理学、医生伦理学等。职业道德获得了较高程度的发展。

学习笔记

然而，由于资本主义社会仍然是以私有制为基础的社会，各种职业道德受到资本主义利己主义、个人主义等原则的影响。

(五)社会主义社会——职业道德的新发展

以生产资料公有制为主体的经济基础和社会主义国家人民当家作主的政治制度，是社会主义职业道德形成的经济和政治条件。

社会主义职业道德是在社会主义、共产主义道德指导下形成与发展的。在社会主义社会，职业道德是社会主义道德体系的重要内容。同时，社会主义道德与共产主义道德归属同一道德体系，是在经济发展水平不同阶段的不同表现。因此，职业道德也是共产主义道德的有机组成部分，是社会主义、共产主义道德在职业活动中的具体化，其中贯穿着社会主义道德和共产主义道德的基本要求和规范。

社会主义社会实现了生产资料公有制和按劳分配，消灭了剥削与被剥削、雇佣与被雇佣的阶级关系和职业关系。各个职业团体之间，各个职业团体内部个人与集体、个人与个人之间，所建立起来的关系都是同志式的平等、团结、互助、合作关系。各种职业只有分工不同，没有高低贵贱之分，都是社会主义事业的必要组成部分。习近平总书记2020年在《在全国劳动模范和先进工作者表彰大会上的讲话》中指出，“劳动是一切幸福的源泉。新形势下，我国工人阶级和广大劳动群众要继续学先进赶先进，自觉践行社会主义核心价值观，用劳动模范和先进工作者的崇高精神和高尚品格鞭策自己，焕发劳动热情，厚植工匠文化，恪守职业道德，将辛勤劳动、诚实劳动、创造性劳动作为自觉行为。”人们不论从事哪种职业，都不仅仅是为个人谋生，都贯穿着为社会、为人民、为集体服务这一根本要求。所以职业道德必须与之相符合、相适应，那就是以集体主义为原则，全心全意为人民服务。

相关链接

我国教师职业道德的发展历史

我国最早对教师提出明确道德要求是在商周时期。但那时教师尚未成为一个独立的职业，往往由奴隶主阶级的官吏兼负教师的职责，即“官师合一”。因此，商周时期对教师的道德要求大多夹杂在政治道德之中，尚未有明确的教师职业道德理论和实践。

春秋时期，随着“私学”的兴起，教师职业正式形成。大教育家孔子不仅广招学生，而且提出了一套比较完整的教师职业道德规范。他要求教师要具有“学而不厌、诲人不倦”的品格，对学生应“有教无类”“一视同仁”“因材施教”“循序渐进”“启发诱导”，教学时要“寓教于乐”“教学相长”，教育学生应以身作则，言行一致，“不能正其身，如正人何”，等等。孟子继承了孔子的教育思想，也强调“教育必以正”，提出了反省、知耻、改过等道德信仰，并在专业知识方面对教师提出了非常严格的要求。他认为，当教师必须具备四个基本条件：“尊严而惮，可以为师；耆艾而信，可以为师；诵说而不陵不犯，可以为师；知微而论，可以为师。”意思是，当教师的人，第一，要有尊严和威信；第二，要有丰富的经验和崇高的信仰；第三，讲学要能循序渐进；第四，要知识精深，通晓细微的道理而加以阐发。

秦汉以后，随着教育职业活动的蓬勃发展，人们对教师职业道德的认识也在教育实践中不断加以丰富、充实和完善。汉代思想家扬雄在《法言》中明确提出“师者人之模范也”，要求教师要为学生做出表率，成为学生效仿的楷模。唐朝是我国文化教育的鼎盛时期，大文学家韩愈在其著名的《师说》中开宗明义指出教师的责任在于“传道受业解惑”，而且提出“弟子不必不如师，师不必贤于弟子”的观点，要求教师甘为人梯，培养学生勇于超越的精神。这些见解都是极为深刻的，对后世教师职业规范的建立具有深远的影响。宋代教育家朱熹一生热爱教育，在白鹿洞书院讲学期间，他曾亲自题写《白鹿洞书院教条》，第一次用学规的形式提出了对教师和学生的道德规范要求。“博学”“审问”“慎思”“明辨”“笃行”是书院教条中提出的师生共勉的道德规范。明清之际的教育家王夫之认为，教学者要“正其志”；“善教人者，示以至善以亟正其志，志正，则意虽不立，可因事以裁成之”；“欲明人者先自明”，否则大义不知其纲，微言不知其隐，“实则昏昏也”，是不能担当教师之职的。

鸦片战争以后，文化教育的性质发生了深刻的变化，诸多有识之士开始提倡新学，反对旧学，主张改革教育，学习西方。康有为、梁启超、蔡元培、杨昌济等一大批教育家对教师职业道德也提出了新的规范要求。教育家陶行知先生要求教师“应当做人民的朋友”，应有“农夫的身手，科学的头脑，艺术的兴味和改造社会的精神”，要“敢探未发明的新理”，“敢入未开化的边疆”，要“虚心地跟一切人学”。他提出第一流的教授必须具有两种要素：“一有真知灼见；二肯说真话，敢驳假话，不说谎话。”陶行知先生为广大教育工作者树立了“捧着一颗心来，不带半根草去”的献身人民教育事业的师德形象。

中国历史上的教师职业道德，反映了不同历史时期教育中的伦理关系，是当时社会对教师的基本道德要求。虽然不可避免地带有特定时代和阶级的局限性，但其中包含的合理成分已逐步演化成一种超越时空的永恒，成为我国教师职业道德发展历史上熠熠生辉的精神丰碑。

资料来源于钱焕琦：《教师职业道德》，18～19 页，上海，华东师范大学出版社，2008。

单元2 社会主义职业道德的主要内容、特点及其作用

学习笔记

2011年10月，党的十七届六中全会通过《中共中央关于深化文化体制改革推动社会主义文化大发展大繁荣若干重大问题的决定》(以下简称《决定》)。《决定》提出要树立和践行社会主义荣辱观。①要深入开展社会主义荣辱观宣传教育，推进公民道德建设工程，深化群众性精神文明创建活动，拓展各类道德实践活动，全面加强学校德育体系建设，深入开展学雷锋活动，开展道德领域突出问题专项教育和治理，把诚信摆在突出位置。②要大力推进政务诚信、商务诚信、社会诚信和司法公信建设，抓紧建立健全覆盖全社会的征信系统，加大对失信行为的惩戒力度。③要加强法制宣传教育，弘扬科学精神，深入开展反腐倡廉教育。社会主义职业道德作为社会主义精神文明的重要内容，被长期地摆在突出位置。那么，什么是社会主义职业道德呢?

一、社会主义职业道德的主要内容

社会主义社会是建立在生产资料公有制占主导地位的基础之上的，社会上各种职业活动均以共同富裕为目标，主要是为了满足人民群众生产和生活的需要。社会主义社会消灭了人与人之间的剥削关系和职业之间、职业内部之间的雇佣关系，无产阶级和广大劳动人民成了职业的主人。职业人员的个人利益、职业利益和社会利益在根本上是完全一致的，从事不同职业的人有着共同的理想、共同的奋斗目标，这使自觉遵守和维护包括从业人员自身利益在内的社会公共利益和职业道德规范成为可能。在社会主义事业大家庭中，人与人之间只有分工不同，而没有职业的高低贵贱之分。在这种情况下，人们的职业道德才有了鲜明的共性，才能树立以为人民服务为核心，以集体主义为原则的社会主义职业道德。[①]

> **想一想**
>
> 党的二十大报告提出，实施公民道德建设工程。推动明大德、守公德、严私德，提高人民道德水准和文明素养。
>
> 作为未来的幼儿教师，你现在准备如何做?

社会主义和共产主义是在公有制经济基础上经济发展水平两个的不同阶段。建设中国特色社会主义，最终目的是实现共产主义。因此，社会主义职业道德必须以共产主义思想为指导。目前，我国还处于社会主义初级阶段，生产力发展仍不均衡，不同地区、不同行业、不同职业之间的社会主义职业道德水平也存在较大的差距。在此客观条件的基础上，提出具有指导和引导意义的社会主义职业道德是非常重要而且必要的。

社会主义职业道德以为人民服务为核心，以集体主义为原则，以爱祖国、爱人民、爱劳动、爱科学、爱社会主义为基本要求，以爱岗敬业、诚实守信、办事公道、服务群众、奉献社会为主要规范和主要内容，以社会主义荣辱观为基本行为准则。[②] 它的提出直接体现着社会主义精神文明的性质和方向，对社会经济、

① 武菊芳:《试析社会主义职业道德的内涵、外延及层次》，载《河北医学院学报》，1987 (7)。

② 中国就业培训技术指导中心:《职业道德》，22页，北京，中央广播电视大学出版社，2007。

政治的发展具有巨大的能动作用。加强社会主义职业道德的教育和宣传有助于公民个人形成“爱国、敬业、诚信、友善”的价值观念；有助于社会实现“自由、平等、公正、法治”的友爱氛围；有助于国家和民族早日实现“富强、民主、文明、和谐”的伟大复兴。

学习笔记

二、社会主义职业道德的特点

(一)社会主义职业道德具有先进性

社会主义职业道德与以往社会的职业道德相比具有先进性。这种先进性是由两方面的原因决定的。一方面，社会主义职业道德是建立在生产资料公有制基础之上的，它既是社会主义经济关系的反映，又对社会主义经济基础产生巨大的能动作用。在社会主义条件下，各行各业的职业利益都与公有制相联系，职业道德建立在平等合作的关系之上，从业者之间的利益在根本上是一致的，各行各业之间社会地位平等、根本目标一致。从业者之间有了为社会主义事业服务的共同愿望，有了既竞争又协作、既约束又互助的牢固基础，从而使社会主义职业道德在新型社会关系上具有先进性。另一方面，社会主义职业道德是在批判继承历史上职业道德的优秀成果和总结发扬行业先进人物的优秀品质的基础上，逐步丰富和发展起来的。社会主义职业道德规范不仅包括传统职业道德中爱岗敬业、忠于职守、勤俭节约、艰苦创业、遵纪守法、诚实守信等精华部分，而且有社会主义现代化建设所需要的锐意改革、勇于竞争、用户至上、质量为本等新内容①，这就使得社会主义职业道德在内容上具有先进性。社会关系和内容上的先进性是社会主义职业道德永葆青春的基础，但要想每个人都能具备良好的社会主义职业道德水平，必须加强社会主义职业道德的教育、引导和实践。

(二)社会主义职业道德评价标准具有客观实用性与创新性

现阶段，社会主义职业道德是以社会主义荣辱观为评价标准的。荣辱观是人们对荣誉和耻辱的根本看法和态度，是世界观、人生观、价值观的重要组成部分。在建设社会主义市场经济初期，对职业活动的善恶评价，是以中央提出的“四个一切有利于”为标准的。即一切有利于解放和发展社会主义生产力；一切有利于国家统一、民族团结、社会进步；一切有利于追求真善美，抵制假丑恶，弘扬正气；一切有利于履行公民权利与义务，用诚实劳动争取美好生活。

随着社会的发展，社会主义核心价值体系逐步建立起来，践行社会主义荣辱观，是中华民族传统美德、优秀革命道德与时代精神的完美结合，反映了社会主义道德的基本要求。党的十八大首次提出，要倡导富强、民主、文明、和谐，倡导自由、平等、公正、法治，倡导爱国、敬业、诚信、友善，积极培育和践行社

---

① 赵绥生：《职业道德概论》，48～49 页，西安，陕西人民出版社，2002。

学习笔记

会主义核心价值观。社会主义社会职业道德从“四个一切有利于”向“八荣八耻”的升华，再到时下的32字方针，体现出职业道德评价标准的客观实用性与创新性。

（三）坚持为人民服务是社会主义职业道德的核心

历史唯物主义认为，人民群众既是物质财富的创造者，又是精神财富的创造者。2021年11月，十九届六中全会也阐明，中国共产党来自人民、植根人民、服务人民，一旦脱离群众就会失去生命力。人民群众，作为社会财富的创造者，作为中国共产党的执政根基，理应成为享有财富的人，并接受优良服务。社会主义生产资料公有制决定了生产的目的是满足人民群众日益增长的物质文化生活需要。因此，把为人民服务作为社会主义职业道德的核心，既符合历史唯物主义的基本观点，又符合社会主义生产目的，集中地体现了社会主义职业道德的根本要求，同时也是社会主义职业道德的突出特点。

为人民服务与社会主义职业道德基本规范之间是不可分割的，社会主义职业道德的基本规范都是围绕为人民服务这一核心展开的，是这一核心的体现和要求。无论哪种职业，都是现代化建设必要的组成部分，在不同社会分工的前提下，职位不分高低贵贱，每一个劳动者付出的劳动都是社会总劳动中不可缺少的一部分，他们所做的一切都是为人民服务的。因此，各行各业可以形成共同的道德要求。尽管人们的职业不同，为人民服务的内容方法不同，但基本点都应该是关心人民、爱护人民、帮助人民、服务人民，这是社会主义社会每一个从业人员职业行为的根本出发点。①

（四）坚持集体主义是社会主义职业道德的原则

在社会主义市场经济条件下，集体主义作为公民道德建设的原则，是社会主义经济、政治和文化建设的必然要求。在处理各种不同利益关系时，人们都应坚持集体主义原则。职业道德是调整从业人员与服务对象、从业人员之间、职业与职业之间，以及职业活动和社会之间各种关系的行为规范。这些错综复杂的关系，究其根本都是利益关系，要正确处理这些关系，就必须坚持集体主义原则。在社会主义职业道德建设中坚持集体主义原则，要求从业人员以集体为家。“爱校如家”“厂兴我荣、厂衰我耻”“大河无水小河干、小河无水大河浅”，这些都是职业道德中集体主义意识的表现。随着社会主义市场经济的建立，一些优秀的企业坚持把从业人员的个人梦想与企业的未来愿景相结合，提出共同的企业文化或理念，让企业的每个员工都具有“企业一分子”的集体主义感，而企业员工也在这种企业文化的感召下，坚持个人利益服从集体利益，甘愿为企业的发展不懈奋斗。

① 赵绥生：《职业道德概论》，55页，西安，陕西人民出版社，2002。

三、社会主义职业道德的作用

(一)社会主义职业道德是个人职业行为的精神动力

在个人职业行为中，道德需要、道德动机、道德情感和个人意志、个人信念构成了个人职业行为的动力系统。当前，中国梦就是我们每个人最大的职业行为动力。中国梦是民族的梦，也是每个中国人的梦。只要我们紧密团结，万众一心，为实现共同梦想而奋斗，实现梦想的力量就无比强大，我们每个人为实现自己梦想的努力就拥有了广阔的空间。生活在我们伟大祖国和伟大时代的中国人民，共同享有人生出彩的机会，共同享有梦想成真的机会，共同享有同祖国和时代一起成长与进步的机会。这种需要、动机和个人信念是个人工作的原动力，无论各行各业，只要有梦想、有机会、有奋斗，一切美好的东西都能够创造出来。中国梦促使每个从业人员在职业行为中充分地展示自己的聪明才智，共享创造精彩人生。

(二)社会主义职业道德对个人职业行为起导向作用

职业道德对每个人的职业活动具有一定的约束和导向作用，每个人的职业道德水平高低与个人所受的道德教育和宣传相关。企业严明的职业纪律，严格的职业道德规范、要求，促使每一个从业人员不断地朝着积极工作、钻研业务、遵纪守法、廉洁奉公的方向努力。个人职业道德素质的不断提高，可以引导、促使每个人全面发展。在现实生活中，管理严格的企业的经济效益相对要好一些，而管理不善的企业的经济效益相对要差一些。同一个人，在职业道德执行严格的企业是一种表现，在职业道德执行不严格的企业是另一种表现。可见，不同的职业道德要求具有不同的导向作用。

社会主义职业道德是以社会主义核心价值体系为基础的。2021 年 11 月，十九届六中全会通过《中共中央关于党的百年奋斗重大成就和历史经验的决议》，其中提出要推进社会主义核心价值体系建设，建设社会主义精神文明，发展社会主义先进文化，推动社会主义文化大发展大繁荣。社会主义核心价值体系在中国整体社会价值体系中居于核心地位，发挥着主导作用，决定着整个价值体系的基本特征和基本方向。社会主义核心价值体系包括三个方面：①建设目标：富强、民主、文明、和谐；②美好社会：自由、平等、公正、法治；③道德规范：爱国、敬业、诚信、友善。这几个方面的基本内容相互联系、相互贯通，共同构成辩证统一的有机整体，对各行各业的职业行为具有良好的导向作用。建立社会主义核心价值体系，必须坚持马克思主义在意识形态领域的指导地位，牢牢把握社会主义先进文化的前进方向，大力弘扬民族优秀文化传统，积极借鉴人类有益的文明成果，充分调动积极因素，凝聚力量、激发活力，进一步打牢全党全国各族人民

学习笔记

相关链接

用社会主义核心价值观铸魂育人。

把社会主义核心价值观融入法治建设、融入社会发展、融入日常生活。

——习近平总书记在中国共产党第二十次全国代表大会上的报告

想一想

通过学习各行各业道德模范先进事迹，思考职业道德在新时代的现实意义。

团结奋斗的思想道德基础，形成全民族奋发向上的精神力量和团结和睦的精神纽带，为构建社会主义和谐社会提供精神动力支持，为社会主义的各个职业提供正确的理论导向。

学习笔记

(三)社会主义职业道德有助于社会经济的发展

马克思主义哲学告诉我们，社会存在和社会意识具有辩证统一的关系，社会存在决定社会意识，社会意识对社会存在具有能动作用。职业道德作为一种社会意识形态，在原始社会、奴隶社会、封建社会和资本主义社会对社会经济的发展发挥了一定的推动作用。社会主义职业道德更以其先进性和创新性等优秀内容和良好品质，大大推动着现阶段社会经济的发展。大量的事实证明，哪一个行业、哪一个企业重视职业道德建设，该行业或企业的氛围便更加和谐融洽，其文化便更加繁荣丰富，其生产效率就会提高，产品质量也会提升，该行业或企业的形象、信誉和服务水平也会上一个新台阶，进而大大提高该行业或企业的经济和社会效益。在知识管理和文化管理成为大趋势的今天，各行各业只有大力加强社会主义职业道德建设，才能使社会主义现代化建设事业健康发展，才能使社会主义国民经济持续、稳定、健康、协调地发展。

相关链接

弘扬诚信文化，健全诚信建设长效机制。发挥党和国家功勋荣誉表彰的精神引领、典型示范作用，推动全社会见贤思齐、崇尚英雄、争做先锋。

——习近平总书记在中国共产党第二十次全国代表大会上的报告

(四)社会主义职业道德有助于促进社会主义精神文明建设

社会的道德风貌与水平，表现在每个人道德品格和道德境界在各行各业中的职业行为，集中反映着社会的整体精神文明。加强社会主义职业道德建设，不仅是社会主义市场经济的内在要求，也是社会主义现代化建设的内在动力，还是促进社会主义精神文明建设的有效方式。

社会主义精神文明是各行各业道德水平和道德风貌的综合反映，往往通过各行各业的职业风气和道德水平表现出来，各行各业的职业风气又是通过具体单位和个体从业者的职业道德风貌体现出来的。因此，层层递进，培养个人的职业道德，塑造良好的企业道德，加强社会主义职业道德风气，从而烘托社会主义核心价值体系的职业道德氛围，那么，社会主义精神文明建设将得到质的飞跃。

相关链接

习近平在全国教育大会上讲话要点节选

2018年9月10日，全国教育大会在北京召开。中共中央总书记、国家主席、中央军委主席习近平出席会议并发表重要讲话。他强调，在党的坚强领导下，全面贯彻党的教育方针，坚持马克思主义指导地位，坚持中国特色社会主义教育发展道路，坚持社会主义办学方向，立足基本国情，遵循教育规律，坚持改革创新，以凝聚人心、完善人格、开发人力、培育人才、造福人民为工作目标，培养德智体美劳全面发展的社会主义建设者和接班人，加快推进教育现代化，建设教育强国，办好人民满意的教育。

9 月 10 日是我国第三十四个教师节，习近平代表党中央，向全国广大教师和教育工作者致以节日的热烈祝贺和诚挚问候。他强调，长期以来，广大教师贯彻党的教育方针，教书育人，呕心沥血，默默奉献，为国家发展和民族振兴做出了重大贡献。教师是人类灵魂的工程师，是人类文明的传承者，承载着传播知识、传播思想、传播真理，塑造灵魂、塑造生命、塑造新人的时代重任。全党全社会要弘扬尊师重教的社会风尚，努力提高教师政治地位、社会地位、职业地位，让广大教师享有应有的社会声望，在教书育人岗位上为党和人民事业做出新的更大的贡献。

单元 3 幼儿教师职业道德规范

扫二维码，学习教师职业道德

任何职业都有与该职业特点相适应的行为准则或规范要求。医生救死扶伤，法官明镜高悬，商人诚信公平，都是具有职业特点的职业道德。教师道德也是一种职业道德。教师的职业道德，是教师和一切教育工作者在从事教育活动中必须遵守的道德规范和行为准则的总要求。

一、 教师职业道德

教师的道德是由一定的经济基础制约的社会意识形态，是一定社会经济条件的反映。毋庸置疑，幼儿教师的职业道德自然也受到社会经济条件的制约。从表面上看，幼儿教师以怎样的知识和品德去面对幼儿以及处理教育过程中的各种关系，似乎是“个人的事”。然而，教育作为社会活动的特殊领域，决定了教师对教育行为的选择并不能随心所欲，教师必须依据社会的物质生产关系来指导自己的行为。

学习笔记

奴隶社会生产关系需要残酷、服从、刚毅的武士和奴役者，封建社会生产关系需要合乎统治阶级利益的人才，资本主义社会生产关系需要具有经济知识的接班人……社会经济条件的变革，必然推动整个社会生活的进步，引起人们的价值观、审美观、伦理道德观念等发生变化。作为反映一定经济基础的教师道德自然也会发生变化，人们必然根据社会经济条件的发展，对教师道德不断提出新课题、新要求，一切同新的经济状况不相适应的教师道德观念都要被摒弃。随着社会主义生产关系的逐步建立，学校教育的目的趋向于把青少年一代培养成社会主义现代化建设的合格人才，因此，要求教师热爱教育事业，教书育人，依法执教，为人师表……这些教师职业道德规范比历史上一切旧的教师职业道德规范更进步、更高尚。①

① 朱明山：《教师职业道德修养——规范与原理》，47 页，北京，华龄出版社，2006。

相关链接

日本教师职业道德概况

近代学校创办之后，日本政府大力创办师范学校，着手培养大量适应工业化和开放社会需要的教师，主张"师魂通士魂"，也就是要求教师具有武士精神，为国家尽心尽力。19世纪80年代，日本第一任文部大臣森有礼制定了师范学校令，它所规定的"顺良""信爱""威重"的品质，对日本师德规范的形成产生了一定的影响。

第二次世界大战后，日本广大教师从政府发动侵略战争、人们饱受战争之苦的现实中开始觉醒，并力图追求民主主义的"现代教师形象"。1947年，日本教职员组织成立，通过了以提高教职员地位与建设民主主义教育文化为目标的《宣言》。1952年，日本教职员组织通过了《伦理纲要》，规定：①教师要肩负起日本社会的课题，同青少年一道生活；②教师要为教育机会的均等而斗争；③教育要保卫和平；④教师要站在科学真理的立场上行动；⑤教师不容许教育自由遭受侵犯；⑥教师要寻求公正廉明的政治；⑦教师要同家长一道跟社会的颓废作斗争，创造新文化；⑧教师是劳动者；⑨教师要维护生活权益；⑩教师要团结。至今，《伦理纲要》仍然是日本教师从业的指南，对现代日本的教师职业道德产生了深远的影响。

资料来源于杨芷英：《教师职业道德》，79页，北京，高等教育出版社，2007。

学习笔记

(一)教师职业道德的特点

1. 从要求看，教师职业道德具有高层次性

教师与其他职业不同，职业劳动目的凸显育人性，劳动任务更具艰巨性，劳动过程务必注意示范性，劳动手段具有创造性，最终劳动成果具有持久性。正是由于教师这一职业的特殊性，历代的教师职业道德都比较全面、丰富，要求教师在处理人际关系中，不但要协调好自身与学生、同事、领导、学校、家庭、社会的关系，更要处理好学生与学生、学生与家庭、学生与学校、学生与社会的关系，重视家庭、学校、社会对学生的教育和影响。

教师在教育过程中以脑力劳动为主，表现出相对的独立性和灵活性。也可理解为，教师的劳动质量常常处于无人监督的情况下。例如，教师是否充分备课、是否认真批改作业、是否耐心教育学生、是否进行家访等，主要取决于教师是否自觉、自律。正因如此，利益的驱动可能在潜意识中影响教师的价值判断，思想觉悟的高低可能决定教师教育行为付出的多寡。

社会和他人对教师职业道德的要求总是在整个社会道德体系中处于较高水平和较高层次。因而，教师职业道德的高层次性，就是要求体现出职业道德的全面丰富性和高自觉自律性，就是让作为人类道德继承和发展的主要桥梁和纽带的教师，必须发挥积极的作用。

2. 从行为看，教师职业道德具有很强的典范性

教师的劳动对象是可塑性和模仿性强、世界观和人生观以及性格品质正处于

形成阶段的学生。学生常常不自觉地效仿教师的言行、为人处世的态度，乃至性格、气质和习惯。无论教师本人是否意识到，其一言一行、一举一动都在潜移默化地感染着学生。正是由于学生“向师性”的鲜明特点，几千年来，尽管社会制度几经变迁，教育制度和教育内容几经变化，但教师在道德上应起表率作用、应为楷模的观念世代相传。

学习笔记

习近平总书记在党的十九大报告中指出，我们要“加强师德师风建设，培养高素质教师队伍，倡导全社会尊师重教”。为了实现教育改革和教育面向社会的要求，完成历史赋予教师的崇高使命，人民教师必须向自己提出更高的道德要求，在学生乃至整个社会面前，树立起更高的道德威望和道德形象，成为学生和全社会的道德楷模。

3. 从影响看，教师职业道德具有深广性

教师职业道德的“深”是就程度而言的，指教师职业道德在教育过程中不只作用于学生的感官，还直接深入学生的心灵，塑造学生的性格和品德；不但会影响学生在校期间的成长，甚至会影响学生的一生。这种强大的穿透力是其他类型的职业道德无法比拟的。

教师职业道德的“广”是就范围而言的，指教师职业道德不仅作用于在校学生，而且会通过学生影响学生的家庭甚至整个社会。在现代社会中，随着教育的普及以及教师社会地位的提高，教师与社会的接触越来越多，联系面也越来越广。他们的思想境界、行为举止也将越来越多地影响社会的各个阶层和各个行业，进而影响整个社会的道德风尚。①

相关链接

只是一名教师

你握住的不仅仅是学生的手，你握住的是他的未来，
在他的脑海里，你并不仅仅是一名教师，你还触碰了他的心灵，
你并不仅仅拭干他的泪水，抚慰他的心灵，
你，已经成为他的一部分了。

你并不是与学生分享短暂的一刻，而是成为一种记忆，
当你不在的时候，你已经深入了他们的内心，
你并不知道你的力量有多么强大，
你影响了一代人，而他们又将影响下一代人。

① 钱焕琦：《教师职业道德》，23～24 页，上海，华东师范大学出版社，2008。

所以，“做一名教师”并不是简单的事情，
除了语言，你还有很多要做的，
你要在那一刻感到自己是了解学生的，
或是他今天也同样对你微笑了。

你握住的不仅仅是学生的手，你牵起的是他的未来，
你并不仅仅是教给他知识，更深入了他的内心，
你并不仅仅拭干了他的泪水，更抚慰了他的心灵，
你，已经成为他的一部分了。

资料来源于[美]布鲁肖等：《改善学生课堂表现的50个方法：小技巧获得大改变》，于涵译，174～175页，北京，中国青年出版社，2019。

(二)教师职业道德的基本原则

1. 确立教师职业道德原则的依据

学习笔记

教师职业道德是一种社会意识形态，它总是要通过相应的行为准则来反映和满足客观现实要求，从而为巩固和发展社会经济服务。当然，这种行为准则的内涵是广泛的、多方面的，只有反映当时社会关系的性质，代表一定阶级的根本利益的行为，才能作为教师职业道德的基本原则。

教师职业道德原则作为教师职业行为具有应然意义的规定，它不应是学者们纯粹理论推演的结果，也非教育主管部门脱离实际的臆想，它必须有充分的依据：第一，必须反映社会主义道德对教师行为的基本要求，维护工人阶级和广大人民群众的根本利益；第二，必须反映教育职业劳动的基本特点，从根本上协调教育劳动中的利益关系；第三，必须体现教育活动自身所特有的规律；第四，必须能从根本上反映社会主义条件下教师职业道德自我完善的主体追求，教师不再消极被动地接受社会及教育劳动对自己的基本行为要求，而是把教师职业道德看作一种能动的主体追求；第五，必须在教师职业道德体系中具有最普遍的指导作用。①

2. 教师职业道德的基本原则

教师职业道德原则就是教师在教育职业活动中正确处理各种矛盾、调整各种利益关系所应遵循的最根本的行为准则。它贯穿于教师教育劳动的始终，对教师的教育行为起着根本指导作用。

(1)忠于人民教育事业原则

教师职业道德具有一定的阶级性。第一，教师处在一定的阶级关系中，由于受到政治、经济、文化等因素的制约，自然会提出合乎一定阶级利益的教师职业

① 王平川、宋保忠、张拴升：《教师职业道德新论》，61～62页，西安，陕西人民出版社，2002。

道德要求；第二，统治阶级从自身利益出发，领导教育事业，运用舆论宣传，直接向教师提出合乎本阶级或社会利益的职业道德要求；第三，对教师职业道德的评价，对“善”“恶”的界定，也随着社会及历史发展阶段的不同而有不同的标准。受以上三个方面的影响，教师的职业道德必须在阶级道德的原则和规范的指导下，建立一些具体的、适应教师职业要求的道德规范，作为阶级道德的具体化和补充。

在社会主义制度下，人民成为社会的主人，为人民服务是社会主义道德建设的核心。教师工作是社会主义现代化建设的组成部分，教师职业是为社会主义物质文明和精神文明建设服务的崇高职业。社会主义教师职业道德，是在社会主义道德原则和规范的指导下形成和发展的，从根本上维护工人阶级和广大人民群众的利益。这就要求教师必须忠于人民的教育事业，为社会主义事业培养人才。忠于人民教育事业是社会主义教师道德区别于其他社会教师道德的根本标志。

所谓忠于人民教育事业，就是把人民的教育事业看作中国特色社会主义事业的重要组成部分，积极主动地把自己从事的具体工作与整个社会主义事业联系起来，对祖国的前途、人民的幸福具有高度的责任感和使命感，并将其转化为献身人民教育事业的坚定信念和为人民教育事业努力奋斗的实际行动。忠于人民教育事业，是社会主义时期对教师提出的根本要求，也是进行教师道德评价的根本标准。①

(2)教育人道主义原则

正确理解人道主义是探讨教育人道主义原则的前提。

从历史上说，人道主义主要指欧洲文艺复兴时期新兴资产阶级反对神学和神道、反对封建专制的一种思想体系。人道主义起源于 14 世纪下半叶，最初是以一种新的伦理原则和道德规范的形式出现的。针对宗教神学抬高神而贬低人的思想倾向，当时的人道主义者(人文主义者)用各种形式热情地赞美人的尊严，歌颂人的伟大，高扬人的价值。就其本义来讲，人道主义首先指的是一种伦理道德原则，它是针对非人道、非人性而言的。作为一种道德精神，人道主义在价值领域里确立了“人是目的”这一根本的道德原则。它主张去掉一切标签，以人就是人的眼光来看待人和处理人与人之间的关系，追求人的全面发展和自我完善。它凝聚为一个无条件的道德指令：每个人在追求自己的幸福时必须尊重他人的权利，不得有损他人的利益。它还蕴含着一个普遍的道德要求：人类命运共同体中的任何人都不应对其他成员的命运漠不关心。② 这些基本原则，正是人道主义历久不衰

学习笔记

想一想

“构建人类命运共同体是世界各国人民前途所在。万物并育而不相害，道并行而不相悖。”

结合教育的人道主义原则，谈谈你对党的二十大报告中这段话的理解。

① 王茝：《幼儿教师道德评价标准探析》，载《中国成人教育》，2010 (2)。
② 杨芷英：《教师职业道德》，48～49 页，北京，高等教育出版社，2007。

的魅力所在，具有不被任何时代与社会环境所遮蔽的普遍适用性。

人道主义开始于欧洲文艺复兴时期，发展于资本主义社会，那么提倡教育人道主义，是否就是反对马克思主义、在教育领域搞资产阶级自由化呢？

学习笔记

事实上，人道主义有资本主义人道主义和社会主义人道主义（或无产阶级人道主义）两大类型。资本主义人道主义经历了不同的发展阶段，展现出不同的形态，但具有一些共同的东西：以人性为理论基础，以自由、平等、博爱为基本原则，以个人主义为核心。而社会主义人道主义则从社会发展的客观规律出发，主张消灭剥削、消灭私有制，促进一切社会成员的自由发展。

马克思主义反对资本主义人道主义从人出发来说明历史，反对从抽象人性论来讨论人的解放；但并不一概地反对人道主义，并不否认人道主义所追求的人的解放的思想。马克思主义主张无产阶级人道主义，是对资本主义人道主义的超越，即主张基于社会发展的客观规律和社会实践（变革）来讨论人的解放追求和实现全体社会成员的自由发展。如果把人道主义和马克思主义对立起来，那么既没有看到人道主义有资本主义人道主义和社会主义人道主义的区分，也没有看到马克思主义对资本主义人道主义是超越而不是简单否定，更否认了无产阶级人道主义是马克思主义的重要方面。究其根本，人道主义与马克思主义和社会主义对人的关怀和尊重是相契合的，都是调节人与人之间关系的基本的伦理原则和道德规范，理应成为社会主义道德体系的重要组成部分。

正如人道主义可以成为马克思主义的组成部分一样，教育人道主义也应该为教育者所遵循。教育人道主义，就是人道主义道德精神中所蕴含的那些恒常性的理想和普遍原则在教育领域的具体体现与运用，是学校教育应当遵守的基本道德原则。它强调教育要尊重人的发展需要，要合乎人性，要维护人的权利、提升人的价值。

相关链接

从中西方教育思想发展的角度理解教育人道主义原则

早期的人文主义者大都对教育倾注了极大的热情，他们普遍接受了古希腊时期自由教育的思想，在教育目的、教育方法、教育内容、课程设置以及道德教育等方面努力实践人文主义的教育理想。如伟大的教育实践家维多利诺认为，教育不仅是为了培养神职人员，而且是为了培养身体的、精神的及道德的和谐发展的人。教育思想家拉伯雷对经院主义主张烦琐论证、死记硬背的教学方法深恶痛绝，认为教学与学习的过程应当如同“国王在消遣”一般轻松愉快。这些思想集中体现了早期人文主义者力求将教育从中世纪教会和经院哲学的统治下解放出来的强烈愿望，是教育人道主义最初的表现形态。

18 世纪，随着人文主义教育思想的广泛传播，启蒙思想家又对封建教育发起了更为彻底的挑战。法国思想家卢梭强烈谴责“为了不可靠的将来而牺牲现在”的教育是“野蛮的教育”，要求给儿童以充分的自由，遵循儿童的天性实施“自然教育”。瑞典著名的民主主义教育家裴斯泰洛齐则提出了“教育意味着完整的人的发展”的思想，他强调“使人的头脑、心灵和手这些特有的能力得以展开和发展”，“如果片面地培养某种力量……他造出的只能是半人，不会干任何有益活动的半人”。这些观点都带有浓厚的人道主义色彩，对后世的教育产生了极为深远的影响，是教育人道主义第二大发展形态的典型代表。

19 世纪末至 20 世纪初，欧洲兴起的新教育运动和美国的进步教育思潮也都主张研究儿童的特性，重视儿童自身在教育中的主体地位及其创造活动，反对把儿童视为强制行为的对象。他们的观点虽然有一些片面性和不成熟性，但仍然是对教育人道主义思想的极大丰富和拓展。第二次世界大战以后，以马斯洛、罗杰斯等为代表的人本主义教育思想家从整体的人出发，围绕人的自我实现，主张学校教育就是自我实现、完美人性的形成以及人的潜能的充分发展，从而使教育人道主义思想发展到一个新的阶段，即人本主义教育思想的阶段。可见，教育人道主义的思想传统在西方教育发展的历史可谓源远流长。再追溯东方教育发展的历史，苏联教育家阿莫纳什维利、马卡连柯、苏霍姆林斯基都是成功实践教育人道主义精神的典范。苏霍姆林斯基曾经明确指出：“没有起码的人道就不可能有共产主义道德”，“培养人道主义情感是确立道德修养最重要的方面之一”。在我国，斯霞老师的“母爱教育”以及近几年兴起的“愉快教育”“情感教育”“尊重的教育”“新基础教育”等都要求凸显人在教育中的地位，也同样饱含教育人道主义精神。

中西方教育思想发展的历史已经无可辩驳地向我们揭示：教育人道主义思想具有超越时空的普遍适用性，它是学校教育应当遵守的伦理原则。从根本上来说，人道主义与教育的结合不是任何外力的强迫，而是教育本质的内在要求。教育是一项培养人的社会事业，一切教育活动都是围绕人并且是为了人而展开的，人是教育的核心和旨归。真正的教育，“真正充满着对儿童之爱的教育和教学方法，应该是建立在人道原则的基础上的”。这一本质就内在地决定了教育必然要致力于对人的普遍关怀，致力于对人的价值、尊严、权利和自由的追求，致力于人自身的不断发展与完善，而这些正是不同历史时期的人道主义共同的价值取向——“人的宝贵与尊严”，它是人道主义的中心价值。不同类型的人道主义的区别不在于是否关心人，而在于对人的不同理解。

所以，教育的本性和人道主义的精神是一致的，教育人道主义原则存在合理性的根据就在于教育自身。正是对教育进行人道主义的追求和约束才深刻地折射出了人类对自身的热切关注以及对教育的恒久期待。

资料来源于王燕：《论教育人道主义及其价值追求》，载《江西教育科研》，2007(1)。

幼儿是以一个完整的生命体的方式参与到幼儿园教育中来的，幼儿教师对幼儿的关心应该是全方位的、着眼于“完整的人”的关心：既要关怀幼儿的身体发育，又要注重幼儿的灵魂培养；既要关怀幼儿认知能力的发展，又要注重幼儿意志品质的养成；既要关怀幼儿当下的生活状态，又要注重幼儿未来生活状态的可能性……只有这样的教育，才能塑造出身心健全、对人类充满关切之情的“精神优美”的个体；只有这样，才能表明幼儿教师对教育人道主义原则的真正贯彻和实施。

二、幼儿园教师职业道德规范

扫二维码，学习幼儿园教师职业道德规范

教师职业道德规范，是指教师在教育职业活动中调整人们之间的利益关系，判断教师教育行为是非善恶的具体标准。它比教师职业道德更直接、更具体地指导和评价教师的教育行为。

幼儿园教师职业道德规范，是对幼儿园教师职业道德行为实践的具体总结，是在广大幼儿园教师无数次教育道德实践的基础上，由各地区教育部门、各幼儿园所、各位幼儿园教育工作者与诸多学前教育研究者，从我国社会主义社会和人民大众的利益出发，以社会主义道德的原则规范为指导，对幼儿教师的职业活动中合乎本社会和本阶级的道德关系与道德行为的共性及基本准则，加以系统的、全面的概括，并通过一定的思维形式和社会途径，变为幼儿园教师应当共同遵守的行为准则。幼儿园教师职业道德规范虽未成为国家法定条文，但能够影响、支配和调节幼儿园教师职业道德关系与道德行为，涵盖了幼儿教师对幼儿、对家长、对同事、对领导的价值取向，以及对幼儿教师自我发展的要求。

相关链接

教育部关于印发《幼儿园教师违反职业道德行为处理办法》的通知

教师〔2018〕19号

各省、自治区、直辖市教育厅（教委），新疆生产建设兵团教育局：

为深入贯彻习近平新时代中国特色社会主义思想和党的十九大精神，深入贯彻落实全国教育大会精神，扎实推进《中共中央 国务院关于全面深化新时代教师队伍建设改革的意见》的实施，进一步加强师德师风建设，我部研究制定了《幼儿园教师违反职业道德行为处理办法》，现印发给你们，请遵照执行。

教育部

2018年11月8日

扫描二维码查看《幼儿园教师违反职业道德行为处理办法》全文

学习笔记

三、幼儿园教师职业道德规范面临的挑战

教师是神圣的职业，我国传统思维中已形成用“圣人”来评价教师的观念。其实，幼儿园教师职业道德规范的形成、制定和评价，应该从“理想”回归“现实”，从“高尚”走向“朴素”。如果幼儿园教师的职业道德行为只有高尚的道德制约，而没有切实可遵循的具体规则的约束，那么规范的条文也就流于形式。不能因为教师这一职业的特殊要求，而用“高尚”来掩盖教师作为“人”的基本需求。对幼儿园教师“不接地气”的过高要求，往往适得其反。幼儿园教师职业道德规范在形成、

学习笔记

制定和评价的过程中，不仅要考虑幼儿园教师与学前教育事业的关系、与幼儿的关系、与幼儿家长的关系、与幼儿园的关系、与自身家庭的关系、与社会的关系等，还应该把幼儿园教师置于现实的系统当中，将社会的“理想需求”与幼儿园教师的“切实可操作”相结合，这样的职业道德规范才能真正发挥规范的作用。

幼儿园教师的劳动实践中存在着诸多利益关系，如幼儿教师的个人利益、幼儿的个人利益、幼儿集体的利益、幼儿教师集体的利益、家长的利益、幼儿园的利益、学前教育事业的利益等各种利益关系。要顺利而有效地进行教育活动，就必须协调好各种利益关系，化解各种利益矛盾和冲突。然而在实际情况下，幼儿教师往往面对多种利益的交错，甚至出现社会利益、组织利益和个人利益不一致的情况。幼儿教师职业道德规范考虑了幼儿教师将会面对的各方面的关系，却不能建立起不同行为冲突时的优先顺序，这往往造成在实践中缺乏应有指导性的情况，变相地提高了对幼儿教师职业道德判断能力的要求，也致使实践中出现幼儿教师行为与道德规范相偏离的状况。

职业道德规范或行为准则传送职业行为的正当性，然而面对不正当行为却没有操作性强的处理或制裁措施，这致使一些条款有成为摆设的趋势。幼儿教师职业道德规范是人们的共识，然而共识约束力的有限，似乎也成为学前教育界不良问题存在的部分原因。关于影响幼儿教师职业道德认知、情感、行为的因素，后续的单元将会做详细的梳理。

单元 4 幼儿园教师专业标准

许多地方仍将幼儿园视为替父母“看孩子”的地方，幼儿教师自然被定位为“保姆”，似乎谁都能干。另有一些人认为，学前教育就是学校教育向下的延伸：曾在高一级学校任教过的人理所当然地能胜任内容更“简单”的幼儿园教学；有一定学历的人，哪怕未受过幼教专业训练，灌幼儿这“一小杯水”也一定“绰绰有余”。其实，幼儿教育是一个专业，幼儿园教师是一种职业。幼儿教师的职业有历史、文化和现实的深刻背景，幼儿园教师的专业化对提升学前教育质量具有重要的意义。幼儿园教师的专业化必然取决于幼儿园教师自身的努力，同时，这也是一个需要政府和社会共同努力的过程。

一、《幼儿园教师专业标准（试行）》的内容介绍

《国家中长期教育改革和发展规划纲要（2010—2020 年）》明确规定：“严格执行幼儿教师资格标准，切实加强幼儿教师培养培训，提高幼儿教师队伍整体素质，依法落实幼儿教师地位和待遇”，提出了我国幼儿教师队伍建设的目标。2010 年，《国务院关于当前发展学前教育的若干意见》明确要求：“国家颁布幼儿教师专业标准”，这直接推动和加快了幼儿园教师专业标准的研制。在国家方针

学习笔记

政策的指导下，2012年，教育部根据《中华人民共和国教师法》(以下简称《教师法》)，从顶层设计到具体操作、从宏观把握到微观落实、从理念目标到结果监控，制定了《幼儿园教师专业标准(试行)》。这标志着我国幼儿园教师队伍的建设进入专业化阶段，将大力推进我国幼儿园教师队伍专业水平的提高。

幼儿园教师是履行幼儿园教育教学工作职责的专业人员，需要经过严格的培养与培训，具有良好的职业道德，掌握系统的专业知识和专业技能。《幼儿园教师专业标准(试行)》是国家对合格幼儿园教师专业素质的基本要求，是幼儿园教师实施保教行为的基本规范，是引领幼儿园教师专业发展的基本准则，是幼儿园教师培养、准入、培训、考核等工作的重要依据。

相关链接

《幼儿园教师专业标准》研制的指导思想

《幼儿园教师专业标准》是广大学前教育研究者、行政管理人员、培养培训机构领导与教师、一线园长和教师多方面共同研究、努力的结晶，在研制过程中，力图体现以下指导思想。

1. 专业导向，师德为先

幼儿园教师是对幼儿实施保育和教育职责的专业人员，需具有特定的专业素质，具有良好的职业道德与态度，具有专业的教育知识和技能。因此，《幼儿园教师专业标准》应具有严格的职业道德规范、明确的专业导向，应规定幼儿园教师从事幼儿园教育教学工作所必须达到的基本专业要求。

2. 基本规范，前瞻引领

《幼儿园教师专业标准》是国家对合格幼儿园教师专业素质的基本要求，规定的是幼儿园教师必须达到的基本专业素养和教师开展保教活动的基本规范，同时又应该是引领幼儿园教师专业发展的基本准则，为幼儿园教师专业发展提供方向性的指引和导航，幼儿园教师应按标准中所提出的专业要求，不断提升专业发展水平。

3. 全面要求，突出重点

《幼儿园教师专业标准》将专业理念与师德、专业知识、专业能力三方面作为幼儿园教师必备的基本素质与条件，尤其注重专业理念与师德，将其作为《幼儿园教师专业标准》的灵魂与核心。《幼儿园教师专业标准》强调合格的幼儿园教师必须有爱心、责任心、耐心和细心，必须关爱幼儿，尊重幼儿，做幼儿健康成长的启蒙者和引路人；同时对当前社会反映的教师专业意识或行为中薄弱、不足的方面，予以关注与强调。

4. 共同准则，体现独特

《幼儿园教师专业标准》既要充分反映教师职业所应具有的普遍性专业特点，又要适应幼儿身心发展需求和幼儿园阶段教育的特殊性，充分体现幼儿园教师素质的独特性。《幼儿园教师专业标准》特别强调幼儿园教师要保教结合，适宜安排幼儿的一日生活；重视环境和游戏对幼儿发展的独特价值，积极支持与引导幼儿游戏，将教育灵活地渗透于一日生活中。

5. 立足国情，国际视野

《幼儿园教师专业标准》是引领我国幼儿园教师专业发展的基本准则，要充分考虑满足我国社会和学前教育事业改革发展的需求，并充分考虑我国国情、教师专业发展和教育现状。同时，要积极分析与借鉴国际相关儿童发展、教育改革，特别是教师专业标准和专业化发展等的新的研究成果，以制定更加符合世界教育改革与教师专业发展趋势、又适合我国国情的幼儿园教师专业标准。

资料来源于庞丽娟、刘占兰：《〈幼儿园教师专业标准〉说明》，载《中国教育报》，2011-12-14。

(一)《幼儿园教师专业标准(试行)》的基本理念

学习笔记

《幼儿园教师专业标准(试行)》提出“幼儿为本”“师德为先”“能力为重”“终身学习”四个基本理念。在教育对象方面，要求幼儿教师关爱幼儿，充分尊重幼儿权益，以幼儿为主体，在一日生活各环节充分调动和发挥幼儿的主动性，设置遵循幼儿身心发展特点和保教规律的活动，保障幼儿快乐健康成长。在教师职业道德方面，要求幼儿教师为人师表，自尊自律，做幼儿健康成长的启蒙者和引路人；有爱心、责任心、耐心和细心，热爱学前教育事业；具有职业理想，努力提升专业水平，坚持实践、反思、再实践、再反思，不断提高自身专业能力，具有终身学习与持续发展的意识和能力；践行社会主义核心价值体系，履行教师职业道德规范，依法执教。

想一想

如何正确理解“幼儿为本”?

“本”可解释为基础、主体、根本、本原、本质、出发点、目的等。“幼儿为本”，即“幼儿本位”之意，是“以人为本”的科学发展观在幼儿教育上的具体体现，是幼儿教育本质的重要内涵，也是幼儿园教师应秉持的核心理念。珍惜幼儿的生命，尊重幼儿的价值，满足幼儿的需要，维护幼儿的权利，促进每一个幼儿的全面发展等，是“幼儿为本”的核心内涵。

倡导“幼儿为本”，但不能将之孤立化。“幼儿为本”不是“幼儿唯一”，因为“幼儿为本”的实现需要多种条件来保证，否则“幼儿为本”就会成为一句空话。许多实例表明，离开了成人的正确理解、引导和支持，儿童的良好发展是难以实现的。关于幼儿教育质量影响因素的研究也表明，在影响幼儿教育质量的诸因素中，作为第一要素的“过程质量”在很大程度上决定了幼儿在日常生活中所获得的体验和经验的质量。而“过程质量”中的“教师的亲和力”“对儿童积极肯定的态度”等要素是通过保育者与幼儿的关系反映出来的。真正的“幼儿为本”是体现在以保育者与幼儿的“关系质量”为中心的日常人际关系中的，是体现在保育者与儿童无数次反反复复的互动中的。同时“工作环境质量”的影响因素表明，保育者的工作状态、生活状态、对工作的满意度、压力程度等都与幼儿教育质量密切相关。

为此，重视幼儿教师的工作条件的改善、待遇的提高，减轻他们的压力等是与落实“幼儿为本”的理念、促进幼儿的发展等联系在一起的。孤立地强调“幼儿为本”而给教师过多过大的负担或压力，只让教师讲奉献、讲“一切为了幼儿”，而不顾及教师的工作环境质量，不改革幼儿园的管理为教师创造适宜的工作条件，“幼儿为本”是不可能实现的。

倡导“幼儿为本”，但不能将之绝对化。不能认为“幼儿为本”就是“幼儿万能”，甚至连合理的保护、教育也被视为“成人为本”，而遭到批评。幼儿是与成人平等的社会成员，是独立的人，这是“幼儿为本”的基本观点。但是必须看到，“平等”是就幼儿与成人的社会地位的关系而言的，“独立”更多是就幼儿的人格而言的。“幼儿为本”与成人对其施以保护、教育甚至给予必要的约束、规范是完全不矛盾的。

总之，“幼儿为本”理念的提出在我国幼儿教育的发展史上是有深远意义的，是我国社会进步的硕果。每一位幼儿园教师都应敏锐地意识到社会进步及相随而至的观念变革，并以一种理性的自觉去面对，不断提升自己对教育、对幼儿的理解与认识。

资料来源于李季湄、夏如波：《〈幼儿园教师专业标准〉的基本理念》，载《学前教育研究》，2012(8)。

(二)《幼儿园教师专业标准(试行)》的基本内容

《幼儿园教师专业标准(试行)》的基本内容框架包含“专业理念与师德”“专业知识”“专业能力”三个维度，涵盖14个领域，共有62条基本要求。其中“专业理念与师德”维度包含“职业理解与认识”“对幼儿的态度与行为”“幼儿保育和教育的态度与行为”“个人修养与行为”四个领域；“专业知识”维度包含“幼儿发展知识”“幼儿保育和教育知识”“通识性知识”三个领域；“专业能力”维度包含“环境的创设与利用”“一日生活的组织与保育”“游戏活动的支持与引导”“教育活动的计划与实施”“激励与评价”“沟通与合作”“反思与发展”七个领域。

学习笔记

整个框架结构与中小学教师专业标准基本一致，但在具体内容上有所不同，尤其在专业能力方面，充分体现了幼儿园教育的突出特点和保教工作的基本任务，特别强调了幼儿园教师所必须具备的良好环境的创设与利用、幼儿一日生活的合理组织与保育、游戏活动的支持与引导、教育活动的计划与实施等方面的能力。在基本要求层面，更是充分反映了幼儿园教师必须具备的专业态度、专业知识与专业能力。

(三)《幼儿园教师专业标准(试行)》基本理念与基本内容的相互渗透

《幼儿园教师专业标准(试行)》的各个维度、领域和基本要求体现着“幼儿为本”的理念。它表明了对教育对象(幼儿)最本质的认识，也对教育者(幼儿教师)应该怎样认识和对待教育对象提出了基本要求。幼儿教师在尊重幼儿的权益和主体地位的同时，也要尊重幼儿的身心发展特点和保教活动规律。

师德为先的理念是对教师职业的特别要求，“专业理念与师德”部分集中体现着这一理念。师德为先包括三层含义：一是具有职业理想与职业道德；二是尊重和热爱幼儿；三是为人师表，教书育人。“专业能力”部分集中体现了能力为重的理念，“专业理念与师德”和“专业知识”两个部分的相关表述也都强调了“能力为重”的理念，强调幼儿园教师要将理论与实践相结合，以“专业”的能力确保保教工作的科学性，并在实践中通过研究和学习不断提高专业能力。终身学习的理念是对教师职业的特别要求，各个维度、领域和基本要求均有渗透。教师职业的复杂性和变化性需要教师不断地学习与思考，不断地反思和改进教育实践，不断地实现自我发展和自我完善。幼儿教师也应具有终身学习与持续发展的意识和能力，做一名终身学习者。

二、《幼儿园教师专业标准（试行）》的解读

要实现“基本普及学前教育”的战略目标，满足人民群众对学前教育的热切需求，不仅要提高入园率，还要提升学前教育质量，而其中的关键与核心便是提升教师队伍质量。国际经验也表明，幼儿园教师质量决定着学前教育质量，高素质专业化的幼儿园教师队伍是高质量教育和儿童健康发展的重要保障。目前世界上许多国家都有幼儿园教师专业标准，我国通过科学研究与论证制定出适宜、规范的幼儿园教师专业标准，明确合格的幼儿园教师应具备的基本专业素养，并引领和促进幼儿园教师的专业发展，无论对当下还是长远的幼儿教师队伍建设、学前教育事业的健康发展和亿万幼儿的健康发展，都是极其重要的。《幼儿园教师专业标准(试行)》正是应学前教育事业发展之需，在加快普及学前教育的新形势下为保障教师队伍质量和幼儿健康成长而出台的重要文件之一。

(一)《幼儿园教师专业标准(试行)》的意义

第一，《幼儿园教师专业标准(试行)》的出台有助于人们充分认识到幼儿园教师质量决定学前教育质量。

幼儿生命中的最初几年是为其设定正确发展轨道的最佳时期；早期教育是消除贫困的最佳保证；投资幼儿保育和教育比投资任何其他阶段教育都拥有更大回报——这是2010年世界首届幼儿保育和教育大会达成的基本共识。毋庸置疑，这些成效的达成均以高质量的教育为前提，而幼儿园教师是保证学前教育质量的关键。目前许多国家已有幼儿园教师专业标准，我国《幼儿园教师专业标准(试行)》的出台有助于人们了解幼儿教师的专业性，充分认识到幼儿园教师质量对学前教育质量的决定作用。

第二，《幼儿园教师专业标准(试行)》的出台有助于改变我国幼儿园教师专业素质偏低的状况。

当前，我国幼儿园教师资格证书持有率较低，拥有职称的情况更是不容乐观。很多幼儿教师专业意识薄弱，教育行为缺乏专业性。加快普及学前教育的新

学习笔记

学习笔记

形势将会导致出现大量的新手教师及转岗教师，这势必在一定程度上加剧幼儿教师队伍专业化水平不高的状况。造就一支师德高尚、热爱儿童、业务精良、结构合理的幼儿园教师队伍，是学前教育事业发展的关键。《幼儿园教师专业标准（试行）》从“专业理念与师德”“专业知识”“专业能力”三个维度，14 个领域，对幼儿教师提出了 62 条基本要求。其涵盖面广、操作性强，幼儿教师可以据此进行自检和提升，这在一定程度上有助于改善与提升我国幼儿园教师专业素质偏低的状况。

第三，《幼儿园教师专业标准（试行）》的出台有助于促进幼儿园教师的专业发展。

教育部研制的一系列有关教师和教师教育的标准，引导着教师和教师教育向着专业化、规范化和高质量的方向发展。就幼儿园教师标准而言，《幼儿园教师专业标准（试行）》和已经试行的《幼儿园教师资格考试标准》、今后将要研制的《优秀幼儿园教师标准》一起，共同勾画幼儿园教师从具备资格到胜任工作再到成为优秀教师的专业发展路径，而作为上位文件的《幼儿园教师专业标准（试行）》具有方向性引导作用。①

（二）《幼儿园教师专业标准（试行）》的基本特点

1. 重视幼儿园教师的师德与专业态度

师德与专业态度是教师职业的基准线，尤其幼儿园教师的教育对象是身心发展迅速、可塑性大、同时易受伤害的幼儿，他们有与其他学龄段儿童不同的身心发展特点。因而，《幼儿园教师专业标准（试行）》明确幼儿教师以高尚师德为先，兼具良好的职业道德修养，富有爱心、责任心、耐心和细心，热爱幼儿，并能给予幼儿精心呵护和教育培养。

2. 重视幼儿的生命与健康

充分考虑幼儿发展的身心特点和社会对幼儿安全与健康的热切关注，《幼儿园教师专业标准（试行）》明确提出要高度重视幼儿的生命与健康，并从专业态度、专业知识和专业能力三个层面相互呼应，对幼儿教师全面发展提出了具体要求。如幼儿教师要将保护幼儿生命安全放在首位；要熟知幼儿园的安全应急预案，掌握意外事故和危险情况下幼儿安全防护与救助的基本方法；能有效保护幼儿，危险情况下优先救护幼儿等。

3. 坚持保教结合

幼儿身心发展的特点和需要决定了保教结合是幼儿园教育的基本原则，保教结合也是对幼儿园教师的基本专业要求。《幼儿园教师专业标准（试行）》明确提出要“注重保教结合”，不仅将“一日生活的组织与保育”作为重要的专项领域要求，

① 刘占兰：《学习领会〈幼儿园教师专业标准〉 促进教师专业发展》，载《幼儿教育》，2012(7)。

而且对幼儿教师提出了多项具体要求。如要能合理安排和组织一日生活的各个环节，科学照料幼儿的日常生活，将教育灵活地渗透到一日生活中；能充分利用一日生活中的各种教育契机，对幼儿进行随机教育，以将保教结合原则落到实处等。

4. 强调幼儿园教师的教育教学实践能力

教育实践能力是教师对幼儿施以积极影响、引导幼儿发展的基础。《幼儿园教师专业标准(试行)》对幼儿园教师必须具备的教育教学能力提出了明确要求，特别强调幼儿园教师要具有观察了解幼儿、掌握不同年龄幼儿身心发展特点和个体差异的能力；要具有环境的创设与利用、一日生活的组织与保育、游戏的支持与引导、教育活动的计划与实施、对幼儿的激励与评价等基本专业能力；能根据幼儿的特点和需要，给予适宜的指导，并能引发和支持幼儿的主动活动，引导幼儿在游戏活动中获得多方面的发展等。

5. 重视幼儿园教师的反思与自主专业发展能力

《幼儿园教师专业标准(试行)》强调幼儿园教师要具有不断进行专业化学习、实践、反思和提高的意识与能力。这既是现代社会发展、教育改革对幼儿教师的必然要求，也是幼儿教师不断成长的必然要求。《幼儿园教师专业标准(试行)》特别在"基本理念"和"专业能力"中提出了对教师反思与自主发展的要求，明确指出幼儿园教师在教育工作中应"主动收集分析相关信息，不断进行反思，改进保教工作"；同时，应制订个人专业发展规划，通过不断地学习、实践、反思，提高自身专业素质，从而为学前教育质量的提升和幼儿一生的健康发展贡献自己的力量。

三、《幼儿园教师专业标准(试行)》之于幼儿教师的启示

幼儿教师应该将《幼儿园教师专业标准(试行)》作为自身专业发展的基本依据，对照各个方面的具体要求，查漏补缺，完善自身的专业素养，努力成为师德高尚、业务精良的教师。专业发展的过程是一个持续不断的过程，需要幼儿教师不断地完善自我专业发展规划，不断地提高专业发展的自觉性和自我发展的能力。

(一)对师德与专业态度提出了特别要求

从对教师的个人修养与行为的要求来看，"富有爱心、责任心、耐心和细心"，以及"善于自我调节情绪，保持平和心态"两项基本要求尤其重要，因为只有具备这些素质的幼儿教师，才能做到热爱幼儿，给予幼儿精心的呵护和专业的教育培养。

(二)要求高度重视幼儿的生命与健康

幼儿由于年龄小，生理和心理还没有发育成熟，自我保护能力差，在一日生活中存在着各种安全隐患。因此，保护幼儿的生命安全和身心健康是幼儿园教师

学习笔记

学习笔记

的首要职责。从专业理念与师德层面来说，幼儿教师应该重视幼儿身心健康，将保护幼儿生命安全放在首位；从专业知识层面来说，幼儿教师应该了解关于幼儿生存、发展和保护的有关法律法规及政策规定，要熟知幼儿园的安全应急预案，掌握意外事故和危急情况下幼儿安全防护与救助的基本方法；从专业能力层面来说，幼儿教师应该学习有效保护幼儿、及时处理幼儿常见事故、危急情况下优先救护幼儿的技能。

(三)要求尊重幼儿的人格和年龄特点

遵循幼儿身心发展规律，坚持科学保教，保障幼儿快乐健康成长，是《儿童权利公约》、《中华人民共和国未成年人保护法》(以下简称《未成年人保护法》)和《幼儿园工作规程》等条例的一致要求，也是《国家中长期教育改革和发展规划纲要(2010—2020年)》和“国十条”等的基本要求。幼儿教师应该秉持幼儿为本的理念，做到尊重幼儿的人格和年龄特点。

第一，尊重和平等对待幼儿。即尊重幼儿的想法和意见；承认并尊重幼儿的个体差异，公平公正地对待每一个幼儿；坚持正面引导和积极鼓励，杜绝并抵制漠视幼儿人格、侵犯幼儿权益的做法。第二，承认并重视幼儿生活和游戏的独特价值。即科学认识日常活动和游戏的价值，将游戏作为幼儿的主要活动，并让幼儿充分体验游戏的快乐和满足等。第三，承认并尊重幼儿的学习方式。即丰富幼儿多方面的直接经验，将探索、交往等实践活动作为幼儿最重要的学习方式；为幼儿提供更多的操作探索、交流合作、表达表现的机会，支持和促进幼儿的主动学习等。

(四)要求遵循保教结合的教育原则

即使在有保育员的班级，专业的幼儿教师与现实中只负责教育活动的计划与组织工作的所谓“专任教师”也有所不同。幼儿教师需要指导和协助保育员做好班级的保育和卫生工作。也就是说，幼儿园不存在也不应该存在只负责“上课”的“专任教师”。需要特别提出的是，有一部分幼儿园已不再设置专职的保育员，班里的教师实行不同形式的“三教轮保”，那么，教师就更要全面精通保育和教育工作，以专业的行动践行保教结合的原则。

(五)努力提升沟通合作能力与观察了解幼儿的能力

沟通与合作能力是教师的工作对象对教师提出的必然要求。所有的教师都需要与教育对象、同事、家长和社区相关人员进行沟通与合作，但对于幼儿园教师来说，沟通与合作能力尤其重要。因为幼儿园教师的教育对象尚处于发展之中，他们的理解与沟通能力还比较弱，更需要教师用符合他们年龄特点的方式进行沟通与交流。而且，幼儿也需要教师提供良好的学习榜样。

观察、了解幼儿是评价幼儿的重要手段，是提供适宜教育的基本前提和基础，也是幼儿教师反思自身教育行为的适宜性、不断改进教育行为、实现自身专业发展的重要手段。幼儿教师应该主动了解和满足有益于幼儿身心发展的不同需求；掌握观察、谈话、记录等了解幼儿的基本方法；关注幼儿的日常表现；有效运用观察、谈话、家园联系、作品分析等方法，客观全面地了解和评价幼儿，等等。专业的幼儿教师要全面提高观察幼儿的能力，看到每一个幼儿的独特性，发现每一个幼儿的需求与优点。专业的幼儿教师还要学会在自然情境中连续性地观察幼儿，获得客观真实的信息资料，从而更全面深入地了解幼儿，更好地制定有针对性的教育方案，以促进幼儿的良好发展。

学习笔记

相关链接

我们是幼儿教师，让我们为自己代言！

幼儿教师的专业发展是一个永无止境的过程，是幼儿教师专业追求的自我实现过程。幼儿教师的自我实现不是一种结局状态，而是在任何时刻在任何程度上实现专业潜能的过程。这意味着成为一个真正意义上的自我实现的教师，往往需要经历勤奋、付出精力的准备阶段。自我实现可以是活动设计、钢琴键盘上的手指练习、给家长温馨的提醒，也可以是去努力做好自己想要做的任何专业事项，并竭尽自己所能，使自己成为有追求的人。这同时还是一个倾听自己生命内在冲动的呼唤，让自己的天性、潜能充分地显现出来的过程。幼儿教师的专业养成需要内在价值追求，是一个永不满足、不断追求的过程，也是不断获得存在感、产生高峰体验的过程。这是一个迸发生命活力、激发个人潜能、展现精神自由、张扬个性特色的过程，它使得幼儿教师对生命价值的追求是永无止境的。

幼儿教师的专业发展是一个群体认同、群体自觉、群体自律、群体价值追求的过程。幼儿教师群体需要不断地提升自己的专业敏感度，不断地寻求新的专业参照群体，关照自身专业群体的发展问题。幼儿教师群体需要不断地提升自身的专业认知水平，敏锐地洞见专业问题，提升专业问题解决能力。幼儿教师群体需要不断地锻炼自身的专业品性，形成幼儿教师自身的“众数人格”，以良好的专业态度影响幼儿、家长，以良好的专业形象感染社会，以专业的行为滋润民众，以崇高的德行引领时代。幼儿教师群体需要不断地砥砺群体的自我意识水平，反思自身的感性、理性与知性，“肉身”自己的情欲、无意识、非理性，反观专业群体的过去、现在与未来，关注全球文化、民族文化与专业文化。

资料来源于秦金亮：《〈幼儿园教师专业标准〉的功能定位——兼谈幼儿园教师专业觉醒》，载《学前教育研究》，2012（8）。

思考与练习

扫二维码看
参考答案

一、名词解释

职业道德

二、填空题

1. 社会主义职业道德必须以＿＿＿＿＿＿为指导。

2. 加强社会主义职业道德的教育和宣传有助于公民个人形成＿＿＿＿＿＿的价值观念，有助于社会实现友爱氛围，有助于国家和民族早日实现伟大复兴。

3. 从要求看，教师职业道德具有＿＿＿＿＿＿；从行为看，教师职业道德具有＿＿＿＿＿＿；从影响看，教师职业道德具有＿＿＿＿＿＿。

4. 教师职业道德的基本原则有＿＿＿＿＿＿和＿＿＿＿＿＿。

5.《幼儿园教师专业标准（试行）》提出幼儿为本，＿＿＿＿＿＿，能力为重，＿＿＿＿＿＿四个基本理念。

三、简答题

1. 职业道德有哪些特点？

2. 社会主义职业道德有何作用？

3. 教师职业道德有何特点？

4. 幼儿园教师职业道德规范的制定需要考虑哪些关系因素？

5. 如何正确理解“幼儿为本”？

6. 师德为先的理念包括哪三层含义？

7. 出台《幼儿园教师专业标准（试行）》有何意义？

8.《幼儿园教师专业标准（试行）》的基本特点是什么？

9.《幼儿园教师专业标准（试行）》之于幼儿教师有哪些启示？

学习反思

模块一

幼儿教师职业道德认知及培养

学习目标

1. 理解幼儿教师职业道德认知的含义。
2. 理解幼儿教师职业道德认知的特点，并能举例说明。
3. 了解并理解幼儿教师职业道德认知的形成与发展过程，并能学以致用。
4. 了解幼儿教师职业道德认知的影响因素。
5. 了解幼儿教师职业道德认知的培养途径，并学习应用。

思维导图

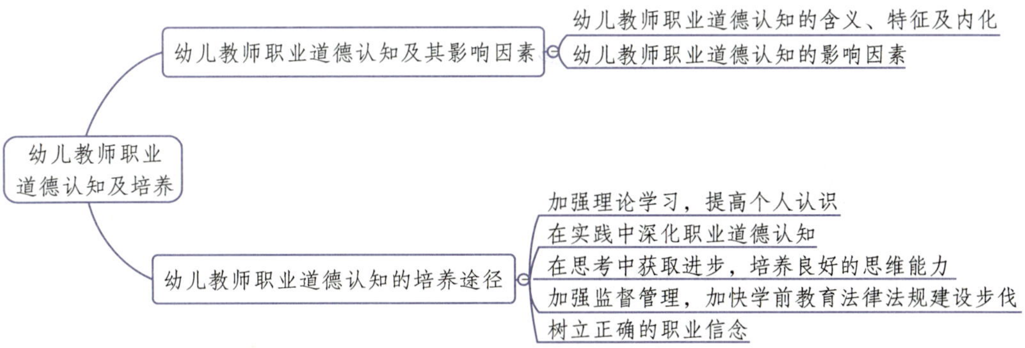

模块导入

幼儿教师职业道德认知水平是构建幼儿教师职业道德品质的基础。幼儿教师职业道德的认知水平决定了幼儿教师道德品质的发展水平。教师职业道德简称师德。师德能力由师德认知能力、师德推理能力、师德判断能力、师德选择能力和师德评价能力几个部分组成。其中，师德认知能力是整个师德能力的前提，是教师依据已有的道德认知，对自己将要采取的师德行为进行分析、判断和选择的关键能力，也是教师形成师德行为和习惯的核心条件。

典型案例

一个人遇到好老师是人生的幸运，一个学校拥有好老师是学校的光荣，一个民族源源不断涌现出一批又一批好老师，则是民族的希望。应彩云老师正是全国好老师中的一员。她是孩子王，也是一个管理者，更是一位在全国有一定影响力的幼教专家。从教 30 多年来，应老师始终以一个教师对课堂和孩子的热爱，坚守在教育的第一线。她崇信“天大地大孩子最大”，长期以来，依据孩子的发展需要、社会对未来人才的需求，进行了一系列的教育教学实践研究，以教学研究提升教育思想。她先后开展了“幼儿自主学习环境创设的策略研究”“师幼互动促进教师专业成长的研究”等系列研究。这些研究不仅给上海市的幼儿教师，还给全国各地的教师送去了改革的理念、深入浅出的课堂演绎和经验报告，赢得了广大教师的称赞。这样的教育研究，幼教人听得懂；这样的教学实践，幼教人做得到。以应老师为代表的一大批学前教育优秀工作者虽历经岁月，但仍不失对幼教工作、对幼儿的饱满热情，而这背后离不开他们对自身职业道德认知的不断深化。

单元 1 幼儿教师职业道德认知及其影响因素

一、幼儿教师职业道德认知的含义、特征及内化

（一）幼儿教师职业道德认知的含义

扫二维码，学幼儿教师职业道德认知及其影响因素

道德认知，是指个体在原有的道德知识的基础上，对道德范例的刺激产生效应感应，经过同化、顺应的加工，获取道德新知的心理活动过程，这个过程通常包括道德原则确立、道德信念确立、道德评价能力发展三部分内容。具体来说就是对职业道德规范及其执行意义的认知，就是形成一定的道德观念和原则，并运用这些职业道德观念和原则判断是非善恶，调控自己与他人、与社会的关系。道德认知是原有的道德知识与道德刺激交互作用而形成道德新知的过程。

简单来说，道德认知是道德主体对个人与他人、个人与社会的关系，以及调

节这些关系的社会道德原则和规范的深刻理解和认识。道德认知促使人们在内心形成善恶、荣辱、是非、正邪等道德观念和平等、权利、义务、关怀等道德准则，是教师的师德判断、师德行为的基础，是教师实现师德内化的关键。师德认知的对错取决于教师教育理念的科学与否。因为就教育本质而言，教育是促进人发展的，当是符合道德的。但是在现实的教育行为中，并非所有的教育教学都是道德的。近现代以来，世界不少地方的教育教学陷入分数的泥潭，一味追求高分的应试教育之风在不知不觉中席卷了幼儿园这片净土，原本属于孩子的游戏时间，被认字、奥数各种园内园外技能培训课程侵占，孩子到底是赢在了起跑线上，还是伤在了起跑线上？此类违背幼儿身心发展规律的揠苗助长式的教育行为无疑是反道德的，以这样的教育理念建立起来的师德认知，必然无法达成师德的内化。

因此，教师应当树立正确的教育理念，把教学还原为学生德智体全面发展的愉悦过程，在此过程中教师才能获得道德上的满足。也只有这样，师德的内化才是可能的和真实的。

幼儿教师职业道德认知是指幼儿教师在原有的职业道德知识的基础上，对个人与他人、个人与社会的关系，以及调节这些关系的职业道德原则和规范的深刻理解和认识，是调整原有的认知结构，经过同化、顺应的加工，从中获取稳定的、清晰的幼儿教师职业道德新知的心理活动过程。

(二)幼儿教师职业道德认知的特征

1. 道德认知遵循认识的一般发展路线

道德认知是个体获得道德新知的认识过程，所以它必定遵循认识的一般发展路线。在认识的发展阶段上，辩证唯物主义认为认识发展经历感性认识和理性认识两个阶段。第一阶段即认识的感性阶段，开始接触外界事物。第二阶段即认识的理性阶段，它综合感觉的材料加以整理和改造，形成概念。理性认识有赖于感性认识，感性认识有待于发展到理性认识。道德认识过程同样经历了感性认识和理性认识两个阶段。在感性认识阶段，认识反映事物的现象，道德认知的“知觉”和“唤起”就属于这一阶段。道德知觉反映道德知识的感性形式，即符号。符号给认知结构以刺激，从而唤醒道德认知结构。在这一阶段，符号作为一种感性形式被反映到大脑，但是未被理解和内化，因此，符号代表直观的、形象的内容。道德认知的“选择”和“内化”阶段，属于认识上的理性阶段。感性向理性的过渡既是一种必需又是一种必然，因为“感觉到了的东西，我们不能立刻理解它，只有理解了的东西，我们才能更深刻地感觉它”。道德旧知对新知的作用，使新知通过同化或顺应而被理解，进而使新知的感性形式转化为个体的理性内容，感性阶段由此上升到理性阶段。道德认知的发展与认识的辩证发展具有同一性。

2. 道德认知以正确反映利益关系的道德范例为对象

道德认知表现为一个过程，而且是一个活动过程，而任何活动总是有一定对

学习笔记

象的。活动对象的特殊性表现出活动的自身特点。

道德认知以正确反映利益关系的道德范例为对象，这是它区别于一般认知的第一个特征。人类所生活的现实世界是各类关系的集合体，因而也是关系世界。这复杂的关系网络大致可以分为人与自然的关系和人与人的关系。前者表现人与物理世界的关系，后者反映人与社会的关系，这两者都是人们物质生产活动的产物。人与自然的关系，主要表现为通过人对自然的改造，而获取满足人的自身需要的资料；人与人的关系，主要表现为通过人与人之间的社会调节，使得人创造的财富采用一定的分配关系给人享受，从而使人的需要得到现实的满足。需要被满足就是利益，所以利益不仅体现着人类主体同物质对象客体的一定关系，而且包括在主体分配和享用这些客体对象时，发生的人与人之间的利害、损益等关系。

从本质上看，道德是一种社会意识形态，是社会上层建筑中的一种意识形式，它是由社会经济关系的最直接、最集中的表现——利益关系决定的，它是顺应调节人们的利益关系而产生的、它是对含有利益关系的行为的规定。这些行为被观念世界所沉淀，就形成道德意识。道德意识既是人的认识世界中的一个观念世界，又是人再去认识道德世界的基础，是道德再认的前提。道德知识是人类不断认识道德、发展道德的理论结晶，也是道德再认的知识起点。处理利益关系时的可效仿典型是道德范例。道德范例是在道德实践中产生的、具有肯定意义的现实生活的典型案例，能够启发引导人们积极向善。道德范例也是道德知识的实际体现形式，是道德知识在现实世界中的确证。道德认知以反映利益关系的道德知识为基础，以道德范例为外界刺激物，这是道德认知的对象区别于一般的认知对象之所在。

3. 道德认知主体以从认知对象中获取价值取向为目的

自然知识描述和解释自然现象，建立于因果联系之上，通过把握事物的特点发现事物发展的规律。道德知识则是通过对利益关系的约定建立的人与自然及人与社会的价值联系，通过把握利益关系的特点建立起善恶价值系统。自然知识追求“真”，而道德知识更倾向于“善”的确立；自然知识陈述式地反映世界“是什么”“为什么”，道德知识则要求人“如何做”。认知主体以从认知对象中获得价值取向为目的，这是道德认知不同于一般认知的第二个特征。

价值是客体满足主体的需要的属性。无论是自然物还是人自身，都是因为主体的存在才体现出价值。价值取向则是在不同的价值观念中选择某种价值观念作为行动指南。对主客体间的需要关系的认识依赖于主体的知识和经验。有认识才有评价，才有选择。对价值的认识不同产生了不同的价值选择。一个在丰富的道德知识指导下和在道德范例的感染下的人会采取“人生为大众”的价值取向。“人生为大众”就是不存私心，积极进取，无私奉献，在道德行为上就是先人后己。而道德上的个人利己主义者会选取“人生为我”的价值取向，为了自身的利益而毫不顾及他人的利益，为了追求资本和权力，“所有的东西——不仅是土地，甚至连人的劳动，人的个性，以及良心、爱情和科学，都必然成为可以出卖的东西”。

道德认知对象所反映的利益关系与价值观念紧密相连。价值反映的是主客体间的需要关系，主体根据对需要关系的认识而对客体持肯定或否定的态度。因此，价值是通过需要把主体与客体联系起来的。而利益反映个体需要被满足的特性。人们谋取利益，是建立在他们的需要基础之上的，需要是利益的心理诱因，价值则因人的需要而得到体现。因此，主体对利益的认识影响其价值的取向。道德认知对象对主体起价值取向的作用，而一般认知对象是主体赖以认识和改造客观世界的深度，但是它不关心主体的行为是“应该的”还是“不应该的”。因此，道德认知的目的和一般认知的目的也是不同的。

学习笔记

（三）幼儿教师职业道德认知的内化

1. 教师职业道德认知的内化

内化是个体在意识观念上接受并与外在的某种意识观念相融合，构建成一个新的稳定的价值认知体系，这一体系将持久地影响人的内心品质，并通过主体的言行举止等形式外化出来。

幼儿教师的职业道德由概念变成教师个体自身的品质，并不是从事了幼儿教育工作以后就自然拥有的，而是通过教师自身的修养和外界的帮助才确立的。道德认知是一个自我学习和获得道德新知的过程。道德新知的内化，是经过选择的道德新知进入道德认知结构，从而使新旧道德知识在结构中发生联系的过程，这是道德认知结构积极主动的活动过程。

2. 教师职业道德认知的形成与发展过程

由内化而产生的道德新知或道德观念，包括道德概念的掌握、道德评价的发展和道德信念的形成。

道德概念是人对社会道德现象的本质特征和内在联系的反映，是在丰富的道德表象的基础上，通过分析、综合、抽象、概括的思维活动而形成的理性认识。道德概念的掌握对道德认识的形成有着十分重要的作用。人只有掌握了道德概念，才能摆脱行为规范的具体情境，在更广泛的范围内调节和支配自己的行动，使之适合社会行为准则的要求。同时，个体掌握道德知识，常常是以道德概念的形式实现的。

道德评价指个体根据已掌握的道德规范对已发生的道德行为的是非、善恶、荣辱进行分辨、判断和评价。道德评价起着道德裁判的作用，它有助于道德信念的形成。教师的是非观念、辨别能力如何，均与教师的道德认识水平和生活经验的积累密切相关。特别是在市场经济条件下，在社会多元价值取向面前，教师的道德判断能力尤为重要。只有不断培养、训练教师的道德判断和选择能力，为教师提供正确的教育行为模式和道德行为典范，分析、批判不良的教育行为表现，才能使教师在教育活动中做到明是非、识真伪、分善恶、辨美丑、知对错，从而为教师形成良好的职业道德认知奠定基础。

道德信念指个体将道德知识作为指导个人行为的基本原则，当个体坚信它并决定为之奋斗时，就形成了道德信念。道德信念是道德动机的高级形式，它可以引起、推动和维持人的道德行动，使人的道德行为表现出坚定性和一贯性。因此，它是道德品质形成的关键因素。

学习笔记

认知的根本目的是使个体在知识和行为上都成为有道德的人。因为一个仅有道德知识的人并不一定产生自觉的道德行动。知识转化为自觉行动需要内驱力。这种内驱力就是行为的动机，它是由被人认识了的需要激发而产生的。与道德行为建立必然联系的观念形式是道德信念。信念是建立在对事物发展的规律的认识之上的，是个体坚信行为原则的正确性而产生自觉行动的意志倾向。因此，信念是自觉行动的保证。①

只有形成了道德信念，才能把道德知识与道德行动统一起来，才能使个体成为真正意义上的有道德的人。道德信念不仅使个体坚信道德行为准则的正确性，而且还力求使道德准则化为道德行动，因此它使个体把道德行为当成自觉需要。在道德信念的支配下，个体不仅产生道德行动，而且使道德行动具有一贯性、坚韧性、不折性的特点。

幼儿教师工作是一项复杂、细致，需要付出爱心、耐心和责任心，对幼儿健康成长起着不可估量作用的工作，要求幼儿教师必须具备良好的思想道德品质、较高的教育理论素养和专业知识，身心健康，富有亲和力、人格魅力，善于与幼儿相处。以往一般根据《中小学教师职业道德规范》《中小学班主任工作规定》，结合幼儿教师的工作内容、工作对象的特殊性，归纳以下几点要求：热爱幼儿教育事业，热爱本职工作；爱护儿童，尊重儿童；尊重家长，与家长合作；尊重、团结其他教师；以身立教，为人师表；终身学习，完善知识结构；依法执教，廉洁从教等。②

2012年，教育部正式公布《幼儿园教师专业标准(试行)》，该标准是国家对合格幼儿教师专业素质的基本要求，是幼儿教师开展保教活动的基本规范，是引领幼儿教师专业发展的基本准则，是幼儿教师培养、准入、培训、考核等工作的重要依据。师德为先是贯穿该标准的基本理念之一。师德为先是幼儿教师最基本、最重要的职业准则和规范，每一位幼儿教师都必须做到热爱学前教育事业，关爱幼儿，尊重幼儿，为人师表，教书育人，担起幼儿健康成长的启蒙者和促进者的责任。该标准突出强调了师德与专业态度是幼儿教师职业的基准线。幼儿教师的教育对象是身心发展迅速、可塑性大、同时易受伤害的幼儿，因此，幼儿教师更需要师德高尚，具有良好的职业道德修养，富有爱心、责任心、耐心和细心，热

① 曾钊新、李建华：《道德心理学》(上)，55页，长沙，中南大学出版社，2002。
② 洪秀敏、陈紫天、金芳：《综合素质(幼儿园版)》，90～91页，上海，华东师范大学出版社，2013。

爱幼儿，并给予幼儿精心的呵护和教育培养。

《幼儿园教师专业标准(试行)》的出台弥补了幼儿园领域缺少对幼儿教师职业道德要求的正式文件的缺憾。把“师德为先”作为幼儿教师最基本也是最重要的职业准则和规范来要求，突出了教师“为人师表”的重要作用。2018年教育部关于印发《新时代高校教师职业行为十项准则》《新时代中小学教师职业行为十项准则》《新时代幼儿园教师职业行为十项准则》的通知中，首次单列出幼儿园教师职业行为十项准则。

学习笔记

二、幼儿教师职业道德认知的影响因素

(一)社会因素

1. 社会不良风气

改革开放以来，市场经济带给我国社会日新月异的变化，人民的物质生活水平和精神文化水平日渐提升。但是，市场经济也带来一些负面的影响，如拜金主义倾向、逐利性以及不择手段的竞争等。幼儿教师是一群生活在这样的时代背景下的普通劳动者，而劳动者需要按劳分配，获得劳动报酬。因此，一些思想觉悟不够高的幼儿教师在道德认知上受到市场经济负面思想的影响。市场经济对价值的追求，导致某些幼儿教师受到拜金主义价值取向的影响，进而人生观、价值观出现偏差，理想信念出了问题。某些幼儿教师收受家长送来的红包、礼品，甚至有的幼儿教师向幼儿家长索取物品。

扫二维码，学幼儿教师职业道德认知的影响因素

想一想

送和不送真的不一样

包某的女儿四年前上幼儿园，开始在幼儿园总是吃不饱，回家常喊“饿死了”；后来包某给老师送了红包，老师总是给包某的女儿加餐，女儿回来就说“撑死了”。每次送礼之后的几天，包某的女儿往往会得到老师表扬。长此以往，包某就形成了条件反射，“一旦老师批评女儿，我就想，是不是又要送礼了？”

想一想，家长为何会有这类想法？作为即将走上工作岗位的幼儿教师，你会如何面对家长的送礼行为？

感悟

对于收红包这种严重违背师德的行为，相关部门态度明确，禁令不断。2010年12月，教育部发布《关于切实加强教育系统廉洁自律和厉行节约工作的通知》，业界称为“八不准”禁令，其中规定教师“不准收受学生及家长的礼品、礼金、有价证券、支付凭证或其他财物”。2012年8月，国务院出台相关意见，评价教师实行师德“一票否决”制，情节恶劣的按有关规定予以严肃处理，甚至撤销其教师资格。

其实，每年教师节来临之际，给教师送礼就会成为社会热点话题。有人甚至直言教师节变成了“送礼节”。公众对教师节的关注度在不断提高，但如果焦点只集中在送礼上，不免让人遗憾。

尊师重教是中国优良的文化传统。逢年过节特别是教师节来临，学生和家长发自内心地送上些鲜花、贺卡等小礼物，表达对教师悉心培养、辛勤工作的感谢，是尊师重教的表现。但如果所送物品价值过高，甚至是现金、礼券，而且夹杂着想获得教师额外照顾的目的，就超出了正常人情交往的界限，不仅会玷污纯洁的师生关系，还会对孩子的价值观产生消极影响。幼儿教师一定要守好道德红线，拒绝接受家长的一切红包、礼金，安抚家长的焦虑情绪，用自己的职业素养影响家长，营造健康积极的家园关系。

学习笔记

幼儿教师一方面要完成规定的教育教学任务和各项行政事务，另一方面还要面对家长们的热切期盼。他们的压力不小，担子不轻。虽然近年来幼儿教师的待遇总体改善，但和巨大的付出相比，仍不算高。同时，极个别幼儿教师的不端失范行为通过媒体报道被放大，导致幼儿教师队伍整体形象受损，人们对幼儿教师群体的误解增多。在这种情况下，全面客观地评价幼儿教师的工作，对幼儿教师多一点理解、多一些尊重更显可贵。

毋庸置疑，绝大多数幼儿教师是为人师表、爱岗敬业的。他们不辞辛劳，用爱心和知识辛勤浇灌着祖国的花朵。尊师重教，应该更多地体现在尊重教师的劳动上，多送上一些温暖人心的感谢，多增添一些实实在在的信任。当前，有的家长平常不注重家庭教育，一旦孩子有了问题，就把责任全部推给园方和教师，殊不知，只有家庭和学校相互配合、积极协作，才能取得最佳教育效果。

切实提高幼儿教师地位，保障教师权益，尊重教育规律，尊师重教的良好氛围才能拥有坚实基础，并且越来越浓。让我们把理解与尊重作为礼物献给教师，营造出良好的尊师重教风气，坚决抵制不良社会风气。

2. 园所氛围

幼儿园是一片独特的小天地，每所幼儿园散发出的气息都是不一样的。在园长教育理念的指引下以及各位幼儿教师的努力下，每所幼儿园呈现出的氛围各有特点。廉洁奉公、积极进取、热爱关怀幼儿的园所氛围有利于幼儿教师体验职业幸福，明辨是非、善恶，坚守正确的职业价值观，给幼儿创造最适宜、健康的成长环境，使幼儿在接纳、鼓舞、正直、友善的气氛中学会追求、树立自信、学会判断、学会关怀。相反，相互攀比、心存芥蒂、自私冷漠的群体氛围，就只能形成唯利是图、拜高踩低的园所氛围，这是不可想象的。一方面，幼儿教师个体价值观念偏离，影响其个人自身专业成长前景；同时，这种不健康的群体氛围造成幼儿园整体气氛变味，不利于同事、领导团结，造成人心分离、各自为营。另一方面，势必影响幼儿的健康快乐成长，因为在批评中长大的孩子，学会责难；在嘲弄中长大的孩子，学会胆怯；在敌意中长大的孩子，学会争斗。

(二)个体因素

1. 道德需要

道德需要是影响幼儿教师职业道德认知的内在动因。马斯洛以人为研究对象，建立了以满足为基础的需要层次论，把人的需要看成一个由低层次向高层次发展的过程，在满足其基本生理需要、安全需要的基础上，又分化出新的精神需要，包括归属与爱的需要、尊重的需要、自我实现的需要。

道德需要就是在社会生产力发展到一定阶段后，为维持社会稳定，维持社会中各种力量之间的平衡而衍生出来的一种社会需要。道德需要是人的高层次需要。道德具有满足自我与社会的价值。道德需要正是基于这一认识而产生的遵守一定道德原则和规范，做一个道德人的心理倾向。①

在人的品德心理结构中，道德需要处于重要的地位，它是个性心理特征的基础，更是行为的直接动力。道德行为应主要归因于道德需要，没有对道德的需要就不会有道德的内化，也不会有自主、自觉的真正的道德行为。人类创造道德并不仅仅是为了约束和限制自己，而且是为了发展和肯定自己。道德具有约束性，但更重要的是它具有激励作用。它不是社会用来对付个人、反对个人的工具，不是同人的自由自觉的生命本质相对的异己力量，而是人的需要和生命活动的一种特殊表现，是人探索、确证、完善自己的一种重要方式，它在本质上与人的创造精神，与人的自我实现、自我发展的内在需要是一致的，道德需要是道德教育的出发点和推动力。②

因此，道德需要是幼儿教师职业道德认识的出发点，有了道德需要，才会有道德认识的发生。道德认识的发生与道德需要紧密联系，这种需要不是低级的满足生存的需要，而是高级的社会需要。我国自古以来就有尊师重教的传统，历来认为教师应当以身立教，为人师表。幼儿教师在教育教学过程中，要举止文明礼貌，语言健康规范，衣着整洁得体，教态端庄大方，注重用自己高尚的言行为幼儿做出表率，从而影响、教育幼儿。每一位幼儿教师或是立志成为优秀幼儿教师的人都应该认识到这种表率作用的重要性，并严格要求自己，向着标杆前进。只有实现这一社会需要，幼儿教师的个人需要才能得到满足。只有认识到这一点，幼儿教师的职业道德认知才能提升到与社会需要相符合的高度，幼儿教师的职业道德教育也才能更加有效。

2. 人格品质

人格，即人类心理特征的整合、统一体，是一个相对稳定的结构组织，并在不同时间、不同地域影响着人的内隐和外显的心理特征与行为模式。人格的属性

学习笔记

① 彭柏林：《道德需要的含义及其二重性》，载《海南大学学报(人文社会科学版)》，2000(2)。
② 杨云芳、杨云霞：《试论法官职业道德认知的影响因素》，载《西北大学学报(哲学社会科学版)》，2012(3)。

学习笔记

包括整体性、稳定性、个体性、适应性、自然性、社会性等。由人格的心理属性的变异（心理疾病）导致的人格缺陷，成为家庭暴力、社会危害的重要源头和成因之一。

人格缺陷是相对于人格障碍而言的。人格障碍是一种病态，心理学上对其研究已较为丰富；而人格缺陷在正常人身上均有所体现。人格障碍的反面是人格健全。人格缺陷是人格的某些特征相对于正常而言的一种边缘状态或亚健康状态，是介于人格健全和人格障碍之间的一种人格状态，也可以说是一种人格发展的不良倾向。① 常见的人格缺陷有自卑、抑郁、怯懦、孤僻、冷漠、悲观、依赖、敏感、多疑、焦虑、暴躁冲动、破坏等。这些都是不良的心理因素，不仅影响活动效率，妨碍正常的人际关系，而且会给人蒙上一层消极、阴暗的色彩。

2014 年 5 月 4 日，习近平总书记在北京大学师生座谈会上指出，“教师要时刻铭记教书育人的使命，甘当人梯，甘当铺路石，以人格魅力引导学生心灵。”幼儿教师更应思考如何建立健全人格特质，发挥“一朵云推动另一朵云，一个灵魂唤醒另一个灵魂”的教育魅力。

单元 2 幼儿教师职业道德认知的培养途径

扫二维码，学习幼儿教师职业道德认知的培养途径

一、加强理论学习，提高个人认识

人们从事改造客观世界的活动需要知识，这就必须学习。同样，人们改造主观世界，提高自己的道德水平，也需要学习。加强理论学习，是教师提高职业道德修养的必要方法，也是教师提升自身职业道德认知水平的不二法门。教师职业道德理论是提升教师职业道德修养的指导思想，教师掌握了它才能辨别善恶、是非，才能在自己的思想领域里战胜那些错误的、落后的道德观念。一个人只有以教师道德先进典型为自己思想行为的楷模，鼓励自己，在思想意识中凝聚教师道德原则和规范，常以崇高的道德品质为自己行为的目标，才能使自己的道德修养不迷失方向，才能使自己成为一名有较高教师道德修养的人民教师。

（一）树立正确的人生观、价值观

价值观是指人们在处理具有普遍性价值的问题上所持的立场、观点和态度的总和。作为人的有意识的选择和追求，价值观有正确与错误、先进与落后、自觉与盲目、真实与虚幻等差别。不同的价值观，导致人们对客观事物的认识和态度不同；不同的价值观，在认识世界和改造世界的活动中的指向不同。正确的价值

① 杨向东：《偏离常轨的行为：解读人格障碍》，41 页，西安，陕西科学技术出版社，2012。

观对人们的生活起促进作用，错误的价值观起阻碍作用。

教师一定要认真学习理论，树立正确的世界观和人生观。不学习理论就不能科学地、全面地、深刻地认识社会，不能正确地认识人与人之间的关系，因而也就不可能形成正确科学的人生观和世界观。从根本上说，一个教师高度的社会主义师德觉悟，正是以正确科学的世界观、人生观和革命理想为指导的。教师只有确立科学的世界观、人生观，才能坚定不移地热爱社会主义祖国，热爱和献身人民教育事业，自觉地把个人生命意义、价值与人民教育事业紧紧地联系在一起，把教育和培养好学生、为教育事业做贡献看作人生最大的幸福和快乐，才能矢志教育，义无反顾，以坚韧不拔的毅力，战胜前进道路上的一切困难，为人民教育事业的发展而努力奋斗。

幼儿教师只有树立正确的价值观，发挥正确的价值观的导向作用，才能不受外界的干扰与影响，特别是不受功利主义的影响。幼儿教师只有少用“有没有用”“有没有利”来判断对待幼儿的态度与行为，才能坚持正确的教育观、儿童观和发展观，才能在认识和处理涉及职业道德问题时站稳立场，以正确的态度来管理班级的工作。

学习笔记

（二）学习和掌握职业道德规范的真正内涵

教师应在理论学习中深刻理解教师道德规范和要求，明辨道德是非，提高遵守师德规范和要求的自觉性。教师道德规范和要求是社会道德在教师职业活动中的具体体现。它作为伦理的一个分支，从社会主义教育事业的根本利益出发，批判地继承了古今中外一切优良的师德传统，正确地回答了教师个人与他人、与集体、与国家之间的利益关系，具体地向教师表明应该做什么，不应该做什么，什么是善的，什么是恶的，以保障教育事业的根本利益。将师德要求转化为教师个人的内心信念，需要教师有一个自觉学习、接受教育的过程。有的教师做出违背师德要求之举，常常不是有意的，而是由于对遵守教师道德规范和要求的必要性、重要性缺乏了解和认识①。因而，教师学习和掌握社会主义师德的基本知识是非常重要的。

想一想

“推进教育数字化，建设全民终身学习的学习型社会、学习型大国。”结合党的二十大报告中的这段话，谈谈幼儿教师的终身学习意识可以体现在哪些方面。

（三）具备终身学习的意识

教师只有学习教育科学理论，掌握教育规律，按教育规律办事，才能更好地完成教书育人的职责。通过学习教育理论，教师能进一步明确自己在教育教学中的主导地位，明确自己对学生的身心发展所起的重要作用。这能促使教师进一步严格要求自己加强职业道德修养。教师还应学习丰富的科学文化知识。只有广泛地学习自然科学和社会科学知识，教师才能从各种关系和联系中来认识改造世界的任务，认识社会和人生。同时，幼儿教师必须坚定为社会主义中

① 王家云、辛治洋：《教师职业规范与专业发展》，115 页，合肥，安徽师范大学出版社，2016。

国培养建设者和接班人的立场，加强政治学习，不断学习领悟习近平新时代中国特色社会主义思想，深刻领会党的教育方针，落实立德树人根本任务。此外，幼儿教师要学会关注教育领域政策的变化发展，尤其是近几年教育部出台的与幼儿教师职业道德有关的规章制度，深入学习《新时代幼儿园教师职业行为十项准则》《幼儿园教师违反职业道德行为处理办法》等文件，划定底线原则，提高自身法律认识。

学习笔记

总之，幼儿教师只有不断提升自身职业道德认知水平，增强自律意识、慎独品质，无论在什么情况下都自尊、自重、自爱、自觉、自律，按照幼儿教师职业道德标准严格要求自己、把握自己，始终保持高风亮节，才能真正形成完善的人格和崇高的品质。

二、在实践中深化职业道德认知

名言佳句

一碗酸辣汤，耳闻口讲的，总不如亲自呷一口的明白。

——鲁迅

教育实践是正确的教师师德观念的认识来源。只有在教育实践活动中，教师才能正确认识教育活动中的各种利益和道德关系，才能正确认识教师的职业使命，树立良好的职业形象。

幼儿教师获得较高层次的职业道德认知后，只有通过躬身实践，持续地去做、去行动，把通过各种途径获得的职业道德认知用以指导自己的实际活动，获得独特的内心体验，才能深入理解职业道德认知。实践是检验真理的唯一标准，教育实践就是检验幼儿教师职业道德认知的最佳方式。教师在实践中反思自我价值观念、教育观念、待人接物的方式方法时，很多时候会发现自己原先的认识过于狭隘或者是错误的。只有在实践中获得这种独特的内心体验，深入理解了教师职业道德，幼儿教师才会知道该坚持什么，该放弃什么，从而形成较高的职业道德品质。

想一想

如何在实践中深入理解幼儿教师职业道德认知？尝试举例说明。

三、在思考中获取进步，培养良好的思维能力

良好的思维能力是形成幼儿教师职业道德认知的基础。思维能力的发展，必然引起职业道德认知水平的提高。思维能力一般由分析、综合、比较和概括能力构成。这些能力相互联系，构成完整的思维运动过程。培养分析能力，就要学会分析事物的方法。这一方法就是把认知对象分解为多个部分，从中认识事物本质的方法。运用分析的方法虽然能够把握事物的本质特征，但这种认识是零碎的、抽象的，不能把握事物的整体。这就需要综合方法的介入。所谓综合方法，就是思维把选择对象的各个部分联合成一个整体，使事物的本质体现在各个部分中的方法。分析基础上的综合，可以使对象在思维中具体再现，这样就能对事物或人的行为达到完整、具体的认识。有比较才能鉴别，才能辨别真假与善恶，不至于被虚假的形式所迷惑。道德认知应该是幼儿教师在对认知对象作详尽的分析、综合和比较的基础上做出的判断。如果没有分析综合、比

较鉴别，就无法辨析正确的职业道德知识，形成正确的幼儿教师职业道德观念。发展良好的思维能力，还必须培养稳定、积极的情绪和坚强的意志。稳定的情绪和坚强的意志能够促进思维活动的进行，有利于道德认知的形成与发展；消极的情绪和脆弱的意志有碍于思维活动的进行，往往影响主体形成正确的道德认知。

学习笔记

(一)热爱思考

有些幼儿教师因为工作琐碎繁忙，如今网络又发达，就从网上直接下载现成的教案、周计划，按部就班地实施。这存在两点问题：其一，网上资源良莠不齐，需要幼儿教师有较强的甄别判断能力；其二，某些幼儿教师照搬他人劳动成果，逐渐丧失个人自主决策的能力。

随着二期课改不断深入发展，只知照搬教材的做法无法适应以幼儿兴趣和经验水平为基准的教育教学观念。根据教育目标、本着幼儿实际发展需要以及本地区已有条件自主选择和设计活动内容，已是广大幼儿教师的共识。在这种价值观念的指导下，幼儿教师首先要对教育目标、幼儿现状、本地资源及其关系进行认真思考。

那如何成为会思考的幼儿教师呢？最关键的是要对事业有热忱、有积极思考的态度和自信。因为动机和态度往往对人的行为起决定性作用。

(二)培养批判性思维

思维的批判性指个体不仅善于评价和批判他人、他事，而且善于评价和批判自己的一种思维品质。它要求幼儿教师不仅能够实事求是地分析别人的观点、言行，分清是非，敢于质疑权威的观点；而且能够及时发现自己言行的不当之处，自觉地加以纠正。

名言佳句

思曰睿，睿作圣。

——《尚书》

培养批判性思维是幼儿教师专业成长的重要途径。要拥有批判性思维品质，幼儿教师应该对社会上流行的各种关于教师的道德认识持怀疑甚至批判的态度，拥有正确的道德判断。除了对人、对事，幼儿教师同样需要用批判的眼光看待自己的教育观念和行为。例如，许多幼儿教师对活泼好动的幼儿抱有成见，以至于常在全班小朋友面前说他们“淘气”。在教师心中，似乎班上所有的“坏事”都是他们干的，幼儿之间的冲突也自然归咎于这帮“淘气包”。其实，有时候教师的某些评判未免过于武断。教师天天高喊尊重幼儿，又常常不自觉地做出不尊重幼儿的事情，如不以事实为依据，自作主张解决幼儿之间的冲突。其实，幼儿不仅需要幼儿教师微笑的表情、和蔼的态度，更需要幼儿教师内心深处的公平与尊重，需要幼儿教师实事求是处理每件小事的责任心。

想一想

培养和形成批判性思维对幼儿教师职业道德认知发展的意义是什么？

想一想

浅谈教师处理幼儿同伴冲突行为中的一边倒行为

在日常活动中，幼儿之间因为材料选择、角色分配、规则制定而产生冲突在所难免。在冲突处理中，幼儿教师时常表现出以下两类行为倾向。一类是对幼儿双方各打五十大板。不论青红皂白，让幼儿双方彼此道歉，互相说对不起，在老师的见证下“重归于好”。这一招看似公平公正，实际上并未走进幼儿双方的内心。还有一类是一边倒。同情受害者一方，忽视甚至无视侵犯者一方的情感需求，更有甚者打压侵犯者一方，没有将幼儿同伴冲突行为转化为教师对幼儿施以正面引导的契机。这并不利于良性师幼关系的形成，因为教师的偏向性行为或语言将侵犯者一方推向了对立面。久而久之，一些调皮捣蛋、不轻易服帖的幼儿挑战教师的行为可能会越来越多。我们可以从纪录片《成长的秘密》幼儿陈柄栋索要棍子的故事中感受一下老师们在处理同伴冲突中的偏向性对当事双方幼儿的影响。

(背景)在征得池亦洋的同意后幼儿一起玩干沙。

陈炳栋：你为什么就喜欢我呀?

池亦洋：我有时候也不喜欢你。像现在这样就喜欢你。

陈炳栋：为什么他老跟我啊，我不想跟他。(对着老师说)

师1：你有权利不喜欢他。

陈炳栋：(开始呜咽。说话含糊不清)

师1：哭是一种宣泄，我有时候也会哭的。

池亦洋：这些娇气的笨人。我可不跟你玩了。

陈炳栋：他把我的棍子拿走了。

师1：你可以跟他要。

陈炳栋：要也要不回来，我不想试，我要让你帮我弄一下。

师1：那是你的棍子，你有权利要，我没有办法。

师2：一直要下去，试试看。

陈炳栋：我不想过去，因为他会打我。

师1：你没有试怎么知道他会打你呢?

陈炳栋：池亦洋请把那个棍子还给我。池亦洋请把棍子还给我。

佳佳：池亦洋，再不把陈炳栋的棍子还给他，我就不跟你好!

孩子：我跟池亦洋好。

陈炳栋：老师，池亦洋老不还给我。还给我，那是我的棍子。

佳佳：我可以给你折个纸飞机。如果你还给陈炳栋，我就给你。你想不想要?

陈炳栋：池亦洋，请还给我，那是我的棍子。

佳佳：池亦洋，如果你给陈炳栋，我可以送你一个玩具。行吗?

池亦洋：少废话(大吼)，把你们打成肉泥！

师1：为什么啊？我们都要被你打成肉泥吗？刚才佳佳告诉我不要插话。我都没敢说话。

师2：那我们几个人把你抱紧紧的，让你动弹都动弹不得。

师1、师2：哎，陈炳栋，我们都在帮你，现在池亦洋拿着棍子要打我们，那你不能不管我们。我们在帮你！

师2：你不可以这样对付别人，这个棍子本来就是人家陈炳栋的。你给人家抢走了，这是不对的。请你还给别人。在这个世界上，用暴力征服别人是没有出息的。你不可以用暴力，我相信你也不会用暴力的，对吧？(面向陈炳栋)你要坚持要，他会给你。池亦洋他也是一个很好的人，他很愿意把你的东西还给你。(面朝池亦洋)谢谢你，谢谢你还给陈炳栋。(面向池亦洋，并把棍子从池亦洋手中拿过来给了陈炳栋)

师1：佳佳，你帮助陈炳栋了，而且想了很多办法，你很勇敢，我抱你一下。(面向佳佳)

池亦洋：但是都没用！

师1：可是我们已经获得了棍子，走喽！(胜利的得意)

池亦洋：总有一天我会重新抢过来的！(气愤与不服)

感悟

在这段对话中，主要人物有侵犯者——池亦洋，受害者——陈炳栋，调停者——佳佳、师1、师2。师1在成功要回棍子之后，当着池亦洋的面夸了挺身而出的佳佳。这一幕让池亦洋看在眼中十分不开心，他甩来一句不屑的话，“但是都没用”，以此来表达不服。此时，师1站在受害者一方，得意洋洋地说“可是我们已经获得了棍子，走喽”。此时的教师俨然化身受害者一方的辩护律师，为自己的胜利感到欣喜，而忘了自己教师的身份。这显然引起池亦洋这个具有强烈自尊的孩子的反感，“总有一天我会重新抢过来的！”本来一次较好的解决矛盾的机会就在最后丧失了教育的意义。教师获得了受害者一方的信任，却也丧失了侵害者一方的信任，教师的权威受到了挑战。因此，对待幼儿之间的冲突，教师应该公平公正地对待所有幼儿。案例中的侵犯者——池亦洋，他也有自尊，有自己的想法，他抢走陈炳栋的棍子，可能只是为了自己玩玩而已，教师应该在表示理解幼儿行为的基础上，走近幼儿，可以这样说：“谢谢你克制自己的愿望，并选择把棍子还给陈炳栋，我们打仗的游戏缺少一位指挥，你来吗？”让调皮、具有强烈自尊心的孩子感受到老师对他的包容与信任。如此，再去引导这种类型的幼儿感受遵守规则、与人友好相处的重要性。春风化雨、润物无声的教育大概如此。

四、加强监督管理，加快学前教育法律法规建设步伐

(一)加强教师法律意识教育，完善社会支持系统

教师教育教学法律法规意识的提高有利于教师提升职业道德认知水平，树立正确的教育观念。认识基础正确，教师就会自觉做出符合法律法规要求的行为，因此，这将避免现实生活中很多违背师德又触犯法律的事件的发生。

当前，部分幼儿教师法律意识淡薄，因此，在师德教育中要注意加强对法律

法规的学习。在教师职前教育中，大中专师范院校的课程开设，一定要突出教育法学和教育法律法规课程的学习；在职后培训中，幼儿园可以通过课外活动、党团组织活动、社会实践等方式，扎实开展形式多样、内容丰富的学法、用法和普法活动，以求进一步提高广大教师的教育教学法律法规素养。可以聘请专家、学者集中为广大教师授课；可以开设法律知识专门课程，帮助广大教师建立法律意识体系；可以运用报告会、看录像、知识竞赛、墙报等形式宣传教育法律法规；还可以经常性地开展交流、调研和座谈会活动，以提升教师的法律意识。①

学习笔记

要建立健全师德教育的学习培训机制。尽管教师本身就是教育者，但为了强化教师的师德意识，有组织、有计划地对广大教师进行师德教育的学习培训也是十分必要的。

师德学习培训的内容，包括师德规范、职业理想、职业态度、职业责任和职业良心的学习和培训等，更重要的是根据教师的思想实际和教育实践中的问题，有针对性地进行学习教育。第一，师德培训应当更换内容角度，贴近教师生活与心理。如通常将教师比喻为“春蚕”“蜡烛”，片面强调教师应当奉献。而在师德培训中，应当引导幼儿教师体会教师这份职业带来的喜乐、成就与满足感，通过职业生活感受成长、尊严和生命的欢乐，而不是一味强调“奉献”。第二，应注意培训中的情感共鸣，改变以往枯燥无味的纯知识灌输的形式，采用一种融知识传递、情感体验为一体的、积极愉快的感悟和学习的方式，关怀教师的生命状态，关注教师的情感诉求，并通过多种手段创设情境，使培训过程洋溢着人性的关怀和浓郁的情感体验。学习培训可采用专题讲座、师德报告会、案例分析会等多种形式。总之，师德教育应做到灵活多样，不搞形式，不走过场。

(二)建立健全幼儿教师准入机制，实施师德一票否决制

1. 完善教师培养体系

办好一批幼儿师范专科学校和若干所幼儿师范学院，支持师范院校设立并办好学前教育专业。中等职业学校相关专业重点培养保育员。根据基本普及学前教育目标，制订学前教育专业培养规划，扩大本专科层次培养规模及学前教育专业公费师范生招生规模。前移培养起点，大力培养初中毕业起点的五年制专科学历的幼儿教师。引导学前教育专业毕业生从事幼教工作，鼓励师范院校在校生辅修或转入学前教育专业，扩大有质量教师的供给。创新培养模式，优化培养课程体系，突出保教融合，健全学前教育法规及规章制度，加强儿童发展、幼儿园保育教育实践类课程建设，提高培养专业化水平。2018 年师范院校学前教育专业国家认证工作启动，培养质量保障制度建立。

2. 健全教师培训制度

出台幼儿教师培训课程指导标准，实行幼儿园园长、教师定期培训和全员轮

① 李叶欣：《教师教育法律意识的缺失与教育法律素养的提高》，载《教学与管理》，2012(33)。

训制度。研究制定全国幼儿教师培训工作方案，用两年半左右时间，通过国家、省、县三级培训网络，大规模培训幼儿园园长、教师，重点加强师德师风全员培训、非学前教育专业教师全员补偿培训和未成年人保护方面的法律培训等。抓专题教育，建立师德师风建设长效机制。深入开展教师"四史"学习教育和师德专题教育。组织广大教师围绕深入学习习近平总书记关于师德师风的重要论述、"四史"学习教育、师德优秀典型先进事迹、新时代师德规范、师德警示教育5个重点方面开展专题教育。①

3. 严格教师队伍管理

教师是教育工作的中坚力量。有高质量的教师，才会有高质量的教育。做好老师，就要执着于教书育人，有热爱教育的定力、淡泊名利的坚守，就要有理想信念、有道德情操、有扎实学识、有仁爱之心。要在全党全社会大力弘扬尊师重教的社会风尚，推动形成优秀人才竞相从教、广大教师尽展其才、好老师不断涌现的良好局面。②

同时加强对现有教师队伍的管理工作。认真落实教师资格准入与定期注册制度，严格执行幼儿园园长、教师专业标准，坚持公开招聘制度，全面落实幼儿教师持证上岗，切实把好幼儿园园长、教师入口关。非学前教育专业毕业生到幼儿园从教须经专业培训并取得相应教师资格。强化师德师风建设，通过加强师德教育、完善考评制度、加大监察监督、建立信用记录、完善诚信承诺和失信惩戒机制等措施，提高教师职业素养，培养教师热爱幼教、热爱幼儿的职业情怀。对违反职业行为规范、影响恶劣的教师实行"一票否决"制，其终身不得从教。

4. 研究制定学前教育法

加快推进学前教育立法，进一步明确学前教育在国民教育体系中的地位和公益普惠属性，强化政府和各有关部门在学前教育规划、投入、资源配置、师资队伍建设和监管等方面的责任，明确举办者对幼儿园办园条件、师资聘任、工资待遇、运转保障、经费使用与财务管理等方面的责任，促进学前教育事业健康可持续发展。加大对违法违规办园行为的惩治力度，推进学前教育走上依法办园、依法治教的轨道，保障幼儿身心健康成长。

学习笔记

(三)明确新时代幼儿教师职业规范，深化师德师风建设

以《新时代幼儿园教师职业行为十项准则》为准绳，各地各校需扎实开展对准则的学习贯彻，采取多种形式帮助广大教师全面理解和把握，引导广大教师把教书育人和自我修养结合起来，时刻自重、自省、自警、自励，自觉做以德立身、以德立学、以德施教、以德育德的楷模；要把准则要求落实到招聘、聘用、考核等教师管

① 选自教育部：2021年教师节重点开展10项活动。
② 选自习近平2021年3月6日在看望参加全国政协十三届四次会议的医药卫生界、教育界委员时的讲话。有删减。

理具体工作中，实行师德失范“一票否决”制；要以有力措施坚决查处师德违规行为，对于有严重侵害学生行为的，一经查实，要撤销其所获荣誉、称号，依法依规撤销其教师资格、解除其教师职务、清除出教师队伍，同时还要录入全国教师管理信息系统，任何学校不得再聘任其从事教学、科研及管理等工作。①

相关链接

新时代幼儿园教师职业行为十项准则

教师是人类灵魂的工程师，是人类文明的传承者。长期以来，广大教师贯彻党的教育方针，教书育人，呕心沥血，默默奉献，为国家发展和民族振兴作出了重大贡献。新时代对广大教师落实立德树人根本任务提出新的更高要求，为进一步增强教师的责任感、使命感、荣誉感，规范职业行为，明确师德底线，引导广大教师努力成为有理想信念、有道德情操、有扎实学识、有仁爱之心的好老师，着力培养德智体美劳全面发展的社会主义建设者和接班人，特制定以下准则。

一、坚定政治方向。坚持以习近平新时代中国特色社会主义思想为指导，拥护中国共产党的领导，贯彻党的教育方针；不得在保教活动中及其他场合有损害党中央权威和违背党的路线方针政策的言行。

二、自觉爱国守法。忠于祖国，忠于人民，恪守宪法原则，遵守法律法规，依法履行教师职责；不得损害国家利益、社会公共利益，或违背社会公序良俗。

三、传播优秀文化。带头践行社会主义核心价值观，弘扬真善美，传递正能量；不得通过保教活动、论坛、讲座、信息网络及其他渠道发表、转发错误观点，或编造散布虚假信息、不良信息。

四、潜心培幼育人。落实立德树人根本任务，爱岗敬业，细致耐心；不得在工作期间玩忽职守、消极怠工，或空岗、未经批准找人替班，不得利用职务之便兼职兼薪。

五、加强安全防范。增强安全意识，加强安全教育，保护幼儿安全，防范事故风险；不得在保教活动中遇突发事件、面临危险时，不顾幼儿安危，擅离职守，自行逃离。

六、关心爱护幼儿。呵护幼儿健康，保障快乐成长；不得体罚和变相体罚幼儿，不得歧视、侮辱幼儿，严禁猥亵、虐待、伤害幼儿。

七、遵循幼教规律。循序渐进，寓教于乐；不得采用学校教育方式提前教授小学内容，不得组织有碍幼儿身心健康的活动。

八、秉持公平诚信。坚持原则，处事公道，光明磊落，为人正直；不得在入园招生、绩效考核、岗位聘用、职称评聘、评优评奖等工作中徇私舞弊、弄虚作假。

九、坚守廉洁自律。严于律己，清廉从教；不得索要、收受幼儿家长财物或参加由家长付费的宴请、旅游、娱乐休闲等活动，不得推销幼儿读物、社会保险或利用家长资源谋取私利。

十、规范保教行为。尊重幼儿权益，抵制不良风气；不得组织幼儿参加以营利为目的的表演、竞赛等活动，或泄露幼儿与家长的信息。

① 《教育部印发新时代教师职业行为十项准则 进一步规范教师职业行为》，http://www.moe.gov.cn/jyb_xwfb/gzdt/s5987/201811/t20181115_354886.html，2020-03-07。

(四)营造良好的社会氛围，在全社会弘扬尊师重教风尚

学习笔记

幼儿教师每天身处幼儿、同事、领导、家长的关系网中，营造良好的园所氛围是每个幼儿教师心中所想。如何构建良好的园所氛围，让幼儿教师体验到职业幸福，让幼儿健康成长呢？

第一，对幼儿教师职业形成良好的公共信任氛围。公共信任、支援的氛围会使幼儿教师具有高度的自尊感，把教学视为一种可追求的事业，从而对其有积极、肯定的看法。幼儿园、家长及社会大众应对幼儿教师抱有合理的期望，以减少幼儿教师的压力。

第二，建立健全师德教育榜样示范机制。榜样可以产生巨大的影响力和感召力，具有教育和激励的作用。蔡元培、吴玉章、叶圣陶等老一辈教育家为教育呕心沥血、无私奉献的师德风范，曾经激励和鼓舞了千百万人民教师为教育事业而努力工作。如今，我们要继续学习和发扬老一辈教育家的精神和风范，及时发现、培养当代的模范教师和先进典型，宣传他们的先进事迹，使广大教师学有目标、学有方向。师德教育，要考虑教师本身特点，贴近教师的思想和生活实际，切忌把师德教育变成空洞的道德说教。对教师进行道德教育，须与教师的提薪晋级、职称评定以及在市场经济条件下提高竞争实力结合起来。为此，要引导教师在教育工作中爱岗敬业、为人师表、以身立教；要激励教师积极进取，不断提高自身的思想道德素质和专业技术水平，提高自身的综合素质和竞争实力，在岗位竞争中立于不败之地；同时还要指导教师树立正确的价值观、教育观、师生观、人才观和发展观，不断适应教育面向现代化、面向世界、面向未来的需要。总之，师德教育要从关心、理解、体贴教师，即推己及人的角度进行教育和引导，将师德教育寓于教师的立身、立业之中，在全心全意为教师服务中增强师德教育的感召力和影响力，使教师真正认识到师德是教师的立身之本、立业之基，使师德教育化虚为实，收到实效。

相关链接

“华东师范大学附属紫竹幼儿园幼儿教师师德承诺书”摘录(改编)

作为一名人民教师，这份职业赋予我们无上的荣耀、万千的责任。在今天，借第 29 个教师节之际，我们为我们的教育理想做一件值得纪念的事：共同签署一份师德承诺书，为孩子们纯净的眼神，为家长们信任的托付，做出我们的承诺！

1. 爱岗敬业，严格自律，不迟到，不早退，不旷教，不在工作时间上网购物、聊天等；在教学活动中不出现使用通信工具等影响正常教育教学的行为，工作不拖沓、不推诿。

2. 依法从教，廉洁从教，不从事以盈利为目的的第二职业和有偿家教等，不接受家长宴请，不接受家长礼物。

3. 热爱幼儿，公平对待每一位幼儿；尊重幼儿个体差异，促进每一位幼儿发展；不歧视、讽刺、挖苦幼儿，不说伤害幼儿自尊和心灵的话语，不体罚和变相体罚幼儿。

……

6. 团结协作，关心集体，顾全大局，互相尊重，合作共享，共同维护、营造"奉献、反思、包容、进取"的团队氛围，共创和谐校园文化。

五、树立正确的职业信念

学习笔记

信念是人们在对自己的生活经验产生了一定认识的基础上，确立起的对某种思想或事物坚信不疑的主观认识，并能为之身体力行的心理态度和精神状态，是认知、情感和意志的统一体。信念的力量是伟大的，信念的力量是一种源泉，能支撑着人们去奋斗，推动人们不断取得进步……对于幼儿教师来说，正确的信念是什么？又应该如何坚守这些信念？

（一）坚定社会主义政治立场

教师是人类灵魂的工程师，承担着神圣使命。党和国家事业的发展需要一支宏大的师德高尚、业务精湛、结构合理、充满活力的高素质专业化教师队伍，需要一大批好老师。幼儿园阶段的教师必须意识到教育是国之大计、党之大计。培养什么人、怎样培养人、为谁培养人是教育的根本问题。育人的根本在于立德。牢记为党育人、为国育才使命，全面贯彻党的教育方针，落实立德树人根本任务，培养德智体美劳全面发展的社会主义建设者和接班人。教育和引导学生热爱祖国、热爱人民、热爱中国共产党，教育和引导学生心中要有国家和民族、意识到肩负的责任，牢固树立为祖国服务、为人民服务的意识，立志成为党和人民需要的人才。

相关链接

广泛践行社会主义核心价值观（节选自党的二十大报告）

社会主义核心价值观是凝聚人心、汇聚民力的强大力量。弘扬以伟大建党精神为源头的中国共产党人精神谱系，用好红色资源，深入开展社会主义核心价值观宣传教育，深化爱国主义、集体主义、社会主义教育，着力培养担当民族复兴大任的时代新人。推动理想信念教育常态化制度化，持续抓好党史、新中国史、改革开放史、社会主义发展史宣传教育，引导人民知史爱党、知史爱国，不断坚定中国特色社会主义共同理想。用社会主义核心价值观铸魂育人，完善思想政治工作体系，推进大中小学思想政治教育一体化建设。坚持依法治国和以德治国相结合，把社会主义核心价值观融入法治建设、融入社会发展、融入日常生活。

(二)培养和提升幼儿教师职业幸福感

小故事

有一个路人，途经工地，看到三个人在砌墙，路人问他们在做什么。第一个人闷闷不乐地说："在干活。"第二个人漫不经心地说："在赚钱。"第三个人快乐地说："我在造一座美丽的宫殿。"若干年过去了，前面两个人依旧在砌墙，而第三个人却成了著名的建筑工程师。

对工作每个人都有自己的认识，不同的认识导致了怎样的结局？

导致不同结局的原因有哪些？

这个故事对你有什么启发？

感悟

这个故事告诉我们，只有把自己所从事的职业当作一项事业，沉浸其中、乐在其中，才能在强烈的幸福体验中不断进取，并最终获得成功。教育的真正目的在于促进个体获得幸福体验，增强幸福意识，发展幸福能力。幼儿教师需要这样的职业幸福感。

正确的职业信念应该建立在职业幸福感基础之上。幸福是什么？幸福是一种非消费性的、持久的、祥和的、发自内心深处的愉悦感受。这种主观感受不是预成的，也不是别人给予的，而是在幼儿教师和孩子们共同成长的过程中逐步生成的，是由幼儿教育生活本身成就的。① 这是一个感悟的过程，也是一个创造的过程。正是在对这一过程的追求中，幼儿教师才慢慢体会到幼儿教育的魅力，才随着对幼儿教育职业的认同与欣赏而不断品味来自这份职业的自豪与幸福感，从而执着于幼儿教育质量的提升，执着于对孩子的热爱和对美好生活的追求。

从幼儿教师这一天底下最灿烂的职业中体验乐趣，把握自我发展的主动权，幼儿教师就会更执着于幼儿教育事业的发展，从而享受到幼儿教师的职业之美！做幸福的幼儿教师，幸福地做幼儿教师，做幼儿教师的幸福，这不是一组文字游戏，三者依次是目标、践行和成功。

(三)不断提升自身专业素养，永葆童心

提到童心，很多人都会认为这是小孩子的事情，与幼儿教师无关。在这里我们恰恰提倡幼儿教师应该永葆一颗童心。正如《幼儿园教育指导纲要(试行)》中指出的，"教师要多站在幼儿的角度，多体察他们童心的需要。"这意味着幼儿教师需感悟并理解孩子的童心，关注并满足孩子的内心需要。因为只有把握孩子的情感、思维方式，幼儿教师在与幼儿相处过程中才能更容易换位思考，理解幼儿的语言、行为等。幼儿教师只要注意环境、场合，那么其任何孩子气的行为都是可以理解的、值得提倡的。

学习笔记

① 方健壮：《高职教学创新与实践》，68页，广州，广东高等教育出版社，2007。

话题讨论

怎样才能真正走进儿童的内心世界？

陶行知先生有这样一段话：“您不可轻视小孩子的情感！他如果给您一块糖吃，就好像是汽车大王捐助一万元的慷慨；他没有打着他所讨厌的人，便好像是罗斯福讨不着机会带兵去打德国一般的怄气。”“我们必须会变小孩子，才配做小孩子的先生。”

你是怎么理解陶行知先生的话的？在你看来怎样才能真正走进儿童的内心世界？

学习笔记

如何感悟童心，理解童心？幼儿教师应该如何修炼这一本领？

第一，认真学习学前教育学、学前儿童心理学、幼儿游戏论等理论知识，尤其要把握不同年龄阶段幼儿心理、生理特点。例如，小班幼儿的思维发展处于表征阶段，他们喜欢扮演生活中所看到的人物角色，此时教师就得为幼儿布置各种可以扮演的游戏区角，满足幼儿心理发展的需要。

第二，在教育实践中深入认识幼儿身心发展的特点，真正做到根据变化了的实际情况做出适宜的决定与行为。幼儿教师进入班级，就得进入角色扮演状态，一方面，幼儿教师是整个班级的“首领”，站在高处指引幼儿的一切活动；另一方面，幼儿教师是全体幼儿中的一分子，也是“幼儿”，此时的幼儿教师以“幼儿”的身份去思考幼儿的一切，幼儿喜欢什么样的游戏、什么样的学习内容、什么样的活动方式……幼儿教师化身幼儿的代言人与同伴。理想的幼儿教师角色就是，一边以教师的身份进班，一边以幼儿的心态去学习玩耍，两种身份角色在适宜的时间互换。这样的幼儿教师理解幼儿，是幼儿的好伙伴，因为有时他自己就是幼儿！

幼教故事

排队风波

早晨8：00是入园高峰期，晨检处孩子、家长排起了长龙。保健老师正笑眯眯地忙碌着。“你这孩子！”爷爷拉着孙子行走到队伍的前面，“插进去，让老师快点帮你检查！”孩子迟疑着往后退，拉着爷爷要排到队伍的后面。“哎呀，你这孩子，怎么这么笨？也不机灵点儿，插进去不就好了吗？”爷爷一副恨铁不成钢的样子，再一次把孩子往队伍里推。孩子急了，哇的一声哭出来，猛回头对着爷爷拳打脚踢。队伍中有家长让出一个空，爷爷拉着孩子插了进去。晨检完，孩子依然一副委屈的样子，不停地用小手捶打着爷爷。爷爷一边躲闪，一边责备着：“傻瓜，以后就是要学得机灵点，不要傻乎乎的。”

我迎上去，蹲下身来帮他擦眼泪：“来，开心点儿，和老师一起进班吧。”

爷爷松开了手：“和老师一起进班吧。”我牵着孩子的手，边走边聊：“让老师猜一猜，你是中(1)班的小朋友，对不对？”孩子点点头。

"今天好多小朋友都在排队等待晨检，你也想和他们一起排队等，是吗?"孩子再次点了点头。

"你知道是爷爷错了，坚持要排队，你真了不起!"我摸了摸孩子的头，孩子的表情缓和多了，有了一丝笑意。

"可是要把想法告诉爷爷，爷爷才会支持你呀!"我勾起孩子的小手指，"我们拉拉钩，以后心里想什么，就说出来，好不好?"孩子笑了，转身跑进了教室，回头对我说："老师，再见。"①

感悟

排队等候对于孩子而言天经地义而且一定要遵守，一旦破坏了他心中恪守的规则，便会给他带来强烈的不安。因为言语表达并未充分发展起来，也不会适当宣泄自己的愤怒，孩子只有采用捶打爷爷的方式发泄心中的不满与矛盾。一般而言，孩子脾气暴躁是因为环境中缺少他所需要的东西，使其个人需求得不到满足，于是他烦躁不安，甚至出现种种过激行为。文中这位幼儿教师能及时捕捉到幼儿一日生活晨检环节中的小事，以幼儿的眼光来看待成人社会里一些司空见惯的不文明行为，理解幼儿，支持幼儿，引导幼儿用语言表达主张，她是一名了解幼儿的好老师!

综上所述，提高幼儿教师职业道德认知，应该切实抓好教育过程中的各个环节。知、情、意、信、习是良好师德品质形成的五个环节，也是师德教育的一般过程。一是提高教师对师德的认知水平。教师要形成良好的道德行为习惯，必须有正确的道德认知。道德认知是道德行为乃至整个道德品质形成的基础和先导。作为教育者的教师，理应对师德有更深刻的认知，那样才能德高为范，为人师表。二是陶冶师德情感。因为没有炽热的师德情感，教师就不会有对学生的关爱，不会有对教育事业的忠诚，不会有对师德理想人格的执着追求。三是锻炼师德意志。师德意志是师德品质和师德人格形成的关键。如果没有坚强的师德意志，教师就不能在师德实践中克服困难，节制或牺牲个人利益，战胜邪恶和私欲，把师德发扬光大。四是确立师德信念。信念是知、情、意各种因素的综合，只有识深、情笃、意坚，才能形成坚定的师德信念。只有拥有坚定的师德信念，教师才会有对更高的师德理想和师德境界的追求。五是养成良好的师德行为习惯，达到从心所欲不逾矩的境界。在师德教育的实践中，教师要注意这五个环节的相互联系、相互影响和综合效应，并不断地进行师德教育和自我修养，使自己的道德品质和道德境界不断地升华。

学习笔记

思考与练习

一、名词解释

1. 道德认知

2. 幼儿教师职业道德认知

① 倪敏：《幼儿教师最需要什么》，19 页，南京，南京大学出版社，2011。

二、填空题

1. ________是师德能力的前提，是教师依据已有的道德认知，对自己将要采取的师德行为进行分析、判断和选择的关键能力，也是________。

2. 道德新知的________，是经过选择的道德新知进入________________，从而使________________在结构中发生联系，这是道德认知结构积极主动的活动过程。

3. 教师职业道德认知的过程包含__________的掌握、__________的发展、__________的形成。

4. 在人的品德心理结构中，道德需要处于重要的地位，是个性心理特征的__________，更是行为的__________。

扫二维码看参考答案

5. __________是教师正确师德观念的认识来源，只有在教育实践活动中，教师才能正确认识教育活动中的各种利益和道德关系，才能正确认识教师的职业使命，树立良好职业形象。

6. 人格的属性包括整体性、______、______、适应性、自然性、______等。

7. 新时代幼儿教师职业行为十项准则包含：坚定政治方向、自觉爱国守法、传播优秀文化、________________、加强安全防范、________________、________________、秉持公平诚信、坚守廉洁自律、________________。

三、简答题

1. 简述幼儿教师职业道德认知的特征。
2. 简述幼儿教师职业道德认知的形成与发展过程。
3. 简述幼儿教师职业道德认知的影响因素。
4. 幼儿教师职业道德认知的培养途径有哪些？
5. 简述培养分析和综合的思维能力对形成幼儿教师正确的职业道德观念的重要意义。
6. 幼儿教师如何树立职业信念？

四、论述题

作为一名准幼儿教师，从幼儿教师职业道德认知的角度出发，你如何看待家长因担心孩子在幼儿园受委屈而争相送礼的现象？

学习反思

模块二

幼儿教师职业发展的相关法律

学习目标

1. 知道教师职业法律素质的含义及特征，理解教师职业法律素质的内容及重要性。
2. 了解与幼儿教师权利与义务相关的法律问题，能够结合实际处理相关问题。
3. 了解与幼儿权益相关的法律问题，能够结合实际处理相关问题。

思维导图

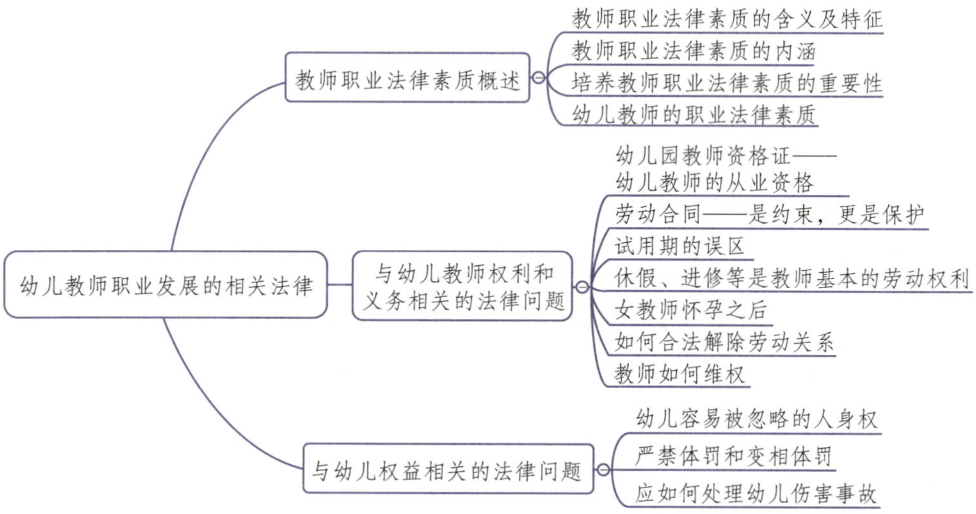

模块导入

幼儿教师在工作中，需要处理诸多的利益关系，如幼儿教师与幼儿园的关系、幼儿教师与幼儿的关系、幼儿教师与家长的关系等。幼儿教师要取得良好的职业发展，除了自身的专业提升外，在工作中协调并处理好各种利益关系，能妥善地解决各种关系中出现的问题和矛盾也很重要。因此，幼儿教师不仅需要具备一定的专业知识，还需具备围绕相关利益关系的职业法律素质。只有这样幼儿教师才能维护自身的合法权益，才能正确维护工作中利益关系各方的合法权益。

典型案例

2012年10月，一幼儿园女教师颜某揪住一名幼儿的双耳向上提起的视频在网络上曝光。视频中，幼儿的表情惊恐痛苦，而颜某则表情轻松，乐在其中。视频一经曝光便引起轩然大波，随着人们对事件的关注，网络上又陆陆续续曝出颜某自己上传到网络的其他涉嫌虐童的照片。这一事件不仅引发了网友对颜某的严厉谴责，也引发了人们对于幼儿园教师职业道德及相关法律法规的讨论。事后，该女教师称其不懂法律，可见其法律意识的淡薄。

单元1 教师职业法律素质概述

学习笔记

习近平总书记深刻指出："教师是人类灵魂的工程师，是人类文明的传承者，承载着传播知识、传播思想、传播真理，塑造灵魂、塑造生命、塑造新人的时代重任。"党的二十大报告中也指出要办好人民满意的教育必须"加强师德师风建设，培养高素质教师队伍"；要加快建设法治社会，也必须"增强全民法治观念"。然而，近几年，随着大众对学前教育的关注，随着媒体信息传播速度的加快及透明度的提升，关于幼儿园教师虐童事件的报道层出不穷，从上海的"携程亲子园事件"，到北京的"红黄蓝事件"，每次都把幼儿教师整个职业群体推上风口浪尖，进一步提升幼儿教师职业群体的职业道德和法律素质势在必行。

浙江温岭一幼儿园的女教师颜某因为缺乏基本的法律常识，做出了侵害幼儿合法权益的行为，不仅让世人气愤，也让人对当前幼儿教师队伍中部分教师的基本法律素养产生怀疑。其实，教师的职业道德认知不仅应该包括对教师所应具有的道德观念、道德品质的认知，对所必须遵守的道德规范和行为准则的认知，还应该包括对相关法律法规的认知，即具备基本的教师职业法律素质。《幼儿园教师专业标准(试行)》中"职业理解与认识"维度的第一条要求就是：贯彻党和国家教育方针政策，遵守教育法律法规。

幼儿教师的工作中存在着诸多的利益关系，如幼儿教师的个人利益、幼儿教师与幼儿园的关系、幼儿教师与幼儿的关系、幼儿教师与家长的关系等。幼儿教师要取得良好的职业发展，协调并处理好各种利益关系，妥善地解决各种关系中出现的问题和矛盾，职业法律素质是必不可少的。教师具有一定的法律素质是正确行使职业权力的基础，也是维护工作中利益关系各方合法权益的基础。

一、教师职业法律素质的含义及特征

“素质”一词本是生理学概念，指人的先天生理解剖特点，主要指神经系统、脑的特性、感觉器官和运动器官的特点。素质是心理活动发展的前提，离开这个物质基础就谈不上心理发展。各门学科对素质的解释不同，但有一点是相同的，即素质是以人的生理和心理实际为基础，以其自然属性为基本前提的。

法律素质是个体在学习和掌握一定法律知识的基础上，将法律知识外化为符合法律规范的行为，并运用法律知识解决实际问题的综合体现。简单来说，法律素质指个体知法、守法、用法的能力和行为。法律素质一般包括三大要素，即法律知识、法律意识和法律能力。其中法律知识是基础，法律意识是核心，法律能力则是体现法律素质高低的重要标志。

教师职业的特殊性决定了其法律素质既具有一般内涵，又具有特定内涵。一般内涵是指教师作为公民应当具备的基本的法律素质；特定内涵则是指教师作为一个特殊的职业群体，还须具有其职业要求的特定的法律素质。① 那么到底什么是教师的职业法律素质呢?

教师职业法律素质是指个人为从事教师职业，经过后天的学习和培养所获得的关于教师职业的法规知识、能力以及在此过程中形成的相应的思想观念、态度、意识等，也可以称为教师职业法律素养。教师具有职业法律素质是指教师在教育法规理论知识方面达到一定水平，并养成依法执教的正确态度和行为习惯。教师职业法律素质是一种后天获得的素质，具有社会性、习得性特征，它由教育法规知识、教育法律意识和运用教育法规的能力等方面组成。②

二、教师职业法律素质的内涵

(一)教育法规知识是培养教师职业法律素质的基础

知法、懂法是能够遵守或运用法律法规的基础。要培养自身的职业法律素质，教师首先必须具备一定的教育法规知识。教师应具有的法律知识包括公民基本法律常识、青少年法律知识和职业法律知识三个部分。

公民基本法律知识是每个公民都应该具有的法律常识，教师首先是一个公民，因此，必然要具备公民基本的法律知识。另外，教师的工作对象以青少年儿童为主，教师的权利和义务涉及与未成年学生之间的权利和义务，相关的法律法规明确规定了教师对未成年学生的教育和保护职责。因此，教师还应当了解并熟悉保护青少年儿童的相关法律法规。教师职业法律知识，即对相关的教育法规的

学习笔记

---

① 吴仁英：《义务教育阶段教师职业法律素质存在的问题及对策》，载《吉林广播电视大学学报》，2011(9)。
② 李晓燕：《论教师的职业法律素质》，载《河北师范大学学报(教育科学版)》，2002(2)。

学习笔记

了解和认知，应该是教师法律知识的核心。教育法规是有关教育方面的法律、法令、条例、规则、章程等规范性文件的总称。其具体表现形式如下：宪法中的教育条款、教育法律、教育行政法规、地方性教育法规、部委教育规章、地方性教育规章等。

教师不仅应该了解教育法规的体系构成、表现形式，还应该对教育法规中关于教师权利和义务的界定，以及在此基础上形成的法律关系、法律地位具有较为理性、明确的认识。

(二)教育法律意识是教师职业法律素质的核心

教育法律意识是指个体在内化相关的教育法规时，形成的关于教育法规的思想、观点或观念，是对于教育法规的接受和认可程度，包括人们对教育法律的评价、态度、关注和期待等。教育法律意识作为个体自觉的精神力量，具有重大的社会作用。良好的教育法律意识是教师自觉守法、依法执教的基础，是个体掌握的教育法规知识与依法执教行为之间的黏合剂，是将教育法规知识转化成依法施教行为的关键。教师只有具有了教育法律意识，才能正确认识教育法规的作用和意义，才能产生依法执教的愿望，树立正确的价值观，从而真正依法行使自身的权利，履行应尽的义务。

(三)运用教育法规的能力是教师职业法律素质的最终体现

运用教育法规的能力即教育法规的实践操作能力只能通过依法办事的具体行为来体现，它也是教师职业法律素质的最终体现。教师运用教育法规的能力包括依法行教和依法维护自身及学生权益两个方面。依法行教应是教师的自觉行为，是在教师对教育法规知识了解的基础上，在教育法律意识支配下产生的行为。当这种行为由有意识地做出转化为下意识的行为时，教师遵守教育法规的习惯就形成了。遵守教育法规的行为习惯是教师的教育法规实践操作能力的较高表现形式。它标志着这种能力已经内化为其人格的一部分。

随着我国教育法制建设的逐步完善，教师对教育法规知识的了解在不断加深，与此同时，社会对教师法律意识的提升和运用教育法规的能力也提出了较高要求。近年来，不断增加的学生伤害事件、家长对学校和教师的诉讼案件，都表明增强教师教育法律意识以及提高教师依法行教能力的紧迫性。

三、 培养教师职业法律素质的重要性

(一)提高教师职业法律素质，是培养合格人才和促进教育事业发展的需要

邓小平提出：“培养合格人才，培养德智体全面发展、有社会主义觉悟的、有文化的劳动者，关键在教师。”《中共中央国务院关于深化教育改革全面推进素质教育的决定》中指出：“建设高质量的教师队伍，是全面推进素质教育的基本保证”，“广大教育工作者要深入进行教育法律法规的学习、宣传活动，增强法律意

识，严格履行保护少年儿童和学生身心健康发展的法律职责，坚决制止侵犯学生合法权益的行为，抵制妨碍学生健康成长的各种社会不良影响”。

教师作为教育活动的组织者、实施者，只有具有较高的法律素质，才能有效地对青少年进行法制教育，才能依法行教，培养出高素质的人才，提高社会主义教育事业的整体水平，推进法制现代化的进程。

(二)提高教师法律素质，是改善当前我国教育法律纠纷层出现状的需要

近年来，社会上的教育法律纠纷层出不穷，产生纠纷的根本原因是教师参差不齐的法律素养和学生、家长逐渐增强的维权意识之间的冲突。

当前，各级各类师范教育以及教师进修系统都十分重视教育法规知识的教学，教师的教育法规知识水平也得到较大的提高。但掌握了法规知识并不等于就具有了正确的法律意识，也不等于就具有了较高的法律素质。体罚或变相体罚学生、猥亵幼女……一件件触目惊心的事实告诉我们，即便是在大力建设法治社会的今天，有一部分教师的法律素质还远远没有达标。因此，提高教师的职业法律素质，使其不仅知法、懂法，而且能自觉守法，依法行教，是改善当前教育纠纷层出不穷这一现状的根本途径。

(三)提高教师法律素质，是维护学生和教师自身合法权益的需要

《教师法》明确规定维护学生的合法权益是教师的一项义务。教师的教育对象以青少年、儿童等未成年人为主，当学生的合法权益受到侵害时，教师应勇于承担保护学生的责任和义务，不仅要善于抵制侵犯学生权益的违法行为，也要给予学生正确引导，并教给他们维护合法权益的方式和方法。《未成年人保护法》中规定了家庭、学校、社会等各方面对未成年人的保护与教育责任，其中学校对未成年学生的保护主要是通过教师来实现的。因此，只有提高教师的法律素质，才能有效地维护学生的合法权益。

作为社会人，教师不可避免地会遇到人身、财产及知识产权等合法权益遭受侵犯的情况。教师只有进一步提高自身法律素质，才能更好地运用法律武器来维护自身合法权益。另外，作为特殊职业群体，教师要善于依法运用自己的教育权。如《教师法》规定教师具有从事教育教学工作，开展教育改革和实验的权利。在执教过程中，教师要能够在坚持教育法律规范的前提下，充分发挥积极性、主动性和创造性，针对不同的教育对象，在教育教学的形式、方法、具体内容等方面进行改革、实验和完善，恰如其分地行使自己的职权。①

四、幼儿教师的职业法律素质

(一)培养幼儿教师职业法律素质的重要性

《国家中长期教育改革和发展规划纲要(2010—2020)》提出积极发展学前教

① 高英彤、李岩、蔡琳：《中小学教师法律素质内涵探析》，载《白城师范学院学报》，2004(2)。

学习笔记

扫二维码，学习幼儿教师的职业法律素质

学习笔记

育，2010 年 11 月，国务院常务会议提出要完善幼教法律法规，规范学前教育管理。学前教育事业迎来了难得的历史发展机遇，幼儿教师的职业法律素质的高低直接关系到规划纲要目标的实施和学前教育事业的发展。

2018 年 11 月，《中共中央国务院关于学前教育深化改革规范发展的若干意见》中明确提出要大力加强幼儿园教师队伍建设，其中最重要的部分就是要“强化师德师风建设，通过加强师德教育、完善考评制度、加大监察监督、建立信用记录、完善诚信承诺和失信惩戒机制等措施，提高教师职业素养，培养热爱幼教、热爱幼儿的职业情怀”。正是在这样的背景下，教育部随后印发了《新时代幼儿园教师职业行为十项准则》《幼儿园教师违反职业道德行为处理办法》两个文件，它们是第一次由政府权威机构颁布的关于幼儿教师职业行为及其违反职业道德行为后如何处理的规章办法，这说明培养幼儿教师职业道德及其职业法律素质的重要性。

幼儿教师自身的法律素养影响着幼儿园活动的科学性、规范性，也决定了其教育、保育行为的合法性。本模块开头案例中幼儿教师侵犯幼儿权益事件的发生，在很大程度上是幼儿教师不懂法、不守法造成的，其行为不仅严重侵害了幼儿的合法权益，违反了相关的教育法规，而且影响了幼儿教师整个职业的形象。因此，必须重视幼儿园教师职业法律素质的培养，那么，幼儿教师应具备怎样的职业法律素质呢？

(二)幼儿教师应具备的职业法律素质

幼儿教师作为整个教师群体中的一部分，既应该具备从事教师职业所需的法律素养，也需要聚焦学前教育领域，了解相关的教育法规，处理工作中的实际问题。我们可以通过梳理幼儿教师在实际工作中需要处理的法律关系和问题，来总结幼儿教师应具备的职业法律素质。幼儿教师在工作中需要处理好的主要法律关系有以下几种。

1. 幼儿教师应处理好与幼儿园的关系

幼儿园是幼儿教师的工作场所，也是幼儿教师劳动关系产生的直接参与者。在这一法律关系中，幼儿教师需具备的职业法律知识与能力有：了解幼儿园应具备的办园资质；了解幼儿园应有的权利和义务；了解如何与幼儿园签订合法的聘任合同；了解幼儿教师应如何做好保教工作等。

2. 幼儿教师应依法维护自身的合法权益

要维护自身的合法权益，幼儿教师应具备的职业法律知识和能力有：了解自身应具备的从业资质；了解自身职业有哪些法定权利和义务；了解有关组织或个人侵犯教师合法权益应承担哪些法律责任；了解应如何通过申诉、复议、诉讼等法律途径维护自身的合法权益等。

3. 幼儿教师应依法处理好与幼儿的关系

幼儿教师与其他教师最大的区别就是面对的教育对象年龄更小。当面对幼儿时，幼儿教师往往容易忽视幼儿的一些合法权益，从而造成侵权行为。由于年龄特点和发展水平，幼儿也更容易发生伤害事故。因此在处理与幼儿的关系时，幼儿教师应了解幼儿有哪些法定权益，自身在保护幼儿合法权益方面有哪些法定义务，侵犯未成年人合法权益应承担哪些法律责任，应如何处理幼儿伤害事故等。

通过以上梳理，可以说幼儿教师需要具备的法律素质应是掌握并应用幼儿教育相关法规知识，分析并解决在工作过程中遇到的多方面的实际法律问题的能力。本模块接下来的两单元内容，将围绕幼儿教师应如何遵守教育法规依法行教、如何运用教育法规知识维护自身和幼儿的合法权益等方面展开，以期通过对具体法律问题进行分析并呈现相关的法规知识，进一步完善幼儿教师的教育法规知识，增强幼儿教师的法律意识，提升幼儿教师教育法规的实践操作能力。

单元 2　与幼儿教师权利和义务相关的法律问题

幼儿教师是学前教育事业的主导力量，其整体素质关系着学前教育事业的发展。明确幼儿教师的权利和义务，提高幼儿教师的自身素质，是保障幼儿教师法定社会地位的需要，也是维护幼儿教师合法权益的需要。每一名幼儿教师都应当明确自己的法律权利，认真履行法定义务。《教师法》对教师的权利和义务有明确规定，幼儿教师作为整个教师队伍中重要的一部分，应该享有和履行《教师法》中规定的教师的权利和义务。

《教师法》第七条认为教师应有如下权利：教育教学权，即进行教育教学活动，开展教育教学改革和实验的权利；教研科研权，即从事科学研究、学术交流，参加专业的学术团体，在学术活动中充分发表意见的权利；指导评价权，即指导学生的学习和发展，评定学生的品行和学业成绩的权利；获取报酬待遇权，即按时获取工资报酬，享受国家规定的福利待遇以及寒暑假期带薪休假的权利；民主管理权，即对学校教育教学、管理工作和教育行政部门的工作提出意见和建议，通过教职工代表大会或者其他形式，参与学校民主管理的权利；培训进修权，即参加进修或者其他方式培训的权利。

《教师法》第八条认为教师应有如下义务：遵纪守法的义务，即遵守宪法、法律和职业道德，为人师表的义务；教育教学的义务，即贯彻国家的教育方针，遵守规章制度，执行学校的教学计划，履行教师聘约，完成教育教学工作任务的义务；进行思想品德教育的义务，即应对学生进行宪法所确定的基本原则的教育和爱国主义、民族团结的教育，法制教育以及思想品德、文化、科学技术教育，组织、带领学生开展有益的社会活动；关爱、保护学生的义务，即既应关心、爱护全体学生，尊重学生人格，促进学生在品德、智力、体质等方面全面发展，又要制止有害于学生的行为或者其他侵犯学生合法权益的行为，批评和抵制有害于学

学习笔记

生健康成长的现象；不断提高自身素质的义务，即不断提高思想政治觉悟和教育教学业务水平的义务。

《教师法》规定的教师的权利和义务是教师特定的权利和特定的义务，是教师特定的职业性质决定的。教师特定的权利属于公权，不能随意放弃；教师特定的义务是教师从事教育教学工作、维护学生合法权益必须履行的责任。

本单元将通过具体案例讨论幼儿教师日常工作中经常涉及的权利和义务的相关问题，以便幼儿教师更好地维护自身合法权益。

扫二维码，学习幼儿园教师从业资格

一、幼儿园教师资格证——幼儿教师的从业资格

身边的案例

吴同学是某大学学前教育专业的应届本科毕业生，找工作时她应聘了一所幼儿园，双方对对方各方面条件都很满意，就在双方要签订就业协议时，该幼儿园发现吴同学虽然就读于学前教育专业，但没有幼儿园教师资格证。因为这个该幼儿园表示不能录用吴同学。吴同学很纳闷，我是正牌的学前教育本科毕业生，难道一定要有幼儿园教师资格证才能去幼儿园工作吗?

思考：要成为一名幼儿教师是否一定要有幼儿园教师资格证呢?

答案是肯定的，《教师资格条例》规定："中国公民在各级各类学校和其他教育机构中专门从事教育教学工作，应当依法取得教师资格。"教师资格证是公民通过教育行政部门教师资格认定后获得的证书，是教育行业从业人员的许可证，也是教师享有权利和履行义务的前提条件。

学习笔记

(一)要成为幼儿教师须具备幼儿园教师资格

在《教师资格条例》的基础上，《幼儿园管理条例》第九条、《幼儿园工作规程》(修订稿)第七章等法律法规要求不同岗位、不同职能和性质的幼教人员要具备相应的从业资格，如园长应当具有《教师资格条例》规定的教师资格、具备大专及以上学历、有三年以上幼儿园工作经历，且必须具有园长岗位培训合格证；保育员应当具备高中及以上学历，并具有保育员职业资格证书；保健员应当具备高中及以上学历，并具有保健员上岗证。其中对幼儿园教师的要求是，必须具有《教师资格条例》规定的幼儿园教师资格。

幼儿园教师资格证还有一定的特殊性，《教师资格条例》规定："取得教师资格的公民，可以在本级及其以下等级的各类学校和其他教育机构担任教师。"也就是说，如果拥有了高中教师资格证，即便没有初中或小学教师资格证，也可以去初中或小学任教。但如果要成为一名幼儿园教师，只拥有上一学段的教师资格证，即便是高校教师资格证也行不通。2012 年教育部颁发的《关于加强幼儿园教师队伍建设的意见》的第三条规定："幼儿园教师须取得相应教师资格证书。具有

其他学段教师资格证书的教师到幼儿园工作，应在上岗前接受教育部门组织的学前教育专业培训。”且由于学前教育学段幼儿身心发展及其保育教育要求的特殊性，一般教育行政单位在幼儿园教师的准入“门槛”上，要求进入幼儿园必须拥有幼儿园教师资格证，可见幼儿园教师资格证更具专业性和对口性。

学习笔记

（二）幼儿教师的其他从业要求

1. 非学前教育专业教师需取得“幼儿园教师上岗证”

《教师法》鼓励非师范专业毕业生到各级各类学校任教，由于学前教育师资的缺口，很多地方采取其他学段教师转岗或鼓励符合条件的非学前专业人才从事幼教工作的措施。但非学前教育专业新任教师必须通过岗前培训，做到基本掌握学前教育的专业知识和专业技能，并基本胜任幼儿园的教育教学工作。只有通过岗前培训，取得了学前教育专业岗位证书，也就是所谓的“上岗证”，非专业人员才能成为一名合格合法的幼儿教师。

2. 幼儿教师的普通话水平需达到二级甲等

2001 年起施行的《中华人民共和国国家通用语言文字法》规定教师的普通话水平应当分别达到国家规定的等级标准。各省市关于实施《中华人民共和国国家通用语言文字法》的办法中均提出，学校以及其他教育机构教师的普通话水平应当达到二级，其中语文教师、幼儿园教师和担任对外汉语教学的教师应当达到二级甲等以上水平。因此，在幼儿园教师资格证、幼儿园教师上岗证之外，“普通话达到二级甲等”成为幼儿教师的又一“硬性”条件。

3. 幼儿教师上岗还需持有健康证

不分岗位、职务，凡无卫生行政部门颁发的健康证者一律不得在幼儿教育岗位工作。《幼儿园管理条例》第九条规定：“慢性传染病、精神病患者，不得在幼儿园工作。”不能取得健康证，说明其身体不适合从事幼儿园工作，理应转岗从事其他工作。

拓展阅读

上海市某区教师招聘公告中对幼儿教师的招聘要求（节选）

（一）招聘对象：2019 年应届毕业生或在职教师、社会人员。

（二）招聘条件：

1. 热爱教育事业，热爱学生，遵纪守法，德才兼备，具有良好的道德品行和正常履行职责的身体条件。

2. 应聘的教师应持有相应的教师资格证书，任教学科需和所学专业或教师资格证相对应。

3. 从事汉语言类和幼儿教师岗位的教师普通话须达到二级甲等水平。

4. 非学前教育专业毕业的人员应聘幼儿园教师岗位，须具有学前教育专业岗位培训证。

(三)学历及其他要求：

1. 应届生应聘幼儿园教师条件：

(1)本市户籍：本市或外省市院校学前教育师范类专业本科及以上学历全日制应届生；本市院校的本科及以上学历全日制应届生；本市学前教育师范类专科院校本区委培全日制应届生。

(2)非本市户籍：具有本市院校学前教育师范类专业本科及以上学历的全日制应届生；列入全国“211”工程院校学前教育专业本科及以上学历的全日制应届生；具有硕士研究生及以上学历的全日制应届生。

2. 在职教师、社会人员应聘幼儿园教师条件：

(1)本市户籍在职教师：应同时具备本科及以上学历、年龄在40周岁以下、具有幼高及以上教师专业技术职称的条件(获得教育教学或综合类区级及以上奖励者优先，年龄在30周岁以下的，职称可适当放宽；具有区级骨干后备以上的骨干教师荣誉、具有中学高级职称的年龄可适当放宽)。

(2)非本市户籍在职教师：应同时具备全日制学前教育师范类本科及以上学历、年龄在40周岁以下、幼高及以上教师专业技术职称(具备中学高级职称的，年龄可适当放宽)。

(3)社会人员：

①年龄在30周岁以下，本市户籍全日制本科及以上学历、外省市户籍全日制硕士及以上学历或省级师范院校全日制学前教育本科学历的人员，在区内学校担任编外教师一年及以上。

②年龄在35周岁以下，具备本市户籍，学前教育本科学历(第一学历为全日制大专)或全日制本科及以上学历，有学前教育教师资格证、上海学前教育岗位培训证书，在本区幼儿园从事幼儿教育2年及以上。

③年龄在35周岁以下，具备本市户籍，学前教育本科及以上学历(第一学历为高中或中职校)，有学前教育教师资格证、上海学前教育岗位培训证书，在本区从事幼儿教育四年及以上且表现优秀。

二、劳动合同——是约束，更是保护

身边的案例

李红(化名)从某大学学前教育专业刚毕业，就去应聘某幼儿园教师岗位，经面试、笔试合格后，园长便拿出劳动合同，要与李红签订为期3年的劳动合同。李红看了劳动合同书的内容，觉得对自己的约束很大。后来虽然签了，但她心里还是犯嘀咕：到幼儿园做老师，一定要与幼儿园签订劳动合同吗？

思考：按照法律规定，幼儿园和教师之间是否必须签订劳动合同呢？

答案是肯定的，因为不论是相关劳动法规，还是《教师法》，都规定只要建立劳动关系，就应签订劳动合同。《中华人民共和国劳动法》(以下简称《劳动法》)第十六条规定：“劳动合同是劳动者与用人单位之间确立劳动关系、明确双方权利和义务的协议。建立劳动关系应当订立劳动合同。”《中华人民共和国劳动合同法》(以下简称《劳动合同法》)规定，建立劳动关系，应当订立书面劳动合同。劳动合同的主体是特定的，一方是用人单位，另一方是劳动者，即幼儿园和幼儿教师。《教师法》第十七条明确规定：“学校和其他教育机构应当逐步实行教师聘任制。教师的聘任应当遵循双方地位平等的原则，由学校和教师签订聘任合同，明确规定双方的权利、义务和责任。”

学习笔记

(一)聘用合同是劳动合同的特殊形式

《教师法》规定，学校应实行教师聘任制，并与教师签订聘用合同。聘任制就是由学校、幼儿园或教育行政部门根据教育教学需要设置的工作岗位，通过学校或者幼儿园与教师签订合同，用一定的契约的方式发给符合要求的教师聘书，明确单位和个人的义务和权利。① 教师和学校之间签订的合同，往往不称为“劳动合同”，而称为聘用合同。聘用合同是事业单位与劳动者按照国家的有关法律、政策，订立的关于明确有关工作职责的权利义务关系的协议。幼儿园、中小学等教育机构一般来说属于事业单位，因此其与教师签订的合同称为聘用合同。劳动合同有广义和狭义之分。广义的劳动合同指单位与劳动者确立劳动关系的协议，这里所称的“单位”包括企业、事业单位、社会团体等。狭义的劳动合同仅指目前适用于企业的劳动合同。因此，聘用合同是广义劳动合同的一种特殊形式，具有广义劳动合同的法律特征。比如，两者都是由用人单位与劳动者签订的，体现劳动法律关系这一特征，合同双方具有身份上的隶属关系等。本单元所说的劳动合同都是指广义劳动合同，包括聘用合同。

(二)合同既是约束，也是保护

劳动合同涉及有关的劳动权利和义务，应当在劳动关系双方平等自愿、协商一致的基础上订立。一旦依法正式签订了劳动合同，双方就形成了劳动法律关系，幼儿园与其所聘用的幼儿教师之间就是一种劳动法律关系。根据合同，幼儿园教师需要在一定期间为幼儿园工作，作为用人单位的幼儿园则负责提供相应的劳动条件和劳动报酬。

想一想

你会怎么办?

毕业后你将进入工作岗位，如果你已经开始上班，但单位迟迟未与你签订聘用合同，你该怎么办?

签订劳动合同后，幼儿教师必须接受幼儿园对其工作的领导和管理，并应当遵守幼儿园制定的相关制度和纪律。因此，案例中的李红才会觉得劳动合同对自己的约束很大。但《劳动合同法》第十七条规定，除了工作岗位、岗位职责要求、岗位纪律等内容，合同中还应该具有劳动待遇、休息休假、社会保险、劳动保护

① 朱桂梅：《我国幼儿教师聘任制度的研究》，硕士学位论文，华中师范大学，2010。

等条款。劳动合同是劳动者和用人单位建立劳动关系的重要途径，一旦签订了劳动合同，双方都要遵守，因此劳动合同也是对劳动者权益的保障。此外，当事人还可以协商约定其他内容。劳动合同在对劳动者进行约束、要求劳动者履行义务的同时，也在赋予劳动者更多的权利，保证他们在劳动过程中的各项权益。

三、试用期的误区

身边的案例

小陈在通过某幼儿园招聘幼儿教师的笔试和面试后，被该幼儿园录用。当小陈提出要签订劳动合同时，园方表示先让小陈在园试用 2 个月，试用期满合格后再签订劳动合同。小陈虽然对幼儿园的做法有异议，但由于担心幼儿园不肯录用自己，所以就没敢要求幼儿园立即签订劳动合同。

思考：试用期需要签订劳动合同吗？

学习笔记

显然，试用期满才签订劳动合同是不合理不合法的。“试用期”是伴随《劳动法》的出台而出现的，《劳动法》规定，劳动合同可以约定试用期。试用期是劳动关系双方为互相了解对方而约定的考察期，在此期间，劳动者与用人单位的劳动关系处于不稳定状态。现实中，滥用试用期侵犯劳动者权益的现象比较普遍，包括什么岗位需要约定试用期，约定多长的试用期，试用期期间的工资待遇等，在实践中比较混乱。

（一）试用期应是劳动合同期限的组成部分

在签订劳动合同时，劳资双方可以约定试用期，但我国法律不允许先试用再签订劳动合同。《劳动合同法》第十九条规定：“试用期包含在劳动合同期限内。劳动合同仅约定试用期的，试用期不成立，该期限为劳动合同期限。”也就是说，试用期是劳动合同中约定的劳动期限的有机组成部分，试用期只能在正式劳动合同中才能约定。在签订劳动合同前进行试用，或是仅在合同中约定试用期，都违反相关法律法规。因此，案例中的幼儿园要求试用合格再签订劳动合同的做法是违法的。

（二）关于试用期的其他规定

1. 试用期的福利待遇

《劳动合同法》对试用期劳动者的工资水平也做了保障。《劳动合同法》第二十条规定：“劳动者在试用期的工资不低于本单位相同岗位最低档工资或者劳动合同约定工资的 80%，并不得低于用人单位所在地的最低工资标准。”另外，单位也应为试用期的员工缴纳社会保险。试用期包含在劳动合同期限内，而在劳动合同期限内，用人单位为劳动者办理缴纳养老保险、医疗保险等社会保险是法定义务。

学习笔记

2. 试用期不得随意延长

《劳动合同法》第十九条规定：“同一用人单位与同一劳动者只能约定一次试用期。”用人单位在试用期内发现劳动者不符合录用条件的可以解除劳动合同，但不能通过延长试用期对劳动者继续进行考察。《劳动合同法》对试用期期限有明确规定：劳动合同期限三个月以上不满一年的，试用期不得超过一个月；劳动合同期限一年以上不满三年的，试用期不得超过两个月；三年以上固定期限和无固定期限的劳动合同，试用期不得超过六个月；以完成一定工作任务为期限的劳动合同或者劳动合同期限不满三个月的，不得约定试用期。

3. 试用期不得随意辞退劳动者

劳动者在试用期内可以随时与用人单位解除劳动合同，但用人单位在试用期内不可以任意与劳动者解除合同。只有在试用期内证明劳动者不符合其录用条件，或者劳动者严重违反相关规章制度、严重失职、被依法追究刑事责任等情况出现，用人单位才可以单方面解除劳动合同。用人单位在试用期解除劳动合同的，还应当向劳动者说明。

四、休假、进修等是教师基本的劳动权利

身边的案例

王老师从幼儿师范学校毕业后，就应聘到某幼儿园工作。因为该幼儿园比较缺人手，师资很紧张，因此该幼儿园的每位老师工作都很繁忙。王老师和同事不仅经常加班，还从来没时间出去进修、培训。王老师和同事多次向园长申请，希望能有一些外出学习的机会。但园长总以工作忙、幼儿园人手不够等理由搪塞。有年轻教师刚结婚，希望休婚假，园长也以相同理由不予批准。王老师觉得幼儿园虽然有苦衷，但还是侵害了自己和同事的权利，于是决定向上级教育行政部门反映情况。

思考：幼儿园的做法有没有侵犯教师们的权利呢？

(一)进修培训权、休息休假权等是教师的基本劳动权利

进修培训权、休息休假权不仅是《教师法》中规定的教师的职业权利，也是《劳动法》中规定的劳动者的基本劳动权利。《劳动法》第三条规定：“劳动者享有平等就业和选择职业的权利、取得劳动报酬的权利、休息休假的权利、获得劳动安全卫生保护的权利、接受职业技能培训的权利、享受社会保险和福利的权利、提请劳动争议处理的权利以及法律规定的其他劳动权利。”教师作为一名劳动者，理应享受这些基本的劳动权利。教师有权参加当地教育行政部门或学校列入计划的各种形式的进修和其他培训，也有权按照国家法律规定，享受各种休息休假。因此，在案例中，在幼儿园侵害了自身权利后，王老师有权向教育行政部门反映

学习笔记

情况或是向劳动仲裁部门申请仲裁。

但必须强调的是，教师在享受劳动权利的同时，也应认真履行劳动义务。教师无论参加何种形式的进修和培训，或者休息休假，都应该在认真完成本职工作的前提下进行。

(二)如何更好地维护自身的劳动权益

教师应全面了解《劳动法》和《教师法》中关于劳动者的劳动权利和教师的职业权利的内容，只有这样，当自身的合法权益遭到侵害时，才能及时发现。如果不知道自己享有什么权益，那就等于没有权益。

为保障自己的劳动权益不受侵害，幼儿教师在与幼儿园签订劳动合同时，应当就休息休假、进修培训等方面的内容事先加以约定，并明确相关条款，从而督促幼儿园认真履行。

在劳动权益受到侵害时，教师应勇于维权，通过合理合法的方式寻求帮助和解决，具体的途径和方法将会在后面的模块中详细介绍。

五、女教师怀孕之后

身边的案例

李老师是某幼儿园的一位年轻女老师，她于2017年12月结婚，2018年3月经医院检查证实已经怀孕一个月。因为个人体质原因，李老师妊娠反应十分强烈，经常呕吐、乏力，完成正常的带班工作有一定难度。但李老师担心如果向园方提出减轻工作量，领导可能会不同意。

思考：幼儿园女教师在怀孕期间能享受哪些劳动保护呢？对女性的劳动保护，相关法律法规是否有明确规定呢？

女性在身体结构和生理机能上有别于男性，女性的健康状况不仅关系到妇女自身和家庭，也关系到下一代和整个民族。因此，国家对女性实行特殊的劳动保护。《中华人民共和国妇女权益保障法》(以下简称《妇女权益保障法》)《劳动法》《女职工劳动保护特别规定》等法律法规，都对女性劳动保护做了明确规定。

(一)女性妊娠期间的相关法律规定

1. 怀孕期的相关法律规定

2012年4月颁发的《女职工劳动保护特别规定》第六条规定：“女职工在孕期不能适应原劳动的，用人单位应根据医疗机构的证明，予以减轻劳动量或者安排其他能够适应的劳动。对怀孕7个月以上的女职工，用人单位不得延长劳动时间或者安排夜班劳动，并应当在劳动时间内安排一定的休息时间。”各省市地方也出台相应的女职工劳动保护办法。如《上海市女职工劳动保护办法》第十二条规定：“女职工妊娠七个月以上(按二十八周计算)，应给予每天工间休息一小时，不得安排夜班劳动。”

《女职工劳动保护特别规定》还规定：“怀孕女职工在劳动时间内进行产前检查，所需时间计入劳动时间。”也就是说，女教师妊娠期间在医疗保健机构约定的劳动时间内去进行产前检查，应算作劳动时间，不算作请假，也不扣除任何工资福利。

学习笔记

2. 产假的相关法律规定

(1)产假时间

《女职工劳动保护特别规定》第七条规定：“女职工生育享受 98 天产假，其中产前可以休假 15 天；难产的，增加产假 15 天；生育多胞胎的，每多生育 1 个婴儿，增加产假 15 天。”

2015 年修订的《中华人民共和国人口与计划生育法》中取消了“晚婚晚育”的说法，更新规定为：“符合法律、法规规定生育子女的夫妻，可以获得延长生育假的奖励或者其他福利待遇。”2021 年修订版中规定与此相同。各地在具体实施时，也取消了原先的晚育假，而根据情况给予符合生育规定的妇女相应的延长生育假。如 2016 年修订的《上海市人口与计划生育条例》中将原奖励晚育的 30 天产假，归结为延长 30 天生育假。原晚育护理假 3 天，改为陪产假 10 天。2021 年修订版中将延长 30 天生育假，改为延长 60 天生育假。

另外，按《女职工劳动保护特别规定》怀孕未满 4 个月流产的，享受 15 天产假；怀孕满 4 个月流产的，享受 42 天产假。

(2)产假期间的工资待遇

《女职工劳动保护特别规定》第八条规定：“女职工产假期间的生育津贴，对已经参加生育保险的，按照用人单位上年度职工月平均工资的标准由生育保险基金支付；对未参加生育保险的，按照女职工产假前工资的标准由用人单位支付。”也就是说，如果教师未参加生育保险，女教师产假期间的工资应由幼儿园根据女教师产假前工资标准继续发放。如果教师享受生育生活津贴和生育医疗费补贴，幼儿园则停发其工资性收入。为确保女职工在生育期间基本生活待遇不降低，其在生育期间领取的生育生活津贴，少于其工资收入(包括基本工资、绩效工资、津贴补贴、国拨资金)的部分，应由本单位补发差额部分。

3. 哺乳期的相关法律规定

《女职工劳动保护特别规定》第九条规定：“对哺乳未满 1 周岁婴儿的女职工，用人单位不得延长劳动时间或者安排夜班劳动。用人单位应当在每天的劳动时间内为哺乳期女职工安排 1 小时哺乳时间；女职工生育多胞胎的，每多哺乳 1 个婴儿每天增加 1 小时哺乳时间。”

(二)关于女性劳动保护的其他规定

《妇女权益保障法》《女职工劳动保护特别规定》对于女性的劳动权益的保护还

有一些规定：

①任何单位均应根据妇女的特点，依法保护妇女在工作和劳动时的安全和健康，不得安排不适合妇女从事的工作和劳动。

②女职工比较多的用人单位应当根据女职工的需要，建立女职工卫生室、孕妇休息室、哺乳室等设施，妥善解决女职工在生理卫生、哺乳方面的困难。

③用人单位不得因女职工怀孕、生育、哺乳降低其工资、予以辞退、与其解除劳动或者聘用合同。

六、如何合法解除劳动关系

身边的案例

宋老师与某幼儿园签订了为期5年的聘用合同。在合同中，双方约定，除非发生不可抗力或意外事件，合同期满前，任何一方不得解除合同，否则要承担违约责任。宋老师在幼儿园工作了2年后，因配偶工作调动，向幼儿园提出辞职。但园方以缺少老师和合同中双方约定的条款为由，拒绝了宋老师的辞职请求。

思考：幼儿园的做法对吗？是否合同期未满，宋老师就不能辞职呢？

根据《劳动合同法》，幼儿园与宋老师在合同中约定的“合同期满前，任何一方不得解除合同”的条款是不合法的、无效的。因此，宋老师只要按照合法程序向幼儿园提出辞职，就无须承担违约责任。

学习笔记

(一)可以解除劳动合同的情况

1. 教师解除聘用合同的情况

《劳动合同法》第三十六条规定：“用人单位与劳动者协商一致，可以解除劳动合同。”根据《劳动合同法》的规定，劳动者单方解除劳动合同，有提前通知用人单位的义务。在试用期内辞职，教师需提前三日通知幼儿园；在非试用期内，教师须提前三十日以书面形式通知幼儿园。

但在某些情况下，教师可履行即时解除聘用合同的权利。即时解除，即不需提前告知用人单位，只需要当时告知用人单位即可。即时解除合同本质上是因为用人单位存在过错，侵害了劳动者的合法权益。《劳动法》《劳动合同法》详细规定了劳动者可以即时解除劳动合同的情况：①用人单位未按照劳动合同约定提供劳动保护或者劳动条件的；②用人单位未及时足额支付劳动报酬的；③用人单位未依法为劳动者缴纳社会保险费的；④用人单位的规章制度违反法律、法规的规定，损害劳动者权益的；⑤以欺诈、胁迫的手段或者乘人之危，使对方在违背真实意思的情况下订立或者变更劳动合同的；⑥以暴力、威胁或者非法限制人身自由的手段强迫劳动者劳动的，或者用人单位违章指挥、强令冒险作业危及劳动者人身安全的。

学习笔记

此外，《关于在事业单位试行人员聘用制度的意见》中也规定了在一定的情形下，受聘人员可以随时单方面解除聘用合同：①在试用期内的；②考入普通高等院校的；③被录用或者选调到国家机关工作的；④依法服兵役的。

2. 用人单位解除劳动合同的情况

《劳动法》《劳动合同法》等法规规定在以下情况下，用人单位提前三十日以书面形式通知劳动者本人或者额外支付劳动者一个月工资后，可以解除劳动合同：①劳动者患病或者非因工负伤，在规定的医疗期满后不能从事原工作，也不能从事由用人单位另行安排的工作的；②劳动者不能胜任工作，经过培训或者调整工作岗位，仍不能胜任工作的；③劳动合同订立时所依据的客观情况发生重大变化，致使劳动合同无法履行，经用人单位与劳动者协商，未能就变更劳动合同内容达成协议的。

《劳动法》《劳动合同法》也详细规定了用人单位可以即时解除劳动合同的情况：①在试用期间被证明不符合录用条件的；②严重违反劳动纪律或用人单位规章制度的；③严重失职，营私舞弊，给用人单位造成重大损害的；④劳动者同时与其他用人单位建立劳动关系，对完成本单位的工作任务造成严重影响，或者经用人单位提出，拒不改正的；⑤以欺诈、胁迫的手段或者乘人之危，使对方在违背真实意思的情况下订立或者变更劳动合同的；⑥被依法追究刑事责任的。

《关于在事业单位试行人员聘用制度的意见》规定的用人单位可即时解除聘用合同的情况则更为具体：①连续旷工超过 10 个工作日或者 1 年内累计旷工超过 20 个工作日的；②未经聘用单位同意，擅自出国或者出国逾期不归的；③违反工作规定或者操作规程，发生责任事故，或者失职、渎职，造成严重后果的；④严重扰乱工作秩序，致使聘用单位、其他单位工作不能正常进行的；⑤被判处有期徒刑以上刑罚收监执行的。

(二)不能解除劳动合同的情况

当然，为了保护劳动者的合法权益，《劳动法》《劳动合同法》等相关法规还规定了用人单位不得解除劳动合同的情况，具体如下：①从事接触职业病危害作业的劳动者未进行离岗前职业健康检查，或者疑似职业病病人在诊断或者医学观察期间的；②在本单位患职业病或者因工负伤并被确认丧失或者部分丧失劳动能力的；③患病或者非因工负伤，在规定的医疗期内的；④女职工在孕期、产期、哺乳期的；⑤在本单位连续工作满十五年，且距法定退休年龄不足五年的；⑥法律、行政法规规定的其他情形。

七、教师如何维权

前面列举了一些教师权益遭到非法侵害的案例，为了能够保障教师的合法权益，相关法律法规明确规定了教师的维权途径。在教师权益的保障方面，《教师法》主要通过三方面体现：第一，对损害教师权益的情况进行行政处罚或处分，如《教师法》第三十五条规定："侮辱、殴打教师的，根据不同情况，分别给予行政处分或者行政处罚"；第二，通过刑事司法制度予以保障，如《教师法》第三十八条规定："如损害教师合法权益，情节严重，构成犯罪的，依法追究刑事责任"；第三，通过行政申诉制度予以保障，如《教师法》第三十九条规定："教师对学校或者其他教育机构侵犯其合法权益的，或者对学校或者其他教育机构作出的处理不服的，可以向教育行政部门提出申诉，教育行政部门应当在接到申诉的三十日内，作出处理。"

根据相关的法律规定和实际情况，教师的合法权益受到侵害时，可采取集体谈判、行政申诉、人事争议仲裁、信访、诉讼等途径进行维权。

（一）集体谈判

集体谈判指当教师的合法权益受到损害时，可通过工会、教师代表大会等教师组织，与学校、行政机关等侵权方进行谈判。教育工会是教师的群众团体组织，而学校教职工代表大会则是学校民主管理的基本形式，两者的目标都在于保障和维护教师的合法权益。因此，当教师的权利受到侵害时，集体谈判是教师最方便实现的维权途径。

（二）行政申诉

行政申诉是指教师在其合法权益受到侵害时，依照法律法规向主管的行政机关申诉理由、请求处理。前面已经提到，《教师法》第三十九条对行政申诉依法作出规定。《国家教育委员会关于〈中华人民共和国教师法〉若干问题的实施意见》的第八条也就"教师行政申诉"的受理单位、申诉程序、受理时间等做了详细的规定。①教师对学校或者其他教育机构提出的申诉，由其所在区域的主管教育行政部门受理。②行政机关对属于其管辖的教师申诉案件，应当及时进行审查，对符合申诉条件的，应予受理；对不符合申诉条件的，应以书面形式决定不予受理，并通知申诉人。③对学校或者其他教育机构提出的申诉，主管教育行政部门应当在收到申诉书的次日起30天内进行处理。④行政机关作出申诉处理决定后，应当将申诉处理决定书发送给申诉当事人。申诉处理决定书自送达之日起发生效力。

（三）人事争议仲裁

人事争议仲裁是指仲裁机构对人事争议进行调解或裁决的行政司法活动。《人事争议处理暂行规定》第二条第二项规定，事业单位与工作人员之间因解除人事关系、履行聘用合同发生的争议可申请人事争议仲裁。也就是说，教师与幼儿园之间如因履行聘用合同发生纠纷，或者因人事关系的建立、变更、解除等发生人事争议，当事双方可向当地的人事争议仲裁机构申请仲裁。教师申请仲裁应向仲裁委员会提交仲裁申请书，人事争议仲裁委员会应该按规定程序受理，并根据自愿和合法的原则进行调解，调解达成协议的，根据协议达成调解仲裁书。如调解未达成协议，仲裁庭应及时裁决。

《人事争议处理暂行规定》第三十三条规定：“对发生法律效力的调解书或者裁决书，当事人必须履行。一方当事人逾期不履行的，另一方当事人可以依照国家有关法律法规和最高人民法院相关司法解释的规定申请人民法院执行。”

学习笔记

(四)信访

所谓信访，是指公民、法人或者其他组织采用书信、电子邮件、传真、电话、走访等形式，向各级人民政府工作部门反映情况，提出建议、意见或者投诉请求，依法由有关行政机关处理的活动。教师在权益受到侵害时，也可通过信访提请有关行政机关处理。

(五)诉讼

《最高人民法院关于人民法院审理事业单位人事争议案件若干问题的规定》规定，当事人对依照国家有关规定设立的人事争议仲裁机构所作的人事争议仲裁裁决不服，自收到仲裁裁决之日起十五日内向人民法院提起诉讼的，人民法院应当依法受理。《国家教育委员会关于〈中华人民共和国教师法〉若干问题的实施意见》规定，行政申诉当事人对申诉处理决定不服的，可向原处理机关隶属的人民政府申请复核。其申诉内容直接涉及其人身权、财产权及其他属于行政复议、行政诉讼受案范围事项的，可以依法提起行政复议或者行政诉讼。由此可见，诉讼是教师维权的重要途径，也是当其他途径无法解决争议时的最终途径。

单元 3　与幼儿权益相关的法律问题

梁启超在《少年中国说》中说过：“少年智则国智，少年强则国强，少年独立则国独立，少年自由则国自由。”孩子是祖国的未来，他们的健康成长不仅关系到每一个家庭，每一所学校，也关系到整个国家和民族的明天。尊重、保障幼儿的合法权益，促进幼儿身心健康发展，不仅是幼儿家长的法定义务，也是每一位学前教育工作者的法定职责和义务。

幼儿的法律权利，是幼儿作为公民所享有的政治、经济、文化等各种权益。因为幼儿的年龄小，长期以来，我们的社会和教育往往强调幼儿作为教育对象的义务，而忽略了幼儿作为具有独立法律人格的公民所享有的权利。事实上，幼儿拥有非常广泛的法律权利。《中华人民共和国教育法》《未成年人保护法》《学生伤害事故处理办法》《幼儿园工作规程》等相关法律法规，都对幼儿的法律权利做了明确、具体的规定。

《未成年人保护法》第三条规定：“国家保障未成年人的生存权、发展权、受保护权、参与权等权利。未成年人依法平等地享有各项权利，不因本人及其父母

学习笔记

或者其他监护人的民族、种族、性别、户籍、职业、宗教信仰、教育程度、家庭状况、身心健康状况等受到歧视。”《中华人民共和国义务教育法》第四条规定：“凡具有中华人民共和国国籍的适龄儿童、少年，不分性别、民族、种族、家庭财产状况、宗教信仰等，依法享有平等接受义务教育的权利，并履行接受义务教育的义务。”未成年人享有生存权、发展权、受保护权、参与权等基本权利，这是对联合国《儿童权利公约》中儿童应享有的各种权利的高度概括。之所以强调幼儿的受教育权，是因为受教育权是公民的基本权利。

生存权是指未成年人享有其固有的生命权、健康权和获得基本生活保障的权利；发展权是指未成年人享有充分发展其全部体能和智能的权利；受保护权是指未成年人享有不受歧视、虐待和忽视的权利；参与权是指未成年人有权参与家庭和社会生活，并就影响他们生活的事项发表意见；受教育权是指未成年人有权进入幼儿园或者其他合法教育机构接受适合其身心发展的学前教育、学校教育或其他教育培训。

未成年人依法享有这些权利，意味着国家、社会、学校、家庭、教师等应履行相应的义务。幼儿园是未成年人进入的第一个正式的教育机构，是保障幼儿权利的重要力量。《未成年人保护法》中对幼儿园应履行的教育义务和职责做了明确规定，如“学校、幼儿园的教职员工应当尊重未成年人人格尊严，不得对未成年人实施体罚、变相体罚或者其他侮辱人格尊严的行为”，“学校、幼儿园应当建立安全管理制度，对未成年人进行安全教育，完善安保设施、配备安保人员，保障未成年人在校、在园期间的人身和财产安全”，“幼儿园应当做好保育、教育工作，遵循幼儿身心发展规律，实施启蒙教育，促进幼儿在体质、智力、品德等方面和谐发展”等。

本单元将通过具体案例讨论幼儿教师日常工作中容易出现的涉及幼儿合法权益的相关法律问题，以便幼儿教师更好地履行相关职责和义务。

拓展阅读

《儿童权利公约》(Convention on the Rights of the Child)介绍

1989年11月20日第四十四届联合国大会以第25号决议通过的《儿童权利公约》，于1990年9月2日生效。截至2015年10月，缔约国为196个。

联合国成立以来，儿童的幸福和权利始终是它关心的一个主要问题。联合国最初采取的行动之一就是于1946年12月11日设立了联合国儿童基金会。1948年，联合国大会通过的《世界人权宣言》承认儿童必须受到特殊的照顾和协助。以后，联合国在一般性的国际条约如国际人权公约和专门针对儿童权利的文件，即1959年11月20日的《儿童权利宣言》中都始终强调保护儿童的权利。鉴于《儿童权利宣言》不具有条约法的效力，而给儿童权利以条约法的保障已日益成为必要，尤其是在筹备“国际儿童年”的过程中，这种必要愈加明显。在1978年联合国人权委员会会议上，波兰的亚当·洛帕萨教授(后为公约起草工作组主席)倡议起草儿童权利公约。波兰向联合国大会提交了一份关于儿童权利的公约草案。1979 年，联合国人权委员会开始了起草儿童权利公约的工作。同年，波兰向人权委员会提交了儿童权利公约草案的修正文本。人权委员会授权一个不固定的工作小组继续就该文本进行工作。1984 年，联合国大会要求人权委员会尽一切努力完成公约草案并于 1985 年提交大会通过。1988 年，联合国大会再次要求人权委员会对公约草案工作给予优先考虑，力求于 1989 年，即纪念《儿童权利宣言》发表 30 周年和“国际儿童年”设立 10 周年之时完成公约全文的拟定工作。1979—1989 年，人权委员会详尽研究了公约草案，并于 1989 年如期完成了公约的拟定工作，并经由经济及社会理事会提交联合国大会。1989 年 11 月 20 日，联合国大会通过了《儿童权利公约》。

公约共 54 条。公约将“儿童”界定为“18 岁以下的任何人”。公约强调，各国应确保其管辖范围内的每一儿童均享受公约所载的权利，不因儿童或其父母或法定监护人的种族、肤色、性别、语言、宗教、政治或其他见解、国籍或社会出身、财产、伤残、出生或其他身份等而有任何差别。

公约做了如下规定：1. 每个儿童有固有的生命权，各国应最大限度地确保儿童的生存与发展(第 6 条)。2. 每个儿童都有自出生起即获得姓名和国籍的权利(第 7 条)。3. 尊重儿童维护其身份包括法律所承认的国籍、姓名及家庭关系而不受非法干扰的权利(第 8 条)。4. 法庭、福利机构或行政当局在处理儿童问题时，应将儿童的最大利益作为首要考虑事项(第 9 条)。5. 各国应为便利家庭团聚准许入境或出境(第 10 条)。6. 各国应采取措施制止非法将儿童移转国外和不使返回本国的行为(第 11 条)。7. 确保有主见能力的儿童有权对影响到其本人的一切事项自由发表自己的意见，对儿童的意见应按照其年龄和成熟程度给予适当的看待(第 12 条)。8. 儿童享有自由发表言论的权利；思想、信仰和宗教自由的权利；结社自由及和平集会自由的权利(第 13～15 条)。9. 儿童的隐私、家庭、住宅或通信不受任意或非法干涉(第 16 条)。10. 父母对儿童成长负有首要责任，但各国应向他们提供适当协助和发展育儿所(第 18 条)。11. 各国应保护儿童免受身心摧残、伤害或凌辱，忽视、虐待或剥削，包括性侵犯(第 19 条)。12. 各国应为失去父母的儿童提供适当的其他照管；确保得到跨国收养的儿童享有与本国收养相当的保障和标准(第 20、21 条)。13. 确保申请难民身份的儿童或按照适用的国际法或国内法及程序可视为难民的儿童，不论有无父母或其他任何人陪同，均可得到适当的保护和人道主义援助(第 22 条)。14. 残疾儿童应享有得到特殊待遇、教育和照管的权利(第 23 条)。15. 儿童有权享有可达到的最高标准的健康；每个儿童均有权享有足以促进其生理、心理、精神、道德和社会发展的生活水平；儿童有受教育的权利；学校执行纪律的方式应符合儿童的人格尊严；教育应本着谅解、和平和宽容的精神培育儿童(第 24、27～29 条)。16. 宗教、语言等方面属于少数人或原为土著居民的儿童有享有自己的文化、信奉自己的宗教，或使用自己语言的权利(第 30 条)。17. 儿童应有时间休息和游戏，有同等的机会参加文化和艺术活动(第 31 条)。18. 各国应保护儿童免受经济剥削和从事任何可能妨碍或影响儿童教育或有害儿童健康或身体、心理、精神、道德或社会发展的工作(第 32 条)。19. 各国应保护儿童不致非法使用有关国际条约中界定的麻醉药品和精神药物，并防止利用儿童从事非法生产和贩运此类药物(第 33 条)。20. 应采取一切适当措施，防止诱拐、买卖或贩运儿童(第 35 条)。21. 对未满 18 岁人所犯罪行，不应判处死刑或无期徒刑；被监禁的儿童应与成年犯隔开；不得对儿童施以酷刑或残忍、不人道或有辱人格的待遇或处罚；15 岁以下儿童不得参与任何敌对行动；遭受武装冲突之害的儿童应受到特别保护；受到虐待、忽视或监禁的儿童应得到适当的医疗或康复和复原疗养；处理触犯刑法儿童的方式应在于促进他的尊严和价值感，目的是使他们重返社会(第 37～40 条)。

按照公约的规定，在它生效后 6 个月成立儿童权利委员会，以审查缔约国在履行根据公约所承担的义务方面取得的进展。缔约国应定期向委员会提交关于它们为实现公约确认的权利所采取的措施以及关于这些权利的享有方面的进展情况的报告。

一、幼儿容易被忽略的人身权

学习笔记

在日常生活中，作为未成年人，幼儿的人身权较易受到忽视或侵害。人身权是公民的基本民事权利之一，包括人格权和身份权两大类，其中人格权包括生命权、身体权、健康权、姓名权、名称权、名誉权、肖像权等，身份权包括配偶权、亲属权、知识产权等。幼儿虽为未成年人，但其作为公民与成年人享有平等的人身权。因此，幼儿园及幼儿教师都要尊重幼儿的人格尊严和身份权。

下面就幼儿容易受到侵害的隐私权、名誉权、肖像权、著作权等做具体阐述。

(一)隐私权

身边的案例

幼儿园近期组织幼儿进行了一次体检，体检结果出来之后，小班的李老师把幼儿的体检结果张贴在了班级门口的家园联系栏，还把体检结果的电子版上传到了班级博客供家长查看。体检结果中包括幼儿的身高、体重、视力情况，以及是否包茎等私密信息。李老师觉得贴出来的都是小孩子的体检信息，没有什么关系。李老师所在班级中有个别家长却有意见，并向园长进行了反映，他觉得李老师的行为侵犯了孩子的隐私权。

思考：李老师的做法到底有没有侵犯幼儿的隐私权呢?

1. 什么是隐私权

隐私是指公民不愿告诉他人或不愿公开的个人事务。隐私权是指公民对其不违反法律和社会公德的私人事务和私生活秘密所享有的不被非法公开、宣传，排除他人干涉的权利。它是公民人身权中人格权的一种。

2. 保护未成年人隐私权的法律依据

《中华人民共和国民法典》(以下简称《民法典》)第一千零三十二条规定：“自然人享有隐私权。任何组织或者个人不得以刺探、侵扰、泄露、公开等方式侵害他人的隐私权。”

《儿童权利公约》第十六条第一款规定：“儿童的隐私、家庭、住宅或通信不受任意或非法干涉。”

《未成年人保护法》第四条第三款规定：“保护未成年人隐私权和个人信息。”第四十九条规定：“新闻媒体应当加强未成年人保护方面的宣传，对侵犯未成年人合法权益的行为进行舆论监督。新闻媒体采访报道涉及未成年人事件应当客观、审慎和适度，不得侵犯未成年人的名誉、隐私和其他合法权益。”第一百一十条规定：“公安机关、人民检察院、人民法院讯问未成年犯罪嫌疑人、被告人，询问未成年被害人、证人，应当依法通知其法定代理人或者其成年亲属、所在学校的代表等合适成年人到场，并采取适当方式，在适当场所进行，保障未成年人的名誉权、隐私权和其他合法权益。人民法院开庭审理涉及未成年人案件，未成年被害人、证人一般不出庭作证；必须出庭的，应当采取保护其隐私的技术手段和心理干预等保护措施。”

学习笔记

3. 幼儿隐私的主要内容

幼儿隐私主要有：①幼儿档案信息，包括幼儿家庭住址、家庭成员情况、个人生活的特殊经历等；②幼儿身心的一般或特殊情况，包括幼儿的生理特征与缺陷，所患的身心疾病等；③其他令幼儿或家长觉得不方便公开的事情，如幼儿的不良习惯或缺点等。

综上所述，幼儿作为公民，作为未成年学生群体，也享有隐私权，任何组织或个人不得披露幼儿的个人隐私。在案例中幼儿的体检信息，不仅包括幼儿的身高、体重，还包括其他的生理特征等，属于幼儿的隐私，李老师将这些信息张贴出来虽然方便家长查看，但其行为确实侵害了幼儿的隐私权。懂得尊重幼儿的隐私是幼儿教师的基本素质之一，在幼儿园的教育活动中，幼儿教师及其他保教人员必须增强法律意识，尊重幼儿的人格，保护幼儿的隐私。同时，幼儿园加强相关的管理和监督也是必要的。

(二)名誉权

身边的案例

幼儿悦悦经常在午睡的时候尿床，因为给保育员王某带来了清洗等工作，引起了王某对悦悦的反感。一次，悦悦又尿床之后，王某当着班级其他幼儿的面，大声斥责悦悦：“你是不是哪里有问题啊，再尿床，以后就叫你‘尿床大王’！”小朋友们哄堂大笑，悦悦觉得很难过，之后就很抗拒来幼儿园。悦悦的妈妈在得知情况后，认为王某的行为伤害了孩子的自尊心，损害了悦悦的名誉权。王某则认为自己只是随口说说，没有那么严重。

思考：王某的行为是否损害了悦悦的名誉权呢？

1. 什么是名誉权

名誉是指社会对权利主体的人格属性所给予的综合评价。名誉权是指权利主

学习笔记

体享有的维持自身获得公正的社会评价，而不受他人非法干涉的权利。侵犯名誉权的行为主要有侮辱、诽谤，只要在客观上造成他人名誉贬损的行为，都可以认定为侵犯名誉权的行为。

2. 保护未成年人名誉权的法律依据

《中华人民共和国宪法》第三十八条规定："中华人民共和国公民的人格尊严不受侵犯。禁止用任何方法对公民进行侮辱、诽谤和诬告陷害。"

《民法典》第一千零二十四条规定："民事主体享有名誉权。任何组织或者个人不得以侮辱、诽谤等方式侵害他人的名誉权。"

《未成年人保护法》第四条第二款规定："尊重未成年人人格尊严。"第一百一十条规定："公安机关、人民检察院、人民法院讯问未成年犯罪嫌疑人、被告人，询问未成年被害人、证人，应当依法通知其法定代理人或者其成年亲属、所在学校的代表等合适成年人到场，并采取适当方式，在适当场所进行，保障未成年人的名誉权、隐私权和其他合法权益。"

综上所述，名誉权是重要的人格权之一，未成年人的人格尊严也应受到保护和尊重。在案例中王某因悦悦尿床而无视其人格尊严，在同班幼儿面前辱骂悦悦，造成对悦悦名誉的损害，侵犯了悦悦的名誉权，给悦悦造成了一定的精神伤害。王某的行为不仅违反了相关法律法规，也有悖于幼儿教师的职业道德。

(三)肖像权

身边的案例

某幼儿园拟请广告公司为小朋友拍照片，用于幼儿园的招生广告。在家长会上征得了家长们的同意后，该幼儿园约了某广告公司到园为幼儿们拍照。在整理照片时，广告公司觉得幼儿慧慧的照片很适合做广告公司的商业广告，就请求幼儿园同意他们用慧慧的照片做公司广告，并承诺付给幼儿园相应的报酬。幼儿园同意了，并在事后拿到了这笔报酬。后来，慧慧的妈妈无意中得知了此事，就找园方和广告公司进行交涉。双方协商未果，慧慧的妈妈就以慧慧法定代理人的身份诉至法院，要求广告公司和幼儿园做出侵权赔偿。

思考：幼儿园是否拥有园里幼儿的照片使用权？慧慧的妈妈能否打赢这场官司？

1. 什么是肖像权

肖像指以一定的物质形式再现出来的自然人形象。肖像权是指自然人所享有的在自己肖像上所体现的以人格利益为内容的权利。公民对于自己的肖像，有制作和使用的专有权，非经本人或法定代理人同意，或者法律另有规定，不得以营利为目的擅自使用他人的肖像。

学习笔记

2. 保护未成年人肖像权的法律依据

《民法典》第一千零一十八条规定，“自然人享有肖像权，有权依法制作、使用、公开或者许可他人使用自己的肖像。”第一千零一十九条规定：“任何组织或者个人不得以丑化、污损，或者利用信息技术手段伪造等方式侵害他人的肖像权。未经肖像权人同意，不得制作、使用、公开肖像权人的肖像，但是法律另有规定的除外。未经肖像权人同意，肖像作品权利人不得以发表、复制、发行、出租、展览等方式使用或者公开肖像权人的肖像。”

《中华人民共和国广告法》第三十三条规定：“广告主或者广告经营者在广告中使用他人名义或者形象的，应当事先取得其书面同意；使用无民事行为能力人、限制民事行为能力人的名义或者形象的，应当事先取得其监护人的书面同意。”

3. 肖像权的内容及构成侵权行为的要素

肖像权主要包括：第一，肖像拥有权，即公民有权拥有自己的肖像。未经许可，任何他人不得拥有该公民的肖像，也不得玷污、损坏其肖像。第二，肖像制作权，即决定是否制作、如何制作肖像的权利。肖像的制作既可由肖像权人自己进行，也可由他人完成。但在由他人完成的情况下，制作人需取得肖像权人的同意。未经肖像权人同意，任何人不得制作他人的肖像。第三，肖像使用权，即公民有权以合法的方式使用自己的肖像，并通过对肖像的使用获得精神上的满足，或取得物质上的利益。未经肖像权人同意，他人不得使用其肖像。[①]

根据现行法律分析，构成侵犯公民肖像权的行为，通常具备两个要素：一是未经本人同意；二是以营利为目的。

对照上述案例，我们可知幼儿园和广告公司的行为侵犯了幼儿的肖像权。第一，广告公司使用慧慧的照片虽然征得了幼儿园同意，但没有征得本人同意。一般情况下，“本人”指肖像权人本身。在本案例中肖像权人是幼儿，根据法律规定，幼儿属无民事行为能力人，其民事行为应由其监护人即家长代为实施，广告公司在使用幼儿肖像制作商业广告前应征得慧慧家长的同意，但慧慧家长对广告公司的行为并不知情。第二，广告公司是将孩子的照片用作商业广告，是一种营利行为。因此，在本案例中广告公司和幼儿园的行为构成了侵权，其应承担相应的责任。

（四）著作权

身边的案例

就读于某幼儿园的幼儿依依很有绘画天分，她的画曾多次在儿童绘画比赛中获奖。一次，某出版社计划出版一本幼儿画册，经依依所在班级老师的推荐，依依的几幅作品被选中，但出版后，

① 李小红：《幼儿也有肖像权》，载《早期教育》，2005(4)。

书中作品并没有为依依署名，只有“××幼儿园××老师供稿”字样。依依父母得知情况后，就向该出版社索要样书、作者证明及稿酬。但出版社认为刊登依依的画已经征得幼儿的老师同意，稿酬也已支付给依依的老师，自己不再承担其他责任。依依班级的老师认为，依依的作品是在自己的指导下完成的，又被推荐出版，家长不该再追究。

思考： 出版社和依依老师的行为合法吗？依依父母的做法是否有法律依据？

学习笔记

1. 什么是著作权

著作权也称版权，是指作者及其他权利人对自己作品享有的人身权和财产权。其中人身权主要包括发表权、署名权、修改权、保护作品完整权；财产权是知识产权的一种，包括复制权、发行权、出租权、展览权、表演权等。

2. 保护未成年人著作权的法律依据

《中华人民共和国著作权法》第九条、第十一条规定，著作权首先属于作者，即创作作品的公民。

3. 判断著作权归属的依据

判断一个人是不是作者，关键看作品是否由其创作，法律并不要求其必须具有行为能力。这是因为创作作品是事实行为而不是法律行为。因此，具备完全民事行为能力人可因创作作品成为著作权人，限制行为能力和无行为能力人也可因独立创作出作品而成为著作权人。只要一件作品具有独创性、可感知性，其作者不论年龄、民族、性别等，不论是否具有民事行为能力，都拥有该作品的著作权，都可获得著作权法的保护。①

综上所述，年龄的大小不能影响公民的权利，因此虽然依依还小，但他对自己的作品享有著作权。由于其为非完全民事行为能力人，故该权利应由其监护人代为行使。班级教师在未经作者监护人许可的情况下，将作品提供给出版社，出版社同样未经作者监护人的许可便出版且没有给作品署名，他们共同侵犯了依依的著作权。在现实中，由于幼儿年龄小，其著作权往往会被忽视。现在经常有出版社刊登孩子的绘画作品及诗歌等文学作品，因为这些作品多为幼儿园集中投稿，作者的姓名、地址常有遗漏。但随着家长的维权意识越来越强，幼儿教师也该增强自身的法律意识，在为幼儿投稿时，应及时征求家长的意见，写清楚孩子的姓名、地址，对稿酬更应妥善处理。

二、严禁体罚和变相体罚

上一部分介绍的相关案例中的侵权行为，很多时候是教师对幼儿人身权无意识地忽略与侵犯，但体罚和变相体罚就是教育工作者对幼儿生命健康权及人格尊

① 周天枢：《幼儿园100个法律问题》，13页，广州，新世纪出版社，2010。

严的恶意侵犯，其性质更为恶劣，是应该严禁的行为。多年以来，关于体罚和变相体罚的话题一直被热议。近年来，教师虐童事件接二连三被曝光，相关话题更是被推上了风口浪尖，下面将就相关内容进行讨论阐述。

学习笔记

(一)体罚和变相体罚的界定

体罚是指教师以暴力的方法或以其他强制性的手段，侵害学生身心健康的侵权行为。变相体罚是指教师不直接接触学生身体，而以非人道方式迫使违反教育教学规定的学生做出某些行为，使其身体或精神备感痛苦的惩罚方式。

变相体罚可分为任务性变相体罚和侮辱性变相体罚。任务性变相体罚是指教师以布置作业或分配任务的形式，让学生从事过分烦琐、繁重的重复性学习；侮辱性变相体罚是指教师以言语、行为等方式对学生进行人格侮辱。①

(二)禁止体罚和变相体罚的法律依据

《中华人民共和国义务教育法》第二十九条规定："教师应当尊重学生的人格，不得歧视学生，不得对学生实施体罚、变相体罚或者其他侮辱人格尊严的行为，不得侵犯学生合法权益。"

《未成年人保护法》第二十七条规定："学校、幼儿园的教职员工应当尊重未成年人人格尊严，不得对未成年人实施体罚、变相体罚或者其他侮辱人格尊严的行为。"

《幼儿园管理条例》第十七条规定："严禁体罚和变相体罚幼儿。"

《幼儿园工作规程》第六条规定："尊重、爱护幼儿，严禁虐待、歧视、体罚和变相体罚、侮辱幼儿人格等损害幼儿身心健康的行为。"

《新时代幼儿园教师职业行为十项准则》第六条规定："关心爱护幼儿。呵护幼儿健康，保障快乐成长；不得体罚和变相体罚幼儿，不得歧视、侮辱幼儿，严禁猥亵、虐待、伤害幼儿。"

(三)关于体罚和变相体罚幼儿应承担法律责任的法律规定

《教师法》第三十七条规定，教师如有体罚学生的情况出现，经教育不改的，由所在学校、其他教育机构或者教育行政部门给予行政处分或者解聘；情节严重，构成犯罪的，依法追究刑事责任。

《未成年人保护法》第六十三条规定，学校、幼儿园、婴幼儿照护服务等机构及其教职员工对未成年人实施体罚、变相体罚或者其他侮辱人格尊严行为的，由公安、教育、卫生健康、市场监督管理等部门按照职责分工责令改正；拒不改正或者情节严重的，对直接负责的主管人员和其他直接责任人员依法给予处分。

---

① 方益权、杨建：《变相体罚及其法律责任》，载《教育科学研究》，2009(10)。

学习笔记

《幼儿园管理条例》第二十八条规定，体罚或变相体罚幼儿的单位或者个人，由教育行政部门对直接责任人员给予警告、罚款的行政处罚，或者由教育行政部门建议有关部门对责任人员给予行政处分；情节严重，构成犯罪的，由司法机关依法追究刑事责任。

2018 年 11 月颁布的《幼儿园教师违反职业道德行为处理办法》中也明确了需要对教师进行处分和其他处理的违反职业道德的行为，其中就包括“体罚和变相体罚幼儿，歧视、侮辱幼儿，猥亵、虐待、伤害幼儿”。办法中明确解释：处分包括警告、记过、降低岗位等级或撤职、开除。警告期限为 6 个月，记过期限为 12 个月，降低岗位等级或撤职期限为 24 个月。其他处理包括给予批评教育、诫勉谈话、责令检查、通报批评，以及取消在评奖评优、职务晋升、职称评定、岗位聘用、工资晋级、申报人才计划等方面的资格。取消相关资格的处理执行期限不得少于 24 个月。此外，情节严重，涉嫌违法犯罪的，及时移送司法机关依法处理。

由上述法规可知，教师体罚和变相体罚幼儿的行为侵犯了幼儿的生命健康权、人格权等，教师需承担相应的法律责任：情节轻微的，给予批评教育；情节严重，造成幼儿人身伤害或死亡的，或多次体罚，屡教不改的，或体罚手段特别恶劣的，不仅给予行政处分或解聘，还要追究相关责任人的刑事法律责任。

幼教故事

他用生命捍卫儿童权利

在波兰，他是与居里夫人、肖邦齐名的有重大贡献的人，联合国于 1989 年通过的、由波兰起草的《儿童权利公约》就是依他的思想精神制定的。若干年前，他以作家的身份“进入”中国，他的儿童文学作品《小国王——马特一世执政记》被翻译成包括汉语在内的 20 多种文字。今天，他以教育家的身份再次进入人们的视野，他的教育著作《如何爱孩子——现代教育先驱科扎克的思想札记》，在 2017 年举办的第 24 届北京国际图书博览会上推出。他就是在世界上享有很高知名度的具有传奇性的人物——雅努什·科扎克，他的贡献是发现了儿童的需求和权利，他为儿童权利和平等付出了毕生的精力。他真正做到了认识儿童、了解儿童、尊重儿童。

将儿童教育视为一生的使命

科扎克的一生丰富曲折：当过医生，上过战场，作为作家出过书，编过剧本，当过记者，做过社会活动家。他一生写过 24 本书、约 1400 篇文章。然而不论他走到哪里、做什么，儿童始终是他不舍的牵挂。他终身未娶，将儿童教育视为一生的使命，并始终践行着他的信念。他说：“有人选择生儿育女，而我选择了为孩子以及服务孩子奉献生命。”

1878 年，科扎克生于波兰一个富裕的犹太家庭。父亲是当时的大律师，母亲是家庭主妇。小时候，他衣食无忧。长到十几岁时，他的父亲患上了精神疾病，家道中落，科扎克便担起了养家的责任。文学成为他寄放自己灵魂的世界，年仅 20 岁，他就发表过小说。

1904 年，科扎克从医学院毕业。夜半徘徊在贫民窟寻找流浪儿童的经历让他看到了儿童悲惨的现状。他曾说："当下的生活何其悲惨，给了儿童这样一个混乱世界的一代又是何其耻辱。"

科扎克曾以军医身份被征召到前线。他参与过日俄战争及第一次世界大战，最远到过中国的哈尔滨。1906 年，从日俄战场上回来的科扎克再次做起了医生，在儿童医院工作了 7 年。在治好了孩子们的疾病后，他不得不看着他们重新回到原来那个黑暗世界，而他却对此无能为力。

这种遗憾和痛苦，让科扎克萌发了举办儿童夏令营的念头。于是在 1907 年夏天，他组织了 150 个来自犹太穷苦家庭的孩子参加夏令营，他让孩子们过上了愉快的集体生活。

科扎克时时刻刻保护着孩子，也从孩子们的身上汲取精神营养。1928 年，他写了《尊重儿童权利》，探讨儿童的尊严、权利及公民地位。

服务孩子奉献生命

单单做医生，已经不能满足科扎克的教育理想。1910 年，科扎克打算放弃蒸蒸日上的医学和文学事业，当一名孤儿院院长。孤儿院给了科扎克施展自己教育才华的机会。他认为自己并没有为了教育而放弃医学，相反，他把孤儿院当作临床医学的实验地，设计出一套教学诊断系统，从而将这两门学科结合在一起。

孤儿院开办得很成功，科扎克自身的坎坷经历使他对儿童充满了宽容和爱。他从不体罚孩子，而是用尊重、平等的眼光去看待他们，用各种充满爱和充满趣味的方法去教育他们。他在孤儿院设立了儿童法院，让孩子们自己解决他们之间产生的各种问题。

第二次世界大战爆发后，孤儿院被纳粹清空，科扎克与孩子们一起被抓进了犹太人聚集区。为了陪伴孤儿院的 192 个孩子到生命的最后一刻，他放弃了自己活下去的机会，与孩子们一起乘上开往特雷布林卡灭绝营的火车，最终死于毒气室。

第二次世界大战结束后，欧洲的诗人和剧作家纷纷创作作品，再现了科扎克与孩子们一起走向火车的悲壮场面，科扎克的传说由此在欧洲渐渐传开。科扎克是为了保护孩子而最终奉献生命的波兰英雄。为了表达对这位伟人的敬意，1978 年逢科扎克百年诞辰，联合国宣布当年为"国际儿童年"。2012 年是科扎克逝世 70 周年，波兰特别将该年定为"科扎克年"。

资料来源于《中国教育报》2017 年 09 月 21 日第 9 版 。

三、应如何处理幼儿伤害事故

每年都有不少在园幼儿的伤害事故发生，为确保在园幼儿的安全，幼儿教师要充分认识到做好安全工作的极端重要性，牢固树立以幼儿为本、安全第一的思想。此外，幼儿教师还应积极了解幼儿伤害事故发生前应如何预防与减少伤害事故的发生，事故发生后如何依照法定程序进行处理等。

身边的案例

案例一：某幼儿园中班的2名幼儿在一起玩跷跷板。跷跷板突然从中间断裂，导致一名幼儿从高处摔落并骨折，另一名幼儿脸部擦伤，可能对容貌产生一定影响。

案例二：某镇一名4岁女孩被所在幼儿园的校车接到学校后，被“遗忘”在车内长达6小时，后被发现时，这个女孩昏迷不醒，医治无效死亡。

案例三：某街道发生一起交通事故，一辆大翻斗货车与一辆某镇幼儿园的校车迎面相撞，造成18名幼儿、1名陪护老师、1名校车司机死亡。据悉，该校车核载9人，实载64人。

思考：上述伤害事故出现的主要原因有哪些？应该由谁来承担相应的事故责任？

（一）什么是幼儿伤害事故

幼儿伤害事故是指在依法设立的各类幼儿园管理职责范围内发生的，造成幼儿人身伤害或死亡后果的各类事故。按照事故发生的不同原因，幼儿伤害事故可以分为两类：责任事故和意外事故。

学习笔记

1. 责任事故

责任事故是指由于当事人的故意、过失或者未尽相应职责而导致的事故。根据事故责任主体的不同，又可分为幼儿园责任事故、幼儿责任事故、其他责任事故。其中幼儿园责任事故是指因幼儿园及其保教人员的过失，或未尽到相应的管理、保育教育和保护的职责与义务而造成的幼儿伤害事故；幼儿责任事故是指由于幼儿自身原因造成的伤害事故；其他责任事故是指由于其他个人或组织过错而导致的幼儿伤害事故。

2. 意外事故

意外事故是指不是由于当事人的故意或过失，而是由于当事人意志以外的原因发生的事故。意外事故具有不可预见性、不可避免性、偶然性等特点。

（二）幼儿伤害事故的原因分析

1. 责任事故原因分析

幼儿园责任事故主要有以下几点原因：幼儿园设备陈旧、老化，安全防护措施不到位；幼儿园规章制度不健全，管理不到位；保教人员行为失误，责任意识薄弱等。

幼儿责任事故的主要原因有：幼儿具有特异体质或患有先天性疾病；幼儿实施危险、不当行为等。常见的幼儿“特异体质”或先天性疾病有先天性心脏病、哮喘、过敏、癫痫、高热惊厥等。很多家长出于种种考虑，不愿将幼儿的特殊情况告诉幼儿园和老师，殊不知却容易造成幼儿伤害事故。

其他责任事故主要是由于与幼儿园日常教育教学活动、幼儿生活等相关的经营者或活动组织者的过错造成的。比如教玩具、运动器械有质量问题造成幼儿人身损害后果的，应依法向教玩具或运动器械的生产经销商追究责任。

2. 意外事故原因分析

造成意外伤害事故的主要原因有：幼儿的年龄特征和行为特点；来自幼儿外部的突发性、偶发性侵害；地震、台风、洪水等自然方面的不可抗力等。比如幼儿在正常的户外活动中自己不小心摔倒、摔伤，幼儿在来园路上被流浪猫抓伤等，都属于意外事故。

（三）幼儿伤害事故的处置程序及相关法律依据

近年来，家长因幼儿伤害事故将学校告上法庭的事件屡见不鲜。依法采取正确的事故处置程序，既可以将幼儿的伤害尽可能降到最低，也可以规避或减少相关的责任风险。

1. 立即采取干预和救治措施，并及时通知家长

《学生伤害事故处理办法》第十五条规定："发生学生伤害事故，学校应当及时救助受伤害学生，并应当及时告知未成年学生的监护人；有条件的，应当采取紧急救援等方式救助。"

《上海市中小学校学生伤害事故处理条例》第十四条规定："学生伤害事故发生后，学校应当根据现有条件和能力及时采取措施救护受伤害学生，及时通知受伤害学生的父母或者其他监护人。"根据此条的规定，无条件履行救护义务是学校应尽的职责。

在发生幼儿伤害事故后，幼儿园和教师应在第一时间对受伤幼儿进行救治。有时幼儿园对于幼儿伤害事故的发生并不存在直接过错，但如因救治不及时、救治措施不当等导致幼儿伤势加重的，幼儿园也应当承担相应的过错责任。

事故发生后，除了立即开展救治，幼儿园及教师还应及时通知家长，向家长如实说明情况，以争取家长的理解和配合。如果幼儿园不及时通知家长，往往会造成家长对幼儿园的不满，家长会认为幼儿园在刻意隐瞒情况，逃避责任，甚至由此产生敌对情绪，这将更不利于事故处理。

2. 及时报告有关部门

《学生伤害事故处理办法》第十六条、第十七条规定："发生学生伤害事故，情形严重的，学校应当及时向主管教育行政部门及有关部门报告；属于重大伤亡事故的，教育行政部门应当按照有关规定及时向同级人民政府和上一级教育行政部门报告。""学校的主管教育行政部门应学校要求或者认为必要，可以指导、协助学校进行事故的处理工作，尽快恢复学校正常的教育教学秩序。"

《上海市中小学校学生伤害事故处理条例》第十五条规定："学生伤害事故发生后，学校应当在二十四小时内将有关情况报告学校所在地的区、县教育行政部门。属于重大伤害事故的，学校应当立即报告区、县教育行政部门及有关部门；区、县

学习笔记

学习笔记

教育行政部门接到报告后，应当立即报告区、县人民政府和市教育行政部门。”

根据相关规定，幼儿园必须将本园发生的幼儿伤害事故及时向主管教育行政部门报告，对严重的伤害事故，学校应履行双重报告制度，以便上级部门能够及时掌握有关情况，对事故处理做出统筹安排，并协助幼儿园做好善后工作。

3. 成立调查小组，做好伤害事故的证据收集工作

《上海市中小学校学生伤害事故处理条例》第十六条规定：“学生伤害事故发生后，学校应当及时成立事故处理小组或者指派专人负责事故的处理工作。当事人可以自愿协商处理学生伤害事故。”

幼儿园应成立专门的调查小组，对事故发生的原因和过程进行调查，并做好证据收集工作。调查取证过程应该公平、公正、公开，可让幼儿家长也参与调查取证过程。调查取证既可以为解决纠纷提供第一手证据，也可以使当事各方对自己是否要承担责任、要承担多大责任有一个大致的了解。①

4. 主动与受伤幼儿监护人进行协商沟通，必要时邀请第三方进行调解

《学生伤害事故处理办法》和《上海市中小学校学生伤害事故处理条例》中不仅分别列举了学校承担和不承担损害赔偿责任的情况，也就伤害事故的责任认定和赔偿作了详细说明：伤害事故的责任，应当根据相关当事人的行为与损害后果之间的因果关系依法确定。伤害事故赔偿的范围与标准，应按照有关行政法规、地方性法规或者最高人民法院司法解释中的有关规定确定；学校对学生伤害事故负有责任的，根据责任大小，适当予以经济赔偿；学校无责任的，可以本着自愿和可能的原则，对受伤害学生给予适当的帮助。对学生伤害事故的发生，当事人均无过错的，可以根据实际情况，按照公平的原则，由当事人适当分担经济损失。

关于当事各方协商和调节的方式，《学生伤害事故处理办法》第十八条、第十九条规定：“发生学生伤害事故，学校与受伤害学生或者学生家长可以通过协商方式解决；双方自愿，可以书面请求主管教育行政部门进行调解。成年学生或者未成年学生的监护人也可以依法直接提起诉讼。”“教育行政部门收到调解申请，认为必要的，可以指定专门人员进行调解，并应当在受理申请之日起60日内完成调解。”

《上海市中小学校学生伤害事故处理条例》第十六条、第十七条规定：“当事人不愿协商或者协商不成的，可以向学校所在地的区、县教育行政部门要求调解。当事人要求调解的，区、县教育行政部门应当自受理之日起三个月内调解结束。市教育行政部门应当指导区、县教育行政部门的调解工作。学校投保责任险的，保险公司应当参与学生伤害事故的处理。”“学生伤害事故发生后，受伤害学生、其父母或者其他监护人不愿协商、调解的，或者协商、调解不成的，可以依法向人民法院提起诉讼。”

① 冯焰：《幼儿伤害事故的预防与处置方法探析》，载《思想理论教育》，2010(20)。

学习笔记

根据相关法规，当事人承担责任的大小主要是依据其过错程度判定的。幼儿园应根据自身的过错程度承担相应的赔偿责任。如果当事各方均没有过错，则幼儿园可以按照公平原则给予受害幼儿适当的经济补偿。幼儿园是否补偿以及补偿多少，取决于幼儿家庭的经济条件和幼儿园自身的经济状况。如果事故涉及幼儿园责任，一般由幼儿园的上级主管部门出面调解。如果不涉及幼儿园责任，则可由园方进行调节，或者由当事各方都认可的第三方出面主持协调。协商成功后，各方应签订书面协议。

5. 善后事宜处理

《学生伤害事故处理办法》第二十二条规定："事故处理结束，学校应当将事故处理结果书面报告主管的教育行政部门；重大伤亡事故的处理结果，学校主管的教育行政部门应当向同级人民政府和上一级教育行政部门报告。"

在伤害事故处理完毕后，幼儿园还应及时上报事故处理的书面报告，并妥善保存相关资料，以防事后再次发生纠纷，也可从事故中吸取经验教训。

拓展阅读

思考与练习

一、名词解释

1. 教师职业法律素质

2. 幼儿伤害事故

二、填空题

1. 幼儿教师在工作中需要处理好的主要法律关系和问题有：________、________、________。

2. 一位非学前教育的毕业生想要从事幼儿园教师的工作，他需要有如下资格证：________、________、________、________。

3. 教师可以采取________、________、________、________、________等方法进行维权。

4. 幼儿伤害事故主要分为________、________。

三、简答题

1. 教师职业法律素质的内涵主要包括哪些方面？

2. 幼儿的隐私主要包括哪些方面？

3. 如何界定体罚和变相体罚？

扫二维码看参考答案

学习反思

模块三

幼儿教师职业道德情感及培养

学习目标

1. 理解幼儿教师职业道德情感的含义，能够列举职业道德情感所涵盖的内容。
2. 理解幼儿教师职业道德情感的特点，并能举例说明。
3. 了解幼儿教师职业道德情感的作用。
4. 了解幼儿教师职业道德情感的影响因素。
5. 了解幼儿教师职业道德情感的培养途径。

思维导图

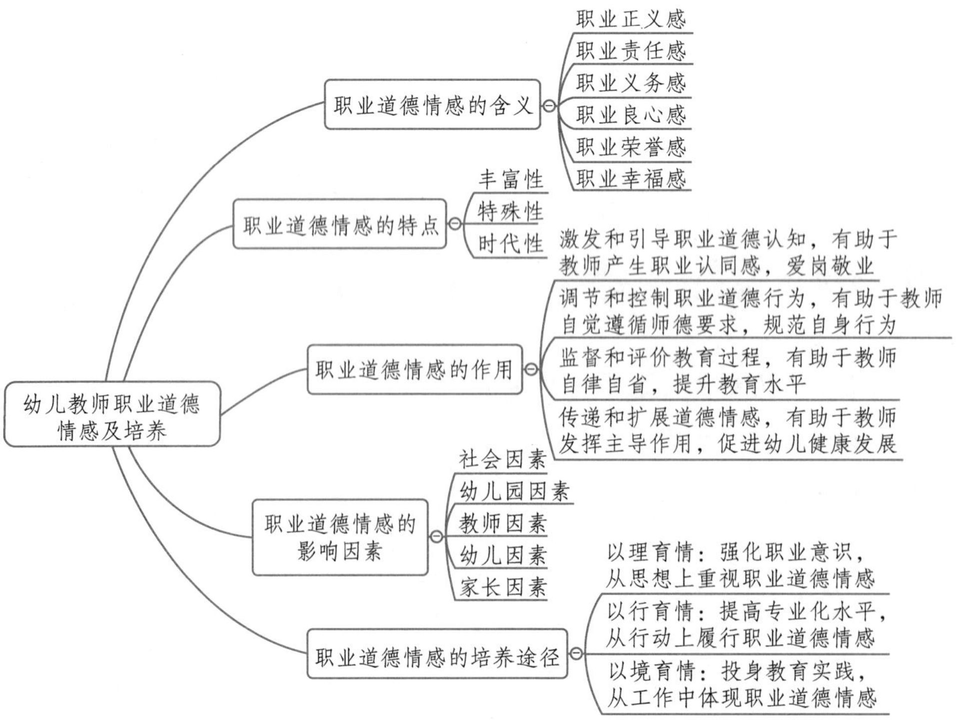

模块导入

亲爱的幼儿教师，你是为幼儿园、为园长工作，还是为自己、为兴趣工作？你是事事等待领导安排，还是主动出击寻找机会？你是把工作当作课题来研究，还是把课题当作工作来对待？对于心中的目标，你是只有三分钟的热度，还是保持永久的激情？遇到困难，你是以抱怨和牢骚来应对，还是以积极的心态去化解？你是否发自内心地热爱自己的职业？这些问题都指向了本模块所探讨的主题——职业道德情感。

典型案例

季羡林先生是我国著名古文字学家、历史学家、作家和语言学家。他即使身居病房，也每天坚持读书写作。他的书，不仅是他自己人生的写照，也是近百年来中国知识分子求索历程的反映。季羡林先生是“2006年度感动中国十大人物”之一，“感动中国”评审委员会这样评价这位百岁老人：“智者永，仁者寿，长者随心所欲。曾经的红衣少年，如今的白发先生，留德十年寒窗苦，牛棚杂忆密辛多。心有良知璞玉，笔下道德文章。一介布衣，言有物，行有格，贫贱不移，宠辱不惊。”那么，是什么力量使季羡林先生能够一生“言有物，行有格，贫贱不移，宠辱不惊”呢？

请问，你是否这样问过自己：作为一名普通而又神圣的幼儿教师，我要怎样才能做得更好？夸美纽斯说：“教师是太阳底下最光辉的职业。”爱岗敬业是教师职业的本质要求，也是教师责任感的具体体现。爱岗敬业不是一句口号，而是实实在在的行动，是勤勤恳恳的耕耘，是无怨无悔的付出和持之以恒的坚守，它贯穿于教师育人的整个过程。

党的二十大报告指出，“完善人才战略布局，坚持各方面人才一起抓，建设规模宏大、结构合理、素质优良的人才队伍”。为深入贯彻习近平新时代中国特色社会主义思想，《新时代幼儿园教师职业行为十项准则》中明确指出：新时代对广大教师落实立德树人根本任务提出新的更高要求。“四、潜心培幼育人。落实立德树人根本任务，爱岗敬业，细致耐心……六、关心爱护幼儿。呵护幼儿健康，保障快乐成长……”幼儿教师应当谨记自己的神圣使命，把个人的成长进步同我国幼儿教育事业的开拓和幼儿身心的全面发展紧密地联系在一起，不断提高个人素养和专业能力，树立明确的责任意识，为人师表，认真履职，不辱使命。

本模块旨在让读者了解幼儿教师职业道德情感的概念、特征、作用及影响因素，在此基础上形成正确的职业道德情感认知，进而结合本模块所阐述的几种途径来培养职业道德情感，为从事幼儿教育工作做好准备。

单元1 职业道德情感及其影响因素

一、职业道德情感的含义

名言佳句

教育者的情感和爱就像池塘里的水，没有水不能成为池塘，而没有感情，没有爱，就没有教育。

——夏丏尊

学习笔记

职业道德是从事相同职业的人们，通过特定的职业活动所凝结成的具有自身职业特征的、比较稳定的、能够影响和指导自身职业实践的价值观念、道德准则和行为规范的总和(参见本书绪论)。恩格斯曾指出："每一个阶级，甚至每一个行业，都各有各的道德。"每个行业都有自己的行为准则，即职业道德。教师职业道德是指教师在其职业生活中，调节和处理职业工作及与他人、社会、集体等关系时所应遵守的基本行为规范或行为准则，以及在此基础上所表现出来的观念意识和行为品质。[①] 教育是社会活动的一个特殊领域，教师的劳动是一种特殊的劳动。教师职业道德既具有社会职业道德的普遍性，也具有与教师职业有关的示范性、导向性、高层次性、发展性、独特性和专门性。幼儿教师的职业道德体现在教育教学活动中，深刻地影响着幼儿的健康成长和发展。

情感是人对客观事物是否符合自己社会性需要的态度体验，也是非智力因素的核心。苏联教育家苏霍姆林斯基指出："情感如同肥沃的土地，知识的种子就播种在这个土壤上。"心理学研究表明，教育过程是一个情感交流的过程，情感因素是影响教学质量的一个主要心理因素，积极、丰富的情感能促进认识过程、意志过程和个性品质的全面发展。

职业道德情感是在职业道德认知的基础上，对现实道德关系和道德行为是否符合一定的道德标准而产生的一种情感。教师职业道德情感指教育工作者根据一定的教师职业道德观念，在处理相互关系、评价某种行为时所产生的内心体验[②]，是一种超越教师道德义务的积极情感表现，主要包括职业正义感、职业责任感、职业义务感、职业良心感、职业荣誉感和职业幸福感等内容。

(一)职业正义感

正义感作为人的一种高级道德情感，指追求正义、伸张正义的道德意识和行为。[③] 强化个体正义感，形成职业正义感氛围，不仅有利于个人的自我肯定、自我完善，使个人获得更多的自由，而且有利于团结他人、维护正义原则，保障教育教学活动有效开展。

职业正义感要求教师以公正不倚的态度来处理各种人际关系。幼儿教师是一个充满爱心的职业，幼儿教师对幼儿的爱应当是无条件的。然而作为普通人，幼儿教师难免会根据自己的偏好来决定感情付出的多少。有的幼儿教师更喜欢活泼

① 费海娟：《教师职业道德浅析》，载《职业》，2008(14)。
② 邱佳佳：《教师情感智慧发展的实践研究：基于理解教育的视角》，硕士学位论文，华东师范大学，2012。
③ 郭岩霞：《高校情感德育研究》，硕士学位论文，河北科技大学，2012。

聪明的孩子，有的则偏爱安静乖巧的孩子。缺乏正义感的幼儿教师往往会戴着有色眼镜去看待孩子，或简单粗糙地给孩子贴上不同的标签。这些偏见不仅会损害幼儿的自尊心和自信心，还会使其对教师产生畏惧心理。因此，幼儿教师的爱里必须有正义感存在，这样才能保证其公平公正地对待每个幼儿。此外，为更好地践行党的二十大精神，贯彻党的教育方针，落实立德树人根本任务，幼儿教师还要为幼儿树立正确的正义观，用自己正义的情感身体力行地为幼儿树立榜样。

幼教故事

让每个幼儿享受平等的“爱”

镜头一：在美术活动中，孩子们在认真地进行绘画。其中一个小组里有五个孩子能够按老师的要求进行积极创编，只有一个孩子东张西望，纸上乱七八糟。在这样的情况下，老师的指导重点一直放在那五个孩子身上，而对于身处“困境”的那个孩子，老师只是不耐烦地说：“你怎么又不画了，只知道乱画。”却不愿意给他一个“线索”或“支架”，将他从困境中“拯救”出来。

镜头二：在语言活动中，老师提出一个问题：“刚才故事的题目叫什么?”孩子们纷纷举起了手。老师巡视了一周，叫了一个其认为能力偏低的孩子。接着是情景表演，这一次举手的人明显不多，在这些举手的孩子里，有一个被老师认为不怎么样的幼儿。老师的目光在她身上停留了一下，但最终转向了一些其认为更能干的幼儿。

镜头三：在书写活动中，一个调皮幼儿诚惶诚恐地说：“老师，我忘了带铅笔。”“你怎么每次都忘呢，让你妈妈给你买去，今天不用写了。”孩子不声不响地低下了头。这时，一个漂亮而且很能干的幼儿说：“老师，我的铅笔忘在家里了。”“没关系，老师这儿有呢，记得下次带来。”孩子笑着点点头。

感悟

平等地对待每个幼儿是一名幼儿教师最起码的职业道德，无偏见地爱每个孩子是幼儿教师工作岗位的第一要求。在现实的教育活动中，幼儿差异是客观存在的，每个幼儿也都会有自己的缺点。教师在幼儿差异的制造中扮演着非常重要的角色，教师不公正的期待会导致教育过程的不公正。每个幼儿都渴望得到教师的尊重，这种尊重更多地体现在教师无条件的接纳和平等的爱上。

教师的职业正义感不是一句口号，而是渗透在点滴行动之中的。只有“平等地爱每个孩子”的意识深入每个教师的内心，成为其行动的指南，教师才能走进并了解孩子丰富多彩的世界。孩子沐浴在教师甜甜的爱中，才会对教师形成强烈的依恋之情。在充满温情的心理氛围中，孩子才能迸发出才智和激情。

(二)职业责任感

责任感是职业道德精神的核心，是出色工作的动力。人们无论从事何种职业，担任什么职务，都肩负着一份使命。社会学家戴维斯说：“放弃了自己对社会的责任，就意味着放弃了自己在这个社会中更好地生存的机会。”的确，一个人如果没有了责任感，即使他有再大的才能也是空谈；而当一个人拥有了责任感

扫二维码，学职业责任感、良心感

学习笔记

时，他就能在工作中最大限度地激发自己的潜能。责任感是我们战胜工作中诸多困难的强大精神动力，它给予我们排除万难的勇气。

责任感不同于责任。责任是指对任务的一种负责和承担，而责任感则是一个人对待任务的态度。一个人的责任感决定了他对待工作是尽心尽责，还是浑浑噩噩，而这又能够直接决定他工作业绩的好坏。有责任感的教师能够在工作中克己奉公，兢兢业业，哪怕出现问题也绝不推脱，他们总能够赢得大家的信任和敬重；反之，如果缺乏责任感，做事往往敷衍了事，得过且过。党的二十大报告中强调，要坚持教育优先发展、科技自立自强、人才引领驱动，加快建设教育强国、科技强国、人才强国，坚持为党育人、为国育才。这就要求幼儿教师必须拥有强烈的职业责任感，以饱满的热情投入工作，关爱幼儿成长过程中的点点滴滴。

相关链接

责任感创造的奇迹

几年前，美国著名心理学博士艾尔森对世界上100名各个领域中的杰出人士做了问卷调查，结果让他十分惊讶——其中61名杰出人士承认，他们所从事的职业，并不是他们内心最喜欢做的，至少不是他们心目中最理想的职业。

这些杰出人士竟然在自己并不喜欢的领域里取得了那样辉煌的业绩，除了聪颖和勤奋之外，靠的还有什么呢？

带着这样的疑问，艾尔森博士又走访了多位商界英才。其中纽约证券公司的金领丽人苏珊的经历，为他寻找满意的答案提供了有益的启示。

苏珊出身于中国台北的一个音乐世家，她从小就受到了很好的音乐启蒙教育，非常喜欢音乐，期望自己的一生能够驰骋在音乐的广阔天地，但她阴差阳错地考进了大学的工商管理系。一向认真的她，尽管不喜欢这一专业，可还是学得格外刻苦，每学期各科成绩均是优异。毕业时她被保送到美国麻省理工学院，攻读当时许多学生可望而不可即的MBA，后来，她又以优异的成绩拿到了经济管理专业的博士学位。

如今她已是美国证券业界的风云人物，在接受采访时她依然心存遗憾地说："老实说，迄今为止，我仍不喜欢自己所从事的工作。如果能够让我重新选择，我会毫不犹豫地选择音乐。但我知道那只能是一个美好的'假如'了，我只能把手头的工作做好……"

艾尔森博士直截了当地问她："既然你不喜欢你的专业，为何你学得那么棒？既然不喜欢眼下的工作，为何你又做得那么优秀？"

苏珊的眼里闪着自信，十分明确地回答："因为我在那个位置上，那里有我应尽的职责，我必须认真对待。""不管喜欢不喜欢，那都是我自己必须面对的，都没有理由草草应付，都必须尽心尽力，尽职尽责，那不仅是对工作负责，也是对自己负责。有责任感可以创造奇迹。"

在艾尔森之后的走访中，许多成功人士对自己之所以能出类拔萃的反思，与苏珊的思考大致相同——因为种种原因，他们常常被安排到自己并不十分喜欢的领域，从事并不十分理想的工作，一时又无法更改。这时，任何的抱怨、消极、懈怠，都是不足取的。唯有把那份工作当作一种不可推卸的责任担在肩头，全身心地投入其中，才是正确与明智的选择。正是在这种"在其位，谋其政，尽其责，成其事"的高度责任感的驱使下，他们才获得了令人瞩目的成功。

艾尔森博士的调查结论，使人想到了我国的著名词作家乔羽。他曾坦言，他年轻时最喜欢做的工作不是文学，也不是写歌词，而是研究哲学或经济学。他甚至开玩笑地说，自己很可能成为科学院的一名院士。不用多说，他在并非最喜欢和最理想的工作岗位上兢兢业业，为人民做出了自己的贡献。

"热爱是最好的教师"，"做自己想做的事"，这些话已经是耳熟能详的名言。但是，"责任感可以创造奇迹"，却容易被人忽视。对许多杰出人士的调查说明，只要有高度的责任感，即使在自己并非最喜欢和最理想的工作岗位上，也可以创造奇迹。

学习笔记

（三）职业义务感

马克思说："作为确定的人，现实的人，你就有规定，就有使命，就有任务。至于你是否意识到这一点，那是无所谓的。"①从一般意义上讲，义务就是对他人、对社会做应当做的事情，就是对他人和社会做与自己的职责、使命、任务相宜的事情。义务是由社会物质生活条件和人们在社会关系中所处的地位决定的。由于教师的劳动无法像技术工人那样，通过量化标准来衡量，因此，教师的职业义务是教师自觉意识到并履行的责任，它依赖于教师自身的道德良知和责任感。

教师职业的特殊性决定了社会对教师的职业义务要求程度往往比一般义务更高。教师的职业义务包括两方面的内容：一方面是社会向教师提出的必须遵循的道德要求（这一点和一般义务相同）；另一方面是教师在教育教学过程中，自觉意识到各种道德要求，并将自觉地遵循这些合理的道德要求作为自己内心的一种习惯意愿，且主动履行。②

爱护、帮助幼儿，促进幼儿的全面发展并把他们培养成担当民族复兴大任的时代新人，是幼儿教师的神圣使命。此外，幼儿教师的言传身教对幼儿身心健康发展和人格的完善都有至关重要的影响。幼儿教师应当"为人师表"，以身作则，还应不断提升自己的专业水平和个人修养，更好地满足岗位需求。幼儿教师应当自觉履行这些职业义务，并将其逐步内化，使之成为一种发自内心而非被强迫赋予的行为动力。

① 《马克思恩格斯全集》（第三卷），329页，北京，人民出版社，1960。
② 黄正平、刘守旗：《教师职业道德新编》，75页，南京，南京大学出版社，2010。

幼教故事

故事一：体育运动后，老师回到教室给孩子们一一接水。忙完后，老师觉得干渴难耐，为了省事，她顺手拿了一个小杯子伸进保温桶里舀水。这时紫阳大声嚷起来："老师！杯子底下不干净，你把杯子放进桶里舀水一点也不卫生！"其他孩子也一下围了上来。看到紫阳一脸严肃的样子，老师赶忙把杯子拿出来，对紫阳说："你批评得对，老师错了，马上改正。"雪梅拿来了老师的杯子，老师拧开水龙头接了水来喝。看到老师的举动，紫阳咯咯地笑起来："老师知错就改，也是好孩子！"说完蹦蹦跳跳地走了。

故事二：一天，在准备幼儿午睡的时候，主班老师边帮孩子们脱衣服，边和陈老师讨论工作的事情，有几个调皮的幼儿开始趁机说起话来。主班老师见状很生气地说："睡觉不许说话！"顿时，睡室变得鸦雀无声，孩子们都安静下来了。主班老师和陈老师又继续说考核的问题，这时，乐乐大声地说："老师，睡觉时间不许说话啊！"主班老师和陈老师听后一时语塞。午睡过后，主班老师主动向小朋友承认过错，并和孩子们约好午睡的时候不大声说话，不影响孩子们睡觉，他们都很高兴地答应了 。

故事三：有位幼儿家长告诉主班老师，他的女儿回到家里以后，就把她所有的布娃娃集中在一起，排得整整齐齐，自己充当小老师，给布娃娃讲故事，那神情俨然就是幼儿园的老师。教布娃娃课文时，她一手拿书一手还指指点点说谁念得不好，谁坐得不正，后来她竟然用废纸卷成小棍打布娃娃的手，问她为什么没有完成作业……

感悟

幼儿教师面对的是一群年龄小、模仿性极强的孩子，他们往往把教师看得很神圣，甚至崇拜教师。教师的一言一行、一举一动，往往被他们看在眼里，记在心里，模仿在行动上。无意中，教师已经为幼儿树立了榜样，无论是好的还是坏的。

"教师是在学生心尖上行走的人。"职业的特殊性要求幼儿教师必须具备强烈的职业义务感，重视教育过程中的细节，明白身教重于言传，清楚自己的言行会给孩子带来怎样的影响。苏联教育家马卡连柯曾经犀利地指出："从口袋里掏出揉皱了的脏手帕的老师，已经失去当教师的资格了。"幼儿教师只有关注细节，言行一致，才能在幼儿心目中树立起良好的形象，才能赢得幼儿真正的尊重和喜爱。

(四)职业良心感

良心是人们在履行对他人和社会的义务过程中所形成的一种强烈的道德责任感和自我评价的能力，职业良心就是从业人员对职业责任的自觉意识。[①] 教师的职业良心就是教育良心，幼儿教师职业良心就是幼儿教师在对幼儿、家长、同事以及对学校、社会履行义务的过程中所形成的特殊道德责任感和道德自我评价能力，是幼儿教

① 杨姿芳：《"德育实为完全人格之本"：蔡元培道德教育思想研究》，博士学位论文，武汉大学，2012。

师职业道德的诸多方面(观念、情感、意志和信念等)在意识中的有机统一，是幼儿教师的社会道德义务经过教师道德规范转化为教师内心准则和教师品德的结果。

幼儿教师的职业良心对教育行为具有调控作用，这种调控体现在教育过程的全部环节中。

在教育工作开始之前，教师的良心会行使其“预审权”。教师的良心会问自己：“这样的行为合适吗?”“这样的行为有益于孩子成长吗?”“孩子会受到伤害吗?”在实际教育过程中，教师的良心则会努力行使“监察权”，它会提问：“预期的行为是否达到了应有的效果?”如果没有，良心会引导教师采取措施上的调整；教育活动结束后，良心会行使“鉴定权”，教育良心对特定教育行为或褒或贬，教师会因此感到自豪或自责。可以说，教育良心是教师职业道德和职业技能水平提高的最佳导师。

幼儿教师这份工作是个良心活，职业良心是教师道德的灵魂。有职业良心的教师在幼儿犯错时能够宽容以待，在自己出现失误时能够及时补过，对待工作总是尽心尽力，面对诱惑始终信念坚定……这样的幼儿教师必然会得到大家的尊重和喜爱。而不计后果、随心所欲的行为不仅会让幼儿教师形象受损，还会让其付出代价。近年来频发的“虐童”事件不断拷问着幼儿教师的良心和道德，而施虐的幼儿教师最终难逃社会的谴责和法律的制裁。技能不熟可以再练，知识不足可以再补，然而“良心”的缺失却是再多的知识、技能都无法弥补的。因此，幼儿教师一定要重视职业良心的培养，努力让自己做到问心无愧。

学习笔记

(五)职业荣誉感

教师这一职业自古以来就被认为是神圣而光荣的，“师道尊严”“尊师重教”是我国的优良传统。教师的荣誉感往往与其社会地位、与其自身对职业的认同及其所取得的成就密切相关。职业荣誉感产生的前提是对职业性质及内容的深入理解和认同，并能够在工作过程中取得一定成就，实现自身价值。具有较强的职业荣誉感的教师会努力维护自身形象，恪守职业道德规范，提升专业水平，不断超越自我；而缺乏荣誉感的教师更多地将工作视为一种工具甚至负担，对有损自身职业形象的行为往往缺乏正确认识，因此往往不思进取，敷衍了事。

相关链接

教师的光荣

教师被认为是“太阳底下最光辉的职业”，然而在不良社会风气的影响下，教师的地位和荣誉都遭受严重威胁。如今，在功利思想的侵蚀下，收礼俨然成为“变相受贿”，教师假借收礼之名敛财的行为不仅没有提升自己的地位，反而有损自己的形象。许多家长都表示，很多时候送礼是在无奈情况下做出的选择，如果老师真的正直无私，完全拒收家长们送的礼，他们会更加发自内心地尊重他们。

教师真正的尊严，从某种意义上讲，并不是教师个人的主观感受，而是他人对教师的道德肯定，是幼儿对教师的情感依恋。真正的荣誉其实与形式无关，教师荣誉的获得与物质无关，而是源于教师忘我的投入和无私的奉献，源于教师"捧着一颗心来，不带半根草去"的情怀。

汶川地震发生时，绵竹市遵道镇欢欢幼儿园的80多名孩子正在午睡。30多名熟睡的幼儿因被教师抱出房间而获救。救援队赶来时在废墟里发现了年仅21岁的瞿万容和她怀中的孩子。眼前的一切已被定格：只见她扑在地上，用后背牢牢挡住一块垮塌的水泥板，胸前紧紧护住了孩子。孩子获救了，瞿老师却永远离开了我们。在北川县幼儿园，在解救一个小女孩时，战士被眼前的情景惊呆了：孩子身边竟紧紧围着3个雕塑般凝固的女教师。她们没有下意识地做出保护自己的动作，而是全部伸着手臂，她们在生命的最后时刻用躯体护住了孩子。

在生死存亡的关键时刻，这些普普通通的幼儿教师，毫不犹豫地将生的希望留给了孩子。她们用自己的爱诠释了"幼儿教师"这一称呼的全部含义，用自己的生命注解了属于人民教师的无上光荣。

学习笔记

（六）职业幸福感

职业幸福感是在从事一系列职业活动之后所获得的满足感[①]，它是职业道德行为的动力基础。幼儿教师的幸福感在很大程度上来自幼儿对教师的尊敬和依恋，"帮助幼儿、关爱幼儿"的职业心态是幼儿教师职业幸福的源泉。此外，幸福感还有赖于个体自身感知幸福的能力。教师的职业幸福感固然离不开外部的给予，但更多的还是源于自身的"生长"，源于一颗感恩的心。因此，幼儿教师要善于从工作中寻找乐趣，品味幸福。要感激幼儿，他们天使一般的笑容一扫教师心底的阴霾；也要感激挫折，它们让教师变得无所畏惧。常怀一颗知足感恩的心，用欣赏的眼光来看待周围的人和事，你会发现生活是如此美好。懂得珍惜拥有的一切，学会知足和感恩，从容处世，看淡得失，幸福的感觉就会接踵而至。

幼教故事

一名幼儿教师的幸福

晚上出来散步时，一声"老师好"叫得我心里暖洋洋的，一天的劳累早已抛到九霄云外。我微笑着抚摸孩子的头，她笑眯眯地顺势依偎在我的怀里。我再次体验到一种初为人母时的感觉，幸福感油然而生。

早晨上班的路上，孩子先是叫了一声"老师好"，接着伸开小手露出两个红红的樱桃，"老师给你吃，樱桃很甜的"。是啊！老师早已被你的一言一行甜晕了。师生二人有说有笑，高兴入园，又是多么幸福，因为我们是忠实的朋友。

---

① 刘会贵：《基础教育名师职业幸福的文化场域研究》，博士学位论文，西南大学，2011。

幼儿园里，“老师，你今天真漂亮!”一个熟悉的声音引来许多小朋友。有的说，老师的头发很漂亮；有的说，老师的鞋子漂亮。得到孩子们的夸奖和认可，我感觉自己真的变漂亮了。同时，孩子的话也时刻提醒我，每天要有一个崭新的面貌，要用饱满的精神迎接每一个孩子的到来。

午睡时间，苗苗突然哭了起来。经过询问，苗苗边哭边说：“老师，刚才，我看到有人追你，我很害怕，我叫你，你又不答应。”原来苗苗做了噩梦，看到苗苗伤心成这样，我好感动。有孩子们的挂念，我是多么幸福。欣赏着孩子们入睡时的姿势、表情，我幸福得醉了。

自由活动时间，延续小朋友走到我面前，很神秘地靠近我的耳朵，悄悄地对我说：“老师，我妈妈说星期天带我到姥姥家去，我拿好吃的给你吃。”多么天真、多么暖心的一句话。正是这些天真暖心的话，让老师心甘情愿地每天早早来园打扫好卫生，迎接孩子们的到来；放学收拾好教室才肯离去。

工作中，每一句暖心的话，每一件高兴的事，我都愿意与我的家人分享。孩子们把高兴带给我，我把快乐带给家人，我深刻体会到做幼儿教师的幸福。

二、职业道德情感的特点

(一)丰富性

学习笔记

法官的职业道德是执法的公正，工人的职业道德是对操作程式的一丝不苟，而教师的职业道德则需要丰富的情感来维系。有人说，教育没有情感，就像磨坊没有水。教师职业道德的核心是爱，爱是出发点，也是归宿。呵护幼儿是幼儿教师进行教育的情感基础，获得幼儿教师的爱是幼儿普遍的心理需要，幼儿教师爱的投入会在幼儿身上得到回报。教师教之勤、爱之切，都源于教师道德情感的丰富性。

幼儿教师职业道德情感的丰富性具体表现为：①博大的胸怀。幼儿教师在工作中必须包容幼儿的撒娇、哭闹以及他们的稚嫩、笨拙，因此需要道德情感作支撑。②细微的情感体验。幼儿是柔弱娇嫩的，他们的成长需要及时而正确的引导，因此幼儿教师要敏锐地洞察幼儿细微的情感变化。③自觉的情感调控。幼儿教师在工作中要面临这样那样的压力，如家长对子女的殷切期盼、幼儿园中人际关系的复杂等，因此，面对压力，幼儿教师要学会调控自己的情感，挖掘工作中阳光的一面，时刻保持积极向上的心态。④灵活地以情化人。幼儿的成长离不开情感的滋润，这就需要幼儿教师在教育幼儿(尤其是犯了错误的幼儿)时，把握好策略，以情感感化为主。

(二)特殊性

心理学研究表明，教育过程是一个师生情感交流的过程，情感因素是影响教学质量的一个主要心理因素。由于教师在教学过程中起主导作用，教师的情感必然成为重要的教育因素，其情感状态会影响到学生的情感状态，进而影响学生的认识过程、意志过程和个性品质等，最终影响教育效果。幼儿教师作为教师行业中的特殊群体，其情感的价值更有独特的意义。

学习笔记

第一，特殊的教育对象。幼儿的世界是情感的世界，情感是幼儿活动的激发者和驱动者，支配着幼儿的心理活动。相比其他教育对象，幼儿对教师的依恋更深，幼儿教师的情感会直接影响幼儿的情感，进而影响幼儿的发展。第二，特殊的工作性质。幼儿教师作为一种职业，有其职业的特殊性。在整个教师群体中，幼儿教师和幼儿在一起的时间最长，对幼儿的影响也最大。教育部2001年颁布的《幼儿园教育指导纲要(试行)》中指出，“教师的态度和管理方式应有助于形成安全的、温馨的心理环境；言行举止应成为幼儿学习的良好榜样。”2016年修订的《幼儿园工作规程》中指出，“幼儿园教职工应当贯彻国家教育方针，具有良好品德，热爱教育事业，尊重和爱护幼儿，具有专业知识和技能以及相应的文化和专业素养，为人师表，忠于职责，身心健康。”实现这些目标需要幼儿教师良好的职业道德情感作支撑。

(三)时代性

任何事物一旦撇开了时代性，便不具备它应有的意义，职业道德情感亦是如此。无私奉献是教师职业道德亘古不变的精髓，新时期的教师职业道德情感在此基础上又被赋予时代的新观念——“以儿童为中心”。《关于学前教育深化改革规范发展的若干意见》指出，办好学前教育要坚持以习近平新时代中国特色社会主义思想为指导，遵循幼儿身心发展规律，树立科学保教理念。过去，幼儿教师的角色多以照看者、养护者为主；如今，教师的职业角色发生了改变，他们不仅是幼儿的养护者，还是幼儿学习的引导者、幼儿全面发展的促进者、家园共育的合作者和指导者，教师的职业道德情感也随之变得丰富起来。党的二十大报告在总结过去五年的工作和新时代十年的伟大变革时指出，“在幼有所育、学有所教、劳有所得、病有所医、老有所养、住有所居、弱有所扶上持续用力，人民生活全方位改善”。“建成世界上规模最大的教育体系、社会保障体系、医疗卫生体系，教育普及水平实现历史性跨越。”过去十年，我国持续、稳步推进学前教育健康发展，真正实现了学前教育的基本普及和普惠。在时代的大背景下，职业为幼儿教师带来的既是挑战，也是机遇。

三、职业道德情感的作用

(一)激发和引导职业道德认知，有助于教师产生职业认同感，爱岗敬业

第一，道德情感对道德认知有激发作用。它促使一个人积极接受某种道德教育，努力掌握有关的道德知识，并推动道德知识转化为道德信念，是构成道德信念必不可少的因素。第二，道德情感对道德认知有一种引导作用。个体在接受某种道德概念或准则之前总带有某种倾向性，这种倾向性促使个体乐于接受某种道德概念或准则或者接受某人的教育，这就是道德情感的引导作用。

良好的职业道德情感有助于幼儿教师形成职业认同感，不仅能够使其积极主动地学习职业道德知识，坚定道德信念；而且能够使其保持对工作的热情和忠

诚，心甘情愿地为了孩子而奉献自己，在教育教学活动中不畏挫折，迎难而上，最大限度地发挥教师作为一名教育工作者的光和热。

(二)调节和控制职业道德行为，有助于教师自觉遵循师德要求，规范自身行为

道德情感对道德行为的调节和控制是通过情感的信号功能和感染功能实现的。一个人可以通过他人的情绪、情感表现，了解他人的愿望和需求，据此做出相应的情绪和情感反应，并推动自己采取相应的道德行动。

在实际的教育教学工作中，具体情境是复杂的，教师常常面临艰难的选择，难以做到十全十美，有时候甚至在自己还未察觉时就已经做出了不恰当的行为。教师职业道德情感对教师行为具有一定的约束力，在教师的行为中起着综合判断、合理选择的重要作用，有助于教师遵守职业道德，规范自身行为。

(三)监督和评价教育过程，有助于教师自律自省，提升教育水平

教师职业道德情感作为一种内在的道德信念，是教师投身教育工作的精神支柱。它贯穿于教师职业行为的始终，并对教师的教育过程进行监督和评价，促使教师自觉履行职责，并及时反思自己的教育行为。

缺乏良好职业道德情感的幼儿教师，对待教育问题往往采取回避或放任的态度，习惯把自己的粗心或失误归咎于环境或幼儿，很少对自己的行为进行反思，因此在教育过程中难以取得成效。良好的职业道德情感能够促使幼儿教师及时反思并改进自己的教育行为，更好地提升教育水平。

(四)传递和扩展道德情感，有助于教师发挥主导作用，促进幼儿健康发展

某种道德情感一旦扩展为社会性的情感，就会不同程度地影响社会道德风尚。幼儿认识过程的一个重要特点是以无意性为主，容易受自身情绪左右。由于幼儿期皮质对皮质下中枢的控制能力发展不足，因此幼儿冲动性较强，自控力差，学习活动往往带有情绪性，加之知识和经验的缺乏，幼儿常常以情感支配理智。

在与幼儿交往的过程中，教师的影响居于主导地位。教师的不同的情绪和情感调节着教师与幼儿，以及幼儿之间人际交往的对象以及他们的交往频率和交往方式，所以，教师与幼儿融洽和谐的情感交流对幼儿的身心健康发展十分重要。教师积极的、正面的情绪情感，如对幼儿的爱和尊重，会唤起幼儿相应的情感体验，使幼儿产生对教师的亲切感、信赖感。在这种积极心境下，幼儿学习的兴趣增强，智力活动的积极性提高。幼儿会把对教师的爱转到他所进行的各种教学活动上，具体表现为幼儿喜欢听自己敬慕教师的课，积极回答教师提出的问题，高高兴兴参加自己喜欢的教师组织的游戏活动。

幼儿从教师的和风细雨、平等相待中懂得了尊重；从教师的先人后己、无私奉献中学会了分享；从教师的循循善诱、语重心长中理解了宽容。教师对幼儿的

学习笔记

关心、爱护和尊重，不仅可以使幼儿获得更多的知识与成功的喜悦，而且有助于幼儿在良好的心境中保持心理平衡。所以，幼儿教师应当努力培养积极的道德情感，以身作则，奋发向上，营造一种和谐生动的精神氛围，从而更好地促进幼儿身心健康发展。

幼教故事

喝水的启示

有这样一则小故事：三人同喝一口井的水，其中一人用金杯盛着喝，第二个人用泥碗盛着喝，第三个人用手捧着喝。用金杯的人觉得自己高贵，用泥碗的人觉得自己贫穷，只有那个用手捧水喝的人才痛痛快快地说了一句："好甜的水！"

感悟

教师若仅仅追求作为工作附属价值的"碗"，而忽视了作为工作本身的"水"，就很难真正体会到其中所蕴藏的乐趣。教师只有把目光和心思放在教育教学本身，心无旁骛地用平和的心态对待自己的工作，才能真正享受平凡而精彩的生活。

古往今来的专家学者无一不是全身心地沉浸于工作之中，自得其乐，充分享受精神的愉悦。这正是职业道德情感的作用所在，它促使人关注碗里的"水"，发自肺腑地投入工作之中。所谓"不登高山，不知天之高也；不临深溪，不知地之厚也；不闻先王之遗言，不知学问之大也"(《荀子·劝学》)。若能情系教学工作，探究学问和教学工作相互促进，必能从中获得诸多乐趣。①

单元 2 职业道德情感的培养

学习笔记

一、职业道德情感的影响因素

影响幼儿教师职业道德情感的因素涉及教师教育的方方面面。根据布朗芬布伦纳的生态系统理论我们可以得出，教师所处的生态系统包括班级、幼儿园和社会。因此，幼儿教师职业道德情感的影响因素包括社会因素、幼儿园因素、教师因素、幼儿因素和家长因素等方面。

(一)社会因素

位于生态系统最外圈的社会因素是职业道德情感最主要的影响因素之一。社会因素主要包括社会地位和职业特征。

1. 社会地位

社会地位的高低对幼儿教师职业道德情感有着至关重要的影响。在古代，一些慈幼组织机构对婴幼儿都是"养"而非"教"，其中的"教师"也多为老人。清末出

① 刘素梅：《你的快乐你做主：教师心理健康调适技巧》，82～83 页，长春，东北师范大学出版社，2010。

现的蒙养院是现代幼儿园的雏形，其中的教师称为“保姆”，由乳媪和节妇担任。新中国成立后，尤其在1958—1965年，由于幼儿教育的盲目发展，幼儿教师师资短缺，当地年老体弱、诚实可靠的妇女都可当幼儿教师，这大大影响了幼儿教师队伍的质量。① 总之，早期的幼教机构没有专门的职业要求和选拔标准，这导致当时幼儿教师社会地位低下。幼儿教育事业发展至今，师资队伍已经得到了极大程度的改善，但是受传统因素的影响，现代社会中仍有部分人对幼儿教师职业抱有偏见或歧视。我国幼儿教师的社会地位相对较低的现状，不利于良好职业道德情感的形成。

2. 职业特征

职业特征对职业道德情感有着直接的影响。作为一名幼儿教师，首先，安全责任较重。处于幼儿期阶段的孩子对周围的世界充满好奇，但自我保护能力弱，易发生危险，因此，幼儿教师比其他类型的教师负有更重大的安全责任。部分家长对孩子的溺爱和过分关注也给幼儿教师带来了较大的压力。

其次，工作时间较长。根据皮亚杰的儿童认知发展阶段理论，幼儿期的孩子正处于前运算阶段，形象思维比较发达而抽象思维能力尚不够健全。为使在教育过程中关注并提高幼儿的思维水平，幼儿教师在每天8小时工作外经常需要加班为教学活动准备教具、布置班级环境等。

最后，工作强度较大。根据《幼儿园教职工配备标准(暂行)》，我国全日制幼儿园每班要配备2名专任教师、1名保育员(或配备3名专任教师)，保教人员与幼儿比应达到1∶7至1∶9；半日制幼儿园每班要配备2名专任教师，有条件的可配备1名保育员，保教人员与幼儿比应达到1∶11至1∶13。然而目前仍有许多地方的幼儿园无法达标，教师负担过重。

幼儿教师上述职业特征均不利于良好职业道德情感的培养。

(二)幼儿园因素

幼儿园既是教师进行教育工作的场所，也是教师职业身份的归属地。幼儿园因素包括工作环境、考评制度和奖惩措施等。

1. 工作环境

英国教育家霍姆斯在《教师的幸福感——关注教师的身心健康及职业发展》一书中指出，在教师们的眼中，一个理想的工作环境应该具有这样的特征：有共同的目标和期望；作为专业人士，得到上级、家长和学生的尊敬和认可；有权参与决定影响教师工作的事务；与同事有平等的升职机会；对于努力和成就给予重视和奖励；可以为专业发展提供机会；有像样的工作条件。②

学习笔记

① 刘陈岑：《幼儿教师职业认同的影响因素及其提高策略》，载《当代教育论坛(综合研究)》，2011(4)。

② 邵政：《对教师缺失职业幸福感的思考》，载《考试周刊》，2009(41)。

可见，工作环境对幼儿教师职业道德情感的养成有着不容忽视的影响。就自然环境而言，园内环境优美，基础设施完善，设备齐全，自然容易给教师带来愉悦感，使教师的工作幸福指数得以提升；就人文环境而言，和谐的人际关系，园长、同事、幼儿以及家长的肯定和支持，则能为教师带来美好的心理体验，使教师在工作中动力倍增。

2. 考评制度

《关于学前教育深化改革规范发展的若干意见》中指出，要严格教师队伍管理，完善考评制度。幼儿园的考评制度与幼儿教师的工作压力直接相关。考评制度对幼儿教师的道德情感和道德行为起到一定程度的约束和监督作用。有压力才有动力，适度有效的考评与奖惩能够调动幼儿教师工作的积极性。过于严厉的考评制度会让幼儿教师整日绷紧神经，畏首畏尾，而民主化、人性化的考评制度更有利于良好职业道德情感的培养。

(三)教师因素

扫二维码，学职业道德情感因素之教师因素

教师的职业道德情感与自身的人格特征、职业兴趣和专业化程度等因素直接相关。

1. 人格特征

人格特征是影响教师职业道德情感的首要因素。人格特征指的是人们在不同的时间和不同的情境中保持相对一致的行为方式的一种倾向。[①] 它能引发并主动引导人的行为。意志坚强、开朗豁达的幼儿教师对人、对事持乐观态度，自信心强，自控能力好，有上进心，面对困难、挫折更能激发斗志，能很好地自我调适工作中的压力，较容易养成良好的职业道德情感；相反，性格孤僻内向、胆小懦弱的幼儿教师面对职业压力更为被动，甚至无所适从，从而又加重了压力，这类教师职业道德情感的培养则需要经历一个较长的过程。

学习笔记

2. 职业兴趣

兴趣是个体力求认识某种事物或从事某项活动的心理倾向[②]，它表现为个体对某种事物或从事某种活动的选择性态度和积极的情绪反应，职业兴趣就是个体对自己所从事职业的一种心理倾向。职业兴趣是人们从事职业活动的强大动力，凡符合个体兴趣的职业活动，职业动机就高。职业兴趣与职业道德情感的培养密切相关。有关研究表明，职业兴趣与专业的一致性程度会对适切性专业认同感产生影响，职业兴趣与专业的一致性程度越高，适切性专业认同感就会越高，也越容易养成良好的职业道德情感。

① 嵇珺：《我国幼儿园社会领域教育研究》，博士学位论文，南京师范大学，2012。

② 薛文杰：《略论学习兴趣的培养》，载《社科纵横(新理论版)》，2008(4)。

相关链接

霍兰德职业兴趣测试量表

霍兰德职业适应性测验(The Self-Directed Search，SDS)由美国著名职业指导专家 J. 霍兰德(Holland)编制，在几十年间经过一百多次大规模的实验研究，形成了人格类型与职业类型的学说和测验。该测验能帮助被试者发现和确定自己的职业兴趣和能力专长，从而科学地求职择业。

霍兰德在其一系列关于人格与职业关系的假设的基础上，提出了六种基本的职业类型，即现实型、研究型、艺术型、社会型、企业型、常规型，它们分别对应六种人格特征，分别是：

①现实型(R)：其基本的倾向是喜欢以物、机械、动物、工作等为对象，从事有规则的、明确的、有序的、系统的活动。因此，这类人偏好的是以机械和物为对象的技能性和技术性职业。为了胜任工作，他们需要具备与机械、电气技术等有关的能力。他们的性格往往是顺应、具体、朴实的，社交能力则比较缺乏。

②研究型(I)：其基本的倾向是分析型的、智慧的、有探究心的和内省的，喜欢根据观察而对物理的、生物的、文化的现象进行抽象的、创造性的研究活动。因此，这类人偏好的是智力的、抽象的、分析的、独立的、带有研究性质的职业活动，诸如科学家、医生、工程师等。

③艺术型(A)：其基本的倾向是具有想象、冲动、直觉、无秩序、情绪化、理想化、有创意、不重实际等特点，他们喜欢艺术性的职业环境，也具备语言、美术、音乐、演艺等方面的艺术能力，擅长以形态和语言来创作艺术作品，而对事务性的工作则难以胜任。文学、音乐、美术、演艺等方面的职业特别适合他们。

④社会型(S)：其基本的倾向是合作、友善、助人、负责任、圆滑、善于社交言谈、善解人意等。他们喜欢社会交往，关心社会问题，具有教育能力和与人相处等人际关系方面的能力，适合这一类人的典型的职业有教师、公务员、咨询员、社会工作者等以与人接触为中心的社会服务型的工作。

⑤企业型(E)：其基本的倾向是喜欢冒险、精力充沛、善于社交、自信心强。他们强烈关注目标的追求，喜欢从事为获得利益而操纵、驱动他人的活动。由于具备优秀的主导性和对人说服、接触的能力，这一类型的人特别适合从事领导或企业经营管理的工作。

⑥常规型(C)：其基本的倾向是顺从、谨慎、保守、实际、稳重、有效率、善于自我控制。他们喜欢从事记录、整理档案资料、操作办公机械、处理数据资料等有系统、有条理的活动，具备文书、算术等能力，适合他们从事的典型职业包括事务员、会计师、银行职员等。

3. 专业化程度

美国幼儿教育专家莉莲·凯茨将专业化幼儿教师形象地比喻为“能抓住孩子丢来的球，并且把它丢回去，让孩子想继续跟他玩游戏，并在玩的过程中不断创造出新的游戏来”。较高的专业化程度能够树立教师的职业信心，使教师以更加饱满的热情投身教育事业。当前我国幼儿教师整体的专业化程度欠佳，集中表现在“重技能轻理论”现象的普遍存在。《教育部 2021 年工作要点》中提到，要贯彻

学习笔记

落实习近平总书记关于教育的重要论述和全国教育大会精神，扎实推进新时代教育评价改革，推动出台幼儿园保教质量评估指南。因此，越来越多的幼儿园开始重视幼儿教师理论素养，并对幼儿教师的学历水平和专业性提出了更高的要求。

幼儿教师应当明确的是，幼儿园工作是保教工作的结合，弹好琴、唱好歌、画好画、跳好舞、讲好故事固然非常重要，但仅仅掌握这些技能是远远不够的。能对幼儿身心发展的年龄特点、普遍规律、个别差异以及相应的教育策略了然于胸，能对普通人看不明白的儿童发展的现象进行正确解读与评价，能依据儿童发展特点科学设计并有效组织教育活动，这才是专业性的真正体现。忽视理论素养，无异于舍本逐末，终将导致自身专业化程度只能停滞在较低的水平，进而对幼儿教师的职业认同感产生消极影响，这不利于职业道德情感的培养。

(四)幼儿因素

幼儿是幼儿教师的教育对象，在教育过程中直接与幼儿教师相互作用。可以说，幼儿教师在教育工作中的情感体验最直接地来源于幼儿。

在幼儿教师进行教育教学工作时，幼儿的行为习惯、配合度和反馈情况等都可能影响幼儿教师的情绪情感体验。专注度高、遵守纪律、积极发言的幼儿易获得幼儿教师的喜爱，使幼儿教师获得工作满足感，从而养成良好的职业道德情感；而注意力涣散、爱开小差、调皮好动的幼儿在幼儿教师缺乏教育策略与艺术时往往会出现“屡教不改”的情形，从而使幼儿教师教学效能感降低，影响幼儿教师良好职业道德情感的形成。

(五)家长因素

除了上述因素，幼儿教师的职业道德情感还离不开家长因素的影响。《幼儿园教育指导纲要(试行)》中曾多次提到幼儿园应与家庭密切合作，与家长相互配合，尤其“实施”这一部分明确指出：“家庭是幼儿园重要的合作伙伴。应本着尊重、平等、合作的原则，争取家长的理解、支持和主动参与，并积极支持、帮助家长提高教育能力。”要提升幼儿保教工作的质量，光靠幼儿园是难以实现的，唯有重视家长工作，努力做好家长工作，帮助家长转变观念，及时与家长进行沟通，让家长主动参与到幼儿园教育中来，使他们成为教师的合作伙伴，才能有效地促进幼儿全面健康发展。

由此可见，家长工作在幼儿教育工作中起着极为重要的作用。配合度高、积极主动、通情达理的家长有利于教师良好职业道德情感的养成；而要求多、被动、刁钻的家长则易使教师在教育工作中遇到困难与挫折，不利于教师良好职业道德情感的养成。

二、职业道德情感的培养目标

教育部2012年颁布的《幼儿园教师专业标准(试行)》明确提出了对幼儿园教

师专业理念与师德的基本要求，指明了职业道德情感的培养目标：

1. 贯彻党和国家教育方针政策，遵守教育法律法规。

2. 理解幼儿保教工作的意义，热爱学前教育事业，具有职业理想和敬业精神。

3. 认同幼儿园教师的专业性和独特性，注重自身专业发展。

4. 具有良好职业道德修养，为人师表。

5. 具有团队合作精神，积极开展协作与交流。

6. 关爱幼儿，重视幼儿身心健康，将保护幼儿生命安全放在首位。

7. 尊重幼儿人格，维护幼儿合法权益，平等对待每一位幼儿。不讽刺、挖苦、歧视幼儿，不体罚或变相体罚幼儿。

8. 信任幼儿，尊重个体差异，主动了解和满足有益于幼儿身心发展的不同需求。

9. 重视生活对幼儿健康成长的重要价值，积极创造条件，让幼儿拥有快乐的幼儿园生活。

……

16. 富有爱心、责任心、耐心和细心。

17. 乐观向上、热情开朗，有亲和力。

18. 善于自我调节情绪，保持平和心态。

19. 勤于学习，不断进取。

……

其中，对教育事业的热爱、眷恋和对幼儿的关怀与爱护是幼儿教师职业道德情感的核心。爱是教育最有利的手段，幼儿教师职业角色的实现，仅仅依靠丰富的学识和推陈出新的教学方法是不够的，更重要的是一颗热爱教育事业、热爱孩子的心。拥有良好的职业道德情感的幼儿教师必然是爱岗敬业，重奉献不求索取，重事业不求享乐的。明确职业道德情感的培养目标，有助于幼儿教师坚定乐观地做一名教育工作者，积极利用情感的力量丰富其人生。

学习笔记

相关链接

我心中的理想教师

我心中的理想教师，应该是一个胸怀理想，充满激情和诗意的教师；

我心中的理想教师，应该是一个自信、自强，不断挑战自我的教师；

我心中的理想教师，应该是一个善于合作、具有人格魅力的教师；

我心中的理想教师，应该是一个非常尊重他的同事，非常尊重他的领导，非常善于调动帮助他成长的各方面因素的教师；

我心中的理想教师，应该是一个充满爱心、受学生尊敬的教师；

我心中的理想教师，应该是一个追求卓越、富有创新精神的教师；

我心中的理想教师，应该是一个勤于学习、不断充实自我的教师；
我心中的理想教师，应该是一个关注人类命运，具有社会责任感的教师；
我心中的理想教师，应该是一个坚韧、刚强，不向挫折弯腰的教师。
——朱永新《我的教育理想》

三、职业道德情感的培养途径

职业道德情感的培养主要包括两方面的内容：一方面是形成和增强同所获得的道德认识相一致的道德情感；另一方面是改变与应有的道德认识相抵触的道德情感。形成和增强健康的、正当的道德情感，不但要诉诸个人理智，诉诸个人对理想人格的追求，而且需要个人在实践中经受长期的甚至是痛苦的磨炼。

学习笔记

（一）以理育情：强化职业意识，从思想上重视职业道德情感

情感是在认识的基础上产生的，道德情感则是在道德认识的基础上产生的，并随道德认识的发展而发展。只有对某一道德规范认识深刻，对某一类道德概念掌握牢固，才有可能产生相应的道德情感。这就要求幼儿教师必须正确认识自己的职业，明确职业要求，强化职业意识。

幼儿教师首先应该对自身职业的重要性和专业性有清晰的认识。某一职业社会地位的高低，往往与其专业化水平密切相关。社会地位高的职业往往表现出较高的不可替代性，如医生和律师。幼儿教师这一职业事实上也具有很强的专业性，之所以社会地位不高，主要还是受传统观念的制约。许多幼儿教师对自己工作的重要性缺乏正确认识，片面地认为做一名幼儿教师不需要多少专业知识，只要技能过关就行，因而在工作中无法有效解决教育问题，与家长的沟通也存在一定阻碍，这些都使得幼儿教师的专业性得不到很好的体现。试想，如果连自己都轻视自己的职业，又怎么可能得到别人的重视？幼儿教师应当明确的是，社会地位不高的现状只是暂时的，提升自己的专业水平才是提升自身地位的关键。

保护幼儿的身心健康是幼儿教师神圣的使命，而对幼儿进行思想道德教育，更是幼儿教师义不容辞的责任。认识到这一点，有利于幼儿教师认清自己的言行对幼儿的影响。“我是培育祖国花朵的园丁”的意识能够让幼儿教师产生职业使命感，而这种高尚的情操作为强大的精神动力，会唤起教师心中的职业情感内驱力，不断激励和鞭策教师忠于岗位，履行教师的道德职责。

职业道德情感是根植于人的心灵的，职业道德情感的养成意味着心灵的净化和情感的升华。这种净化和升华是无法借助外力来实现的，它必须是道德主体自觉自愿的向往和追慕。因此，幼儿教师职业道德情感的培养必须依靠教师自觉性，教师只有从思想上重视职业道德情感，才可能培养出对职业的真挚的感情。

相关链接

教育是国之大计、党之大计。要从党和国家事业发展全局的高度，坚守为党育人、为国育才，把立德树人融入思想道德教育、文化知识教育、社会实践教育各环节，贯穿基础教育、职业教育、高等教育各领域，体现到学科体系、教学体系、教材体系、管理体系建设各方面，培根铸魂、启智润心。要从我国改革发展实践中提出新观点、构建新理论，努力构建具有中国特色、中国风格、中国气派的学科体系、学术体系、话语体系。要围绕建设高质量教育体系，以教育评价改革为牵引，统筹推进育人方式、办学模式、管理体制、保障机制改革。要增强教育服务创新发展能力，培养更多适应高质量发展、高水平自立自强的各类人才。对群众反映强烈的突出问题，对打着教育旗号侵害群众利益的行为，要紧盯不放，坚决改到位、改彻底。

教师是教育工作的中坚力量。有高质量的教师，才会有高质量的教育。做好老师，就要执着于教书育人，有热爱教育的定力、淡泊名利的坚守，就要有理想信念、有道德情操、有扎实学识、有仁爱之心。广大思想政治理论课教师，政治要强、情怀要深、思维要新、视野要广、自律要严、人格要正。要把师德师风建设摆在首要位置，引导广大教师继承发扬老一辈教育工作者"捧着一颗心来，不带半根草去"的精神，以赤诚之心、奉献之心、仁爱之心投身教育事业。要加强中西部欠发达地区教师定向培养和精准培训，深入实施乡村教师支持计划。要在全党全社会大力弘扬尊师重教的社会风尚，推动形成优秀人才竞相从教、广大教师尽展其才、好老师不断涌现的良好局面。

——2021年3月6日习近平总书记在看望参加全国政协十三届四次会议的医药卫生界教育界委员时的讲话

(二)以行育情：提高专业化水平，从行动上履行职业道德情感

学习笔记

道德行为及行为效果对道德情感具有检验和调节的作用。因此，幼儿教师必须身体力行，将职业道德情感落实到具体行动中，并根据行动的结果对其进行适当调节。党的二十大报告中提出，"加强师德师风建设，培养高素质教师队伍，弘扬尊师重教社会风尚"。幼儿教师的专业化素质对于培养教师的职业道德情感有着重要的意义和作用，良好的专业化素质有利于提升教师的自信心，从而影响教师的职业幸福感。

幼儿教师专业化特征是多维度的，其实现途径也应该是多维度的。教师的专业化可从社会、幼儿园、教师个人三个方面加以提升，分别对应以下三种途径：基于制度化的终身专业学习、基于同伴互动的团队专业学习、基于个人反思的行动研究学习。①

1. 终身专业学习

终身教育理念自20世纪下半叶兴起，通过联合国教科文组织的推行，在世界范围内迅速发展，成为一种教育发展与改革的思潮。其主要思想是教育应当贯穿每个人的一生，"谁都不能再希望在自己的青年时代就形成足够其一生享用的

① 张元：《试析幼儿教师专业化的特征及其实现途径》，载《学前教育研究》，2003(1)。

学习笔记

原始知识宝库”①。终身教育和终身学习是教育发展与社会进步的共同要求，是人们进入 21 世纪的一把钥匙。

幼儿教师同样也面对终身教育和终身学习理念的渗透和挑战。幼儿教师和社会所有其他成员一样，一劳永逸获取知识的时代已经过去。党的二十大报告提出，推进教育数字化，建设全民终身学习的学习型社会、学习型大国。在学习型社会里，幼儿教师的生存也“是一个永无止境的完善过程和学习过程”，教师受教育的时空观将被打破和重新确立，职前、职后教育，校内、校外教育，将融入终身教育的全部体系之中。一方面，幼儿园应增设提高学习能力的训练课程，并为幼儿教师提供适当的进修机会，如周期性的更新教育、享受薪金的休假等；另一方面，幼儿教师要唤起自身学习的主动性、积极性和创造性，激发学习动机，抓住机遇，以开放的心态接受新理念和新技术，培养自学能力。

2. 团队专业学习

传统的教师专业活动大都着重于教师的个人表现，而较少关注教师团体的互动和相互依赖。瑞吉欧教学的代表人物马拉古齐认为“教师必须放弃孤立、沉默的工作模式”，提倡教师的团队学习。瑞吉欧教师相当重视同伴之间的交流，每周平均有 6 小时用于教师之间的交流、讨论，协商解决教学实际中出现的问题，了解幼儿的兴趣表现，查阅个人文档记录，争论各种教育问题。从一定意义上讲，瑞吉欧的成功可以归结为教师的高水准的专业水平，其专业化水平又可以归结为团队学习的结果。

团队学习能激发集体的洞察能力，培养合作能力，加快学习的速度，发挥更大的学习效果。通过教师间的相互对话，个人的思想在团体中相互交流、相互激荡、相互碰撞，彼此影响，从而产生新的见解。因此，幼儿园和教师应当合力积极营造“学习型组织”的氛围，在这样的组织中，每位教师都有扩展其能力的空间，都有锐意思考的心态，都有探究未知事物的强烈动机。

3. 行动研究学习

行动研究，顾名思义，是一种有关行动的研究。它有三个特征：第一，行动者自己担任行动人员；第二，以行动本身为研究主题；第三，研究的目的是要改善行动。行动研究并不是一种独立的研究方法，而是一种教育研究活动，是教师对教育事件采取的一种自我反思形式。行动研究一旦引入幼儿园，就会使幼儿教师成为研究者。教师要面对新的教育问题，提出自己的假设，并通过自己的教育实践检验假设。行动研究的直接结果是：教师本身借行动研究获得专业成长的机会，幼儿园教育活动因行动研究而获得改善。行动研究大致可以分为十个步骤：

第一，确定亟待改进的行动性问题；

第二，经过专业省思和文献收集，构思改善问题的方向和策略；

① 联合国教科文组织：《教育：财富蕴藏其中》，89 页，北京，教育科学出版社，1996。

第三，研究拟订具体的研究方案和实施计划；

第四，依计划执行方案；

第五，观察方案的执行情况；

第六，依据事先制订的观察项目和标准，进行反思和检讨；

第七，必要时修改行动方案和实施计划；

第八，根据修改过的行动方案和实施计划，继续执行；

第九，继续追踪观察，并作必要的反思、检讨和修改；

第十，评价执行行动方案的成效，然后撰写研究报告。①

行动研究是"自下而上""由内到外"的教育专业发展过程，其研究历程就是行动者"自我反思"的过程，通过提出问题、解决问题的行动、观察、修改、再行动的循环通路，不断激发教师的专业反省，深化教师的深层专业品质。这也是行动研究不同于其他研究而具有的珍贵特色。

综上，只有提升了自身的专业水平，才有可能培养职业兴趣，从而形成良好的职业道德情感。

学习笔记

(三)以境育情：投身教育实践，从工作中体悟职业道德情感

道德情感是在一定的道德情境中产生的。对于幼儿教师来说，职业道德情感更多的是在幼儿园的工作中，在与幼儿的交往过程中逐渐培养起来的。幼儿教师应当全身心投入教育实践中，在工作中体验教育的真谛，升华道德境界。

扫二维码，学"以境育情"

1. 体验教育

理解幼儿是热爱幼儿、热衷幼儿教育的前提。理解幼儿，就是要幼儿教师通过与幼儿互动的体验、对幼儿活动精神状态的体验、对幼儿活动表现的体验，了解幼儿的基础，了解幼儿的现状与发展态势，了解幼儿的体验与感受，了解幼儿需要什么。幼儿教师要走进幼儿的心田，真正成为幼儿的知心朋友，获得幸福体验，从而更加热爱幼儿，热爱自己的工作。

幼师故事

"秘密的约定"

一位幼儿在老师提问的时候举手，但当老师请他回答时他支支吾吾答不上来。老师觉得非常奇怪，便私底下问他，为什么不会回答还举手。他害羞地说，因为看到其他小朋友都会，怕如果自己不举手，会被他们笑话。于是，老师略做思忖，私下和这个小朋友达成了一个"秘密的约定"，以后对于老师的提问，如果会回答，他就举左手，如果不会就举右手。此后，每当这个小朋友举起了左手，老师就请他回答问题，而举右手则不喊他。一段时间之后，这个小朋友果然变得开朗、自信了。

① 张元：《试析幼儿教师专业化的特征及其实现途径》，载《学前教育研究》，2003(1)。

学习笔记

2. 反思教育

反思教育是教学成功的前提。在给幼儿传授知识时，幼儿教师要有较高的专业化水平。面对发展尚未完全的幼儿，幼儿教师要有较为全面的分析问题、解决问题的能力。幼儿教师应当参与到叙事研究中来，要能将自己成功的教育经验说出来，包括反思日常教育行为是否遵循了幼儿教育的规律，是否尊重了幼儿的身心发展规律，对幼儿的全面发展是否具有促进意义，并以此为前提，进一步丰富与强化成功的体验。通过反思教学，幼儿教师克服不足，寻求成功，将教师职业道德情感培养落到实处。

3. 创新教育

创新教育是享受教学的前提。创新教育要求幼儿教师在明确教育目标的基础上，充分满足幼儿发展的需要；在遵循教育教学规律的基础上，将个人的志趣与幼儿的需求统一起来。它受教育教学规律的制约，但它又是自由的。它给予了幼儿教师充分发挥个性魅力的平台，是幼儿教师形成个人风格的重要途径。幼儿教师在创新教学中容易获得教学的自由感、成功感、自信感与成就感，从而获得职业荣誉感和职业尊严。

幼教故事

善良教育的第一课

在一次活动中，老师请幼儿以“大灰狼和某动物”为主题编一个小故事。豆豆的想象力特别丰富，他的故事中不仅出现了大灰狼、小兔子，还有孩子们不常提到的蛇妈妈和小蛇。他的故事编得很有趣，孩子们听得津津有味，可是故事的结局却把大家吓了一跳。他说蛇妈妈和小兔子把大灰狼的头切下来当“水桶”，天天提着它去河边打水喝，孩子们听了毛骨悚然。

老师想虽然孩子们由于年龄小，不可能辩证地理解“食物链”等知识，但是可以引导孩子们在对待动物时心存一分宽容和仁慈，以免孩子们幼小的心灵种下暴力的种子。所以老师引导孩子们阅读了宫西达也的绘本《你看起来好像很好吃》，其中讲到霸王龙保护和领养了原本想要吃掉的小甲龙，孩子们惊奇地发现即使是残暴的霸王龙也有温情的一面，而故事里霸王龙父子相处的情景，和孩子们在家与父母在一起的情景相契合，让孩子们产生了共鸣。故事最后，霸王龙和小甲龙分别的场面更是让孩子们感动得流下了眼泪。孩子们认识到，人类应该善待自己的伙伴和自然界的一切。相信这样的“善良教育”能使幼儿的情感世界变得更加丰富，能引导他们学习用爱去接纳整个世界。①

除了上述幼儿教师自身应该做的努力外，幼儿园也应该给予相应的支持，帮助幼儿教师培养职业道德情感，以进一步促进幼儿的发展。

---

① 王琼瑜：《善良教育第一课》，载《幼儿教育》，2012(16)。

学习笔记

1. 加强幼儿园文化建设

教育具有伦理的特性，教师的职业道德实质上是一种专业道德，教育的过程实质就是师幼伦理互动的过程。为此，幼儿园可以重塑模范教师的形象，重新评估教师的职业道德情感，倡导教师成为“复合型”教师。在日常的教育教学中，教师既有高超的教学技艺，又有高尚的思想道德，将“爱”体现在日常教育教学之中，将“责任感”体现在教学目标确定、教学过程设计、教学策略选定、教学评价导向之中。幼儿园应树立这样的榜样，更应倡导大家学习这样的榜样。因为教师的道德实践都是师德理论的具体化，都具有鲜明、生动、形象的特点。他们的先进思想和模范事迹可见可信，具有较强的榜样感染力，对教师职业道德情感的培养作用巨大。

2. 改善教师的生存条件

根据赫茨伯格的双因素理论，一个职业能否让人满意，包括“保健因素”和“激励因素”。其中，保健因素包括用人单位政策、管理措施、监督、人际关系、物质工作条件、工资、福利等。① 当这些因素恶化到人们可以接受的水平以下时，人们就会产生对工作的不满。这样的情感一产生，何来工作热情与动力？《关于学前教育深化改革规范发展的若干意见》中指出，规范发展民办园，遏制过度逐利行为，依法保障幼儿园教师地位和待遇。因此，为了激发教师的职业道德情感，幼儿园应该改善教师的生存条件，提高工资待遇。

3. 关心教师的心理健康

心理健康问题虽不属于思想道德问题，但由此而来的冲动及过激行为往往是违背道德的。研究表明，幼儿教师竞争意识强、工作节奏快、社会压力大，由此带来的心理健康问题严重地影响着教师的生存质量，进而影响其对工作的态度，这对职业道德情感的培养极为不利。为此，幼儿园要加强教师心理健康的引导，指导他们建立现代健康生活观念，将心理健康放在重要的位置，指导他们化解物欲膨胀、消费攀比、贪图享乐等问题，将幼儿教师的情感引导到工作中来，引导他们在团体合作中享受工作的快乐。

相关链接

情绪调节的方法

1. 认知重评

认知重评指通过重新建构情绪性情境、事件或刺激的意义改变其对情绪的影响。通俗地说，就是改变对情绪事件及其对个人意义的认识，如把坏事“往好的方面想”或者合理化。认知重评可以减弱消极情绪体验，减少消极情绪表达，不会改变生理唤醒水平，是一种有效的调节方式。相关研究

① 潘利英：《新课程改革背景下教师的职业道德义务与职业道德情感》，载《思想理论教育》，2013(10)。

表明，认知重评倾向性和积极情绪体验表达正相关，和消极情绪体验表达负相关，和社会适应、主观幸福感正相关。在实验室中，高认知重评倾向的人确实可以更好地调节愤怒等消极情绪，在主观体验和生理反应方面都表现得更为适应。

2. 自我确证

自我确证的主要形式包括自我肯定和强调自身的重要价值。研究表明，自我肯定可以消除或减弱由追求目标的动机产生的紧张，因为自我肯定本身是一种更高级的目标的实现。强调自身的重要价值可以产生积极情绪，从而抑制失败之后的消极沉思，促进与目标相关的认知活动。研究表明，在进行有压力的演讲任务和心算任务之前，进行过充分“自我确证”的被测试人员，应对压力时的皮质醇激活水平更低。这种效应对于自我资源水平(包括自尊、对自己的看法、自我提升倾向、乐观特质)高的人尤其显著。

3. 分散注意

分散注意指把注意转移到与当前情境不同的另一件事上。让被试被动观看情绪图片或在观看图片时完成认知任务的研究表明，分散注意降低了被试对刺激的情绪反应。分散注意可以主动进行，如从记忆中提取快乐事件，这种情况下会出现心境不一致性记忆，以及产生快乐或中性想法。许多对愤怒和抑郁情绪调节的研究都表明，各种形式的分散注意确实可以有效地减弱这些消极情绪。

4. 行为调节

行为调节即通过做一些事情来改变情绪。常见的行为调节方法有体育锻炼、听音乐、倾诉，等等。行为调节是综合性的调节策略，一件可以调节情绪的事包括了各种形式的认知调节、表达调节和身体调节，其有效性和适宜性要视具体情况而定。

5. 身体调节

身体调节即通过借助身体上的放松以减弱负面情绪的调节方法，其功能主要用于减弱当前情绪的主观体验和表达。有效的方法有调控呼吸、放松肌肉等。这些方法已在临床上被用于治疗压力相关疾病。研究表明，诱发焦虑、紧张情绪后进行积极的肌肉放松，可以减少焦虑的认知、体验和生理反应，尤其是生理反应。

资料来源于黄徐姝、罗跃嘉：《情绪调节方法的分类和效果》，载《中国临床心理学杂志》，2010(4)，有删改。

思考与练习

扫二维码看参考答案

一、名词解释

1. 职业道德情感

2. 教师职业道德情感

3. 职业兴趣

二、填空题

1. 幼儿教师在教育工作中的情感体验最直接地来源于________。

2.《幼儿园教育指导纲要(试行)》中指出，“________是幼儿园重要的合作伙伴，应本着________、________、________的原则，争取家长的________、________和________，并积极支持、帮助家长提高教育能力。”

3. 行动研究并不是一种独立的研究方法，而是一种____________，是教师对教育事件采取的一种__________形式。

4. 道德行为及行为效果对道德情感具有________和________的作用。

三、简答题

1. 职业道德情感包括哪些方面?

2. 职业道德情感的作用是什么?

3. 职业道德情感的影响因素有哪些?

4. 如何培养职业道德情感?

四、论述题

1. 结合近年的虐童事件，想一想幼儿教师应该通过何种方式来培养自身的职业正义感和职业良心感。

2. 党的二十大报告指出，育人的根本在于立德。请从职业道德情感的角度谈谈你对此的理解。

学习反思

学习笔记

模块四

幼儿教师职业心理及调适

学习目标

1. 了解幼儿教师的职业角色及心理特征。
2. 形成对于幼师职业的正确认知和积极的职业情感。
3. 了解幼儿教师应具备的心理素质及其重要性和影响因素。
4. 了解并识别幼儿教师常见的心理问题。
5. 掌握心理调适的方法，具备一定的自我调节能力。

思维导图

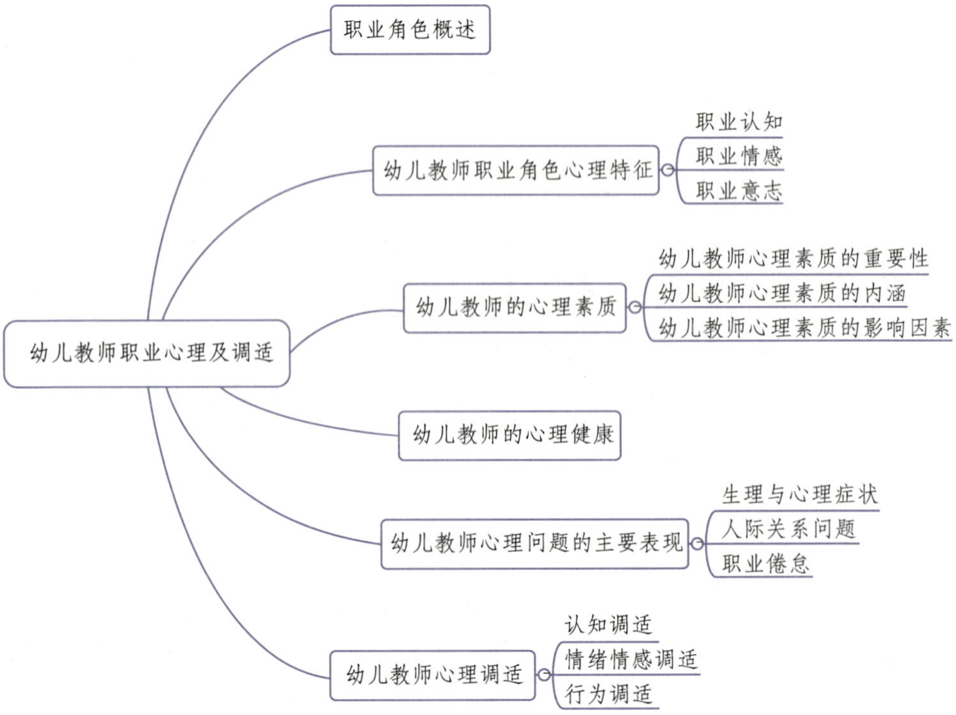

模块导入

在我们的印象中，幼儿教师常常是活泼开朗、热情耐心、积极向上的。然而，他们的内心却承受着我们想象不到的压力。这群可爱的人把所有精力都奉献给了工作，却常常忽略了自己的身心健康。

幼儿教师的心理健康状况不仅关系到幼儿的健康成长，还会直接影响幼儿教师自身的职业发展和职业幸福感。幼儿教育是一项复杂而艰巨的劳动，繁重的工作任务、复杂的人际关系、严格的职业要求、广泛的社会期待……这些对于幼儿教师的体力、脑力以及心理承受能力都是一种考验。随着幼教改革的持续推进，幼教门槛的不断提升，幼儿教师的身心压力也与日俱增。长时间的职业压力如果不能及时缓解，很容易导致幼儿教师出现心理问题，甚至产生职业倦怠和职业厌恶感。而面对同样的工作，善于进行心理调适的幼儿教师可能呈现出截然不同的状态。

典型案例

教师A：

“工作以后，我发现幼儿园的工作跟我想的完全不一样。我觉得很茫然，小朋友好吵啊，事情很多，很烦琐，而且我没有对付小孩子的好方法，感觉自己不适合这个职业，没什么成就感。倦怠的感觉一直都有。这些带给我的最大的影响，我觉得是性格方面，变坏了，脾气变坏了。”

教师B：

“小孩子给予你的是成人世界无法给予你的那种温情。我很喜欢研究心理学，所以我不会缺少方法。在解决一个个矛盾当中，我开始觉得这个工作回馈给我很多乐趣——和家长之间建立了良好的关系，和小孩之间建立了亲密的关系，后来慢慢有一种自豪感。我现在做得风生水起，非常自如。”

一直以来，人们对于幼儿教师这一职业的看法各不相同。有的认为幼儿教师是充满爱心与能量的“天使”，有的则认为幼儿教师只是照看孩子的“高级保姆”。有的认为幼儿教师必然活泼开朗，多才多艺；有的则认为幼儿教师不需要什么技能，是谁都能做的职业。那么真正的幼儿教师是怎样的呢？与其他职业相比，幼师职业有着怎样的角色特征？面对同样的工作，不同的幼儿教师为何会产生截然不同的感受？成为一名幼儿教师又应当具备怎样的心理素质？

“师德为先”是《幼儿园教师专业标准（试行）》的基本理念之一。幼儿教师的职业道德与其心理健康状况密切相关，职业道德的发展有赖于个人修养的提升。幼儿教师不仅要具有耐心细致、温和亲切的性格，还要善于调节消极情绪，保持乐观心态。本模块对幼儿教师的职业角色心理特征以及幼儿教师应当具备的心理素质进行了概述，着重剖析了幼儿教师存在的心理问题，并整理了几种自我调适的方法供幼儿教师借鉴，以期提高幼儿教师的职业认同感和幸福感，帮助幼儿教师正确认识和调节自我，保持心理健康。

学习笔记

单元 1 职业角色心理特征

一、职业角色概述

角色原指戏剧舞台上的人物，由美国的社会心理学家米德首先引入社会心理学领域，称为社会角色。社会角色是由人们的社会地位决定的，是为社会所期望的行为模式。它规定了一个人活动的特定范围，即应该做什么，不应该做什么，其中也包括对人对己的情感、态度和价值观等心理成分。社会地位是社会角色的内在本质，社会地位的多样性决定了社会角色的多样性。第一，任何社会角色都不是孤立存在的，而是有其对应的角色共同存在，如丈夫和妻子、老师和学生等。第二，社会角色是由社会需要所规定的，不同社会及其发展决定了社会需要的不同，也就决定了社会角色的差异。

职业角色是指社会和职业规范对从事相应职业活动的人所形成的一种期望行为模式。简而言之，就是人们在一定的工作单位和工作活动中所扮演的角色。职业角色作为社会角色的一种类型，除具有社会角色的一般特征外，还具有专门性、营利性、相对稳定性、合法性和社会性等特征。在社会生活中，每个成员都充当着特定的职业角色。某一职业的特点决定了社会对这一职业的角色期望，而从事这一职业的个体应该形成与之相符合的角色意识，表现出符合其职业要求的行为。

我们有时会听到这样的评价："这个老师一点都不像老师。"什么是像，什么是不像，涉及的就是教师职业角色问题。习近平总书记曾这样描述教师，"教师的工作是塑造灵魂、塑造生命、塑造人的工作。一个人遇到好老师是人生的幸运，一个学校拥有好老师是学校的光荣，一个民族源源不断涌现出一批又一批好老师则是民族的希望。"可见，教师职业的重要性。幼儿教师职业角色是社会对幼儿教师的要求和期望，是与幼儿教师的社会地位、身份相一致的一整套权利、义务及规范化的行为模式。它主要包括两方面的内容：一是幼儿教师的实际行为；二是幼儿教师的角色期望，包括社会期望、幼儿期望和教师自身期望三个方面。幼儿教师作为一种社会职业，并不是先赋的，而是在其岗位上不断学习和实践而来的。因此，每一位即将走上工作岗位的幼儿教师都应当了解社会对幼儿教师的角色期望，学习和掌握幼儿教师应当履行的职责和义务，为在未来岗位上实践其角色规范奠定坚实基础。

二、幼儿教师职业角色心理特征

职业心理是人们在职业活动中表现出来的认识、情感、意志等相对稳定的心理倾向或个性特征。个人在长期的职业生活中，有意无意地按职业角色的需求行动，必然会打上所从事职业的烙印，从而形成特定的职业角色心理。职业有着拟人化的心理和性格，不同的职业具有不同的性格特质。幼儿教师的职业心理特征主要表现在职业认知、职业情感和职业意志三个方面。

扫二维码，学幼儿教师职业角色心理特征

(一)职业认知

认知是个体认识客观世界的信息加工活动。感觉、知觉、记忆、想象、思维等认知活动按照一定的关系组成一定的功能系统，从而实现对个体认识活动的调节作用。职业认知简单说来就是对某一职业的认识，这种认识在个体从事该职业之前就已存在，在从业之后可能会逐渐加深或发生变化。幼儿教师的职业认知主要是指对幼儿教师这一职业应具备的知识技能、道德素养、权利和义务，以及自己是否适合、能否胜任这一职业的认识。

人们对幼儿教师的职业认知往往来自社会，不同时期，社会对幼儿教师这一职业有着不同的角色期待：从学前教育发展初期的“保姆”“喂养和照料孩子的人”，逐渐过渡为“环境的提供者”“活动的观察者”或“管理者和控制者”，再到教育活动的“合奏者”“伴奏者”，幼儿教师开始从“权威”角色逐渐向师幼“平等”角色转换。在信息时代，社会对幼儿教师角色的要求是引导型教师、创造型教师、方法型教师和因材施教型教师。幼儿教师不仅是幼儿的“倾听者”“合作者”“支持者”和“引导者”，还是家长工作的“指导者”和“协作者”，以及幼儿教育的“研究者”。随着社会不断进步，社会对幼儿教师的角色期待在不断提升，人们对于幼儿教师的职业认知也随之改变，并由此带来幼儿教师社会地位、从业人数以及学历层次的普遍提升，可见职业认知对于幼儿教师和学前教育发展的重要性。对于幼儿教师来说，这种认知主要包括以下两方面。

学习笔记

1. 对职业本身的认知

正确的职业认知是幼儿教师从事幼儿教育职业的前提。《幼儿园教师专业标准(试行)》中明确规定，幼儿教师需要“理解幼儿保教工作的意义”“认同幼儿园教师的专业性和独特性，注重自身专业发展”。在现实中，不同的人对幼儿教师的职业特征有着不同的认识：有些人认为幼儿教师是个稳定又轻松的职业，面对的是天真活泼的孩子，又不需要特别多的知识技能，还有双休日和假期，很多男性都十分愿意找幼儿园教师做伴侣。这种认知是吸引她们选择幼儿教师这一职业的重要原因。但这种片面的职业认知，往往导致这部分幼儿教师在现实工作中不思进取、拈轻怕重，遇到困难更是抱怨、退缩。也有些人认为幼儿教师就等于“高级保姆”，从早到晚照顾孩子很辛苦，需要操心的事情太多，社会地位低，收入也不高……持有这种看法的人不大会考虑从事幼儿教师这个职业，而且这种认知还会导致已经在职的幼儿教师难以获得满足感，从而另谋他就。

学习笔记

上述认识虽然有其合理之处，但并不全面，甚至还存在一些误解。事实上，任何职业都有自己的优缺点，幼儿教师也常常是"辛苦并快乐着"。对于幼儿教师来说，琐碎的工作、有限的工资、较大的体力消耗等都是无法回避的问题，但是幼儿教师职业也有其不可替代的优势。第一，较高的稳定性：幼儿教师有相对固定的工作内容、较平稳的工作方式以及稳定的收入，不会有较大的起伏和危险。第二，较大的自由度：幼儿阶段的教学内容比较灵活，教师可以更多地发挥创造性，而且还有带薪的双休日和寒暑假，可享受更多的闲暇和自由。[①] 第三，较多的成就感：幼儿的童真童趣、对教师的信任和依恋以及在教师的指导下取得的进步，都会让幼儿教师体验到愉悦感和价值感。第四，较少的竞争压力：幼儿教师作为社会紧缺人才，就业机会相对较多，而且幼儿阶段不存在升学考试的压力，教学任务相对较轻。

职业自身的特征往往是人们在择业时考虑的首要因素，而职业价值观则决定了人们最终的选择。职业价值观反映出个体对待某一职业的一般性态度，即个人在与工作相关的活动中所希望获得的事物，它渗透于人的个性之中，是支配人的职业态度、职业信念和职业行为的内在尺度。幼儿教师的职业价值观是职业道德形成和发展的向导和动力，不仅直接影响幼儿教师的工作效率、工作满意度以及献身教育事业的程度，还决定着幼儿教师对职业道德规范的认可程度及其职业道德行为。

拓展阅读

10 种职业价值观[②]

1. 高收入：除生活所需外，还有很多可以自由支配的收入，用来享受高品质的生活，如购买奢侈品或者进行投资。

2. 社会声望：在社会上有较高威望，受到人们的尊重，意见或建议得到大家的认可。

3. 独立性：在工作中有自己做决定的自由，无须听从别人的命令或指导，有较大的自由发挥的空间。

4. 助人：愿意将帮助他人、促进他人的身心健康、教育和福利作为职业的主要内容。

5. 稳定性：工作受经济形势、技术或者政策的影响较小，收入稳定，不会轻易失业。

---

① 莫源秋：《做个幸福快乐的幼儿教师——为你的专业成长支招》，61 页，北京，中国轻工业出版社，2013。

② 林崇德、申继亮：《大学生心理健康自助读本》，166 页，北京，教育科学出版社，2005。

6. 多样性：丰富的工作内容，不断面临新的挑战、新的环境和新的人际关系。

7. 领导性：有权力和能力去管理和激励他人，希望通过影响他人提升团队工作的效率，能够承担责任。

8. 兴趣：所从事的职业必须是自己感兴趣的领域。

9. 休闲：工作之余有大量的闲暇时间，可以自由选择自己的休息时间，所从事的职业不影响个人的休闲生活及规划。

10. 尽早工作：早日参加工作，积累经验和获得收入。

——马丁·凯茨

在上述各种价值观中，有些是相互冲突的，比如“高收入”和“稳定性”、“领导性”和“休闲”等，要在一份工作中满足所有的价值观是不可能的。幼儿教师首先要了解自己最为重视的价值内容，厘清自己职业价值观的次序。此外，不同的职业价值观可能会给幼儿教师带来完全不同的职业生活。假如幼儿教师将“助人”作为职业追求，那他就会坚守岗位，恪守职业道德，无私地奉献自己的爱心；但如果幼儿教师过分追求高收入，则很有可能选择跳槽，甚至不惜违背职业道德，采用不正当的方式谋求经济利益。一般来说，以“助人”和“兴趣”为主要职业价值观的幼儿教师更容易对自己的职业感到满足，并会在职业活动中表现出较高的道德水平。习近平总书记也特别指出这种“利他”的价值观念对于教师的重要性，认为好老师要有“捧着一颗心来，不带半根草去”的奉献精神，自觉坚守精神家园、坚守人格底线，带头弘扬社会主义道德和中华传统美德，以自己的模范行为影响和带动学生。新时代的幼儿教师，更应该树立正确的职业价值观，做好孩子们的领路人。

学习笔记

2. 自我认知

自我认知主要是个体对自己的认识，这里主要指对自己从事某一职业的兴趣以及能力的认知。兴趣是个体探究某种事物或从事某种活动的心理倾向，是个体人格的重要组成部分。职业兴趣是兴趣在职业选择活动方面的一种表现形式，也是个体从事职业活动的助推器。幼儿教师的职业兴趣贯穿于其职业生涯中，对教师职业道德的发展起着巨大的推动作用，这主要体现在：第一，职业兴趣直接影响个体对幼儿教师的职业选择；第二，职业兴趣有助于入职阶段幼儿教师职业道德的形成；第三，职业兴趣有助于幼儿教师职业道德的发展；第四，职业兴趣能够帮助幼儿教师度过“职业受挫阶段”，克服“职业倦怠”，稳定职业道德行为。[①] 《幼儿园教师专业标准（试行）》明确指出，幼儿教师应当“热爱学前教育事业，具有职业理想和敬业精神”。可以说，喜爱幼儿教师这个职业，是一名幼儿教师能

① 申继亮：《师德心语——教师发展之魂》，38 页，北京，北京师范大学出版社，2006。

学习笔记

够坚守岗位、恪守职业道德的前提，也是幼儿教师获得职业成就的关键。

在职业心理中，性格影响着一个人对职业的适应性，一定性格的人适于从事一定性格特质的职业，不同的职业对人也有不同的性格要求。因此在择业时，除了考虑个人的兴趣爱好，还应当考虑自己的性格是否适合从事该职业。《幼儿园教师专业标准（试行）》强调，要成为一名合格的幼儿教师，必须具备“四颗心”——爱心、耐心、细心与责任心。虽然许多幼儿教师怀着一腔热情投身幼儿教育事业，但当他们发现幼儿的世界并不如想象中那般美好，幼教工作不只是轻松愉快，也充斥着无奈与辛酸的时候，不同性格特征的教师可能会表现出不同甚至完全相反的行为。例如，对待顽皮犯错的幼儿，温柔随和的教师可能会选择说服教育，暴躁易怒的教师则可能会选择批评惩罚的方式解决问题；在工作中遇到了不公平的事情，乐观豁达的教师可能一笑了之，敏感多疑的教师则可能情绪低落，耿耿于怀……良好的性格是做好幼儿教师的前提，热情开朗、充满活力、温柔随和、大方自信的人必定会占据更多的优势，而脾气暴躁、害羞胆怯、刻板严肃、独断专行的人则难以适应这一岗位的需求。因此，对自我性格特征的认知尤为重要，它有助于我们明确自己的职业定位，在职业活动中更好地扬长避短。

相关链接

做最好的自己

如果你不能成为山顶上的高松，
那就当棵山谷里的小树吧，
但要当棵溪边最好的小树。
如果你不能成为一棵大树，
那就当丛小灌木；
如果你不能成为一丛小灌木，
那就当一片小草地。
如果你不能是一只香獐，
那就当尾小鲈鱼，
但要当湖里最活泼的小鲈鱼。
我们不能全是船长，
必须有人来当水手。
这里有许多事等着我们去做，有大事，有小事，
但最重要的是我们身旁的事。
如果你不能成为大道，
那就当一条小路；
如果你不能成为太阳，
那就当一颗星星。
决定成败的不是你尺寸的大小，
而在做一个最好的你。

——［美］道格拉斯·玛拉赫

（二）职业情感

职业情感是指人们对自己所从事的职业所持的稳定的态度和情感体验，一般分为两种类型：积极的职业情感和消极的职业情感。同为幼儿教师，不同的人可能有着完全不同的职业情感：有的积极进取，有的消极退缩；有的满腔热情，有

的则叫苦不迭。职业情感虽然与工作的环境、内容、对象和待遇等因素有关，但主要还是取决于幼儿教师的兴趣、能力、个性和态度。

学习笔记

1. 积极的职业情感

积极的职业情感主要表现为对职业的肯定、热爱、努力和坚持等。积极情感状态下的幼儿教师，能够发自内心地认同和热爱幼儿教师这一职业，他们会从自身工作的社会意义和性质上去认识职业，并以满腔的热忱和强烈的责任感投身幼儿教育事业，积极进取，迎难而上，而不会过多地计较个人得失。积极的职业情感能够促使幼儿教师以良好的心态、稳定的情绪投入工作，激发自身潜能，不断地完善自我。这种情感是幼儿教师在实际工作当中应着力培养的职业情感，如职业认同感和职业幸福感。

相关链接

幼儿教师，孩子们的诗和远方

也许，在你心中
烟雨蒙蒙的桂林最美
而在我心中
却有，这样一处最美的风景
在这里，你可以看到
几百张纯真的笑脸
几百朵芬芳的花朵
几百种个性的颜色
也许，在你心中
浓雾弥漫的重庆最美
而在我心中
却有，这样一处最美的风景
在这里，你可以听到
几百种童稚的言语
几百种动听的心曲
几百种甜润的声音
也许，在你心中
灯火阑珊的上海最美
而在我心中
却有，这样一处最美的风景
在这里，你可以闻到
几百种梦想的味道
几百种创新的气息
几百种奇异的思想
也许，在你心中
秋日静谧的北京最美
而在我心中
却有，这样一处最美的风景
在这里，你可以问到
几百种原创的答案
几百种新奇的构想
几百种独立的空间
我心中最美的风景啊
任长空鸣雁，芦花飞扬
任霜风雪雨，桃李飘香
任季节变换，岁月变迁
永不改变的执着
二十七年用爱坚守的地方
我的幼儿园

2. 消极的职业情感

消极的职业情感主要表现为对职业的抵触、厌倦、懈怠和放弃等。消极情感状态下的幼儿教师往往只把工作当作谋生的手段，较多地考虑个人得失和物质待遇，因而经常流露出对职业的不满情绪，责任意识淡漠，消极颓废，得过且过。消极的职业情感使得幼儿教师从感情上厌恶、抵触自己所从事的职业，缺乏冲劲和拼劲，患得患失，稍遇阻力便止步不前，同时还会对周围的同事以及幼儿的发展产生负面影响。这种情感是幼儿教师在生活、工作中应当极力克服和纠正的不健康情感，如职业倦怠感。

拓展阅读

职业认同感、职业幸福感和职业倦怠感

职业认同感是指从业个体在内心认为所从事的职业有价值、有意义，并能够从中找到乐趣。职业认同既是一种过程，也是一种状态。过程强调的是教师从自己的经历中逐渐发展、确认自己的教师角色，状态则反映了教师对自己所从事的职业的认同程度。职业认同感较高的幼儿教师能够从内心肯定这一职业，并重视它的意义和价值，即使清楚幼儿教师这一职业的辛苦与无奈，也仍然愿意坚持自己的选择，这种认同感是幼儿教师在工作中取得成功的前提。

职业幸福感是个体需要得到满足，潜能得到发挥，理想得到实现后的一种持续的心情舒畅的情绪体验，主要与人们的需求和期望值有关。如果从业者认为所从事的职业符合其需求和期望，幸福感就会增强，反之幸福感就会降低。幼儿教师的职业幸福感是幼儿教师在教育工作中实现自己的职业理想，体味人生价值并获得自身发展的精神愉悦状态，是一种快乐和意义的结合，它在一定程度上反映出幼儿教师对其职业生活的满意程度。

职业倦怠感又称“职业枯竭”，指个体在工作重压下产生的身心疲劳与耗竭的状态，是从业人员因无法有效应对工作中的压力或感觉个人价值难以实现，而对所从事职业产生的消极情感。幼儿教师的职业倦怠具有三个特征：①情感耗竭(职业倦怠的核心成分，指幼儿教师感到自己的情绪处于极度疲劳的状态，失去了活力和工作的热情)；②人格解体(亦称“去个性化”，指幼儿教师忽视幼儿的感受，态度冷漠，敷衍、疏远甚至伤害幼儿，个人发展停滞，行为怪僻)；③无力感或低个人成就感(指幼儿教师倾向于消极地评价自己，并伴随效能感和成就感的下降，认为工作不仅难以体现自身价值，而且枯燥无味)。

(三)职业意志

职业意志是指人们在职业实践中所表现出来的克服困难的勇气和坚持不懈的精神，主要表现为持之以恒的自觉性和始终如一地尽职尽责。职业意志体现在职业道德行为之中，是支配和调节职业道德行为的巨大精神力量。人们在从业之初往往能够投入较多的热情，但随着时间的推移，新鲜感逐渐会被倦怠感所取代，如果难以从工作中继续获得满足，人们就很容易失去前进的动力，这时职业意志就起到了至关重要的作用。当面对工作带来的巨大压力或外界的诱惑时，一些幼儿教师仍然能够坚定立场，坚守职业道德，很多时候凭借的正是个人的职业意志。这种意志主要体现为职业承诺。

拓展阅读

职业承诺

职业承诺是个体与其所从事的职业之间的一种心理纽带，指个体由于对职业的认同和情感依赖、对职业的投入和对职业规范的内化而不愿变更职业的程度。职业承诺高的人更认同和忠诚于所从事的职业，对职业活动比较投入，不愿意变换现在的职业；而职业承诺低的人则往往厌倦所从事的职业，在工作中敷衍了事，消极怠工，并试图另谋他就。幼儿教师职业承诺包括情感承诺、规范承诺、继续承诺三个因素，主要体现为对幼儿教育的认同感、为幼儿教育事业努力奉献的意愿以及留业倾向。①

三、幼儿教师的心理素质

(一)幼儿教师心理素质的重要性

人的素质是身体素质、社会素质和心理素质的统一，其中心理素质占主导地位。幼儿教师的社会素质主要指教师的教育观念与技能(包括儿童观、教育观，观察幼儿、与幼儿沟通、引导幼儿主动学习的技能等)，以及相关的知识经验；心理素质主要包括自我概念、思考、创造、表达能力、心理健康状况等。面对发生的事情，幼儿教师表现出的是她的外显行为，这些行为背后反映的是该教师的社会素质，而社会素质背后又是心理素质在起作用。举个例子，当教师发现幼儿在玩便池里的水时，她的外显行为可能是怒不可遏地批评，也可能是心平气和地询问，这些不同的行为背后反映的是教师的教育观念，即能否接纳、尊重幼儿等社会素质，而观念背后又是教师思维能否儿童化、情绪是否稳定等心理素质在起作用。

学习笔记

心理素质作为其他素质赖以形成和发展的基础与动力，深刻地影响并制约着其他素质的发展。

首先，良好的心理素质是身体素质的保证。长期不良的情绪和心理，如烦躁、紧张、焦虑、抑郁等容易使个体产生失眠、头痛、食欲不振、免疫力下降等问题，如果这种反应比较剧烈或者时间较长，还会导致精神疾病和身体障碍；而心情舒畅时，人们则会享受更高质量的睡眠，拥有更充沛的精力。

其次，良好的心理素质能有效提升个体的工作积极性和创造性。面对工作带来的巨大压力，心理素质较差的教师往往难以承受，容易产生挫败感，进而导致

① 康晓霞：《幼儿教师职业承诺发展特点及其影响因素分析》，硕士学位论文，华东师范大学，2007。

学习笔记

其工作的积极性降低，创造性也难以较好地发挥；而心理素质较好的教师则能够从容应对，勇于面对挑战，从而激发出更多的创造力。

最后，良好的心理素质是形成良好职业道德的前提。个体的职业道德观念、道德情操、道德行为都是基于一定的心理基础而形成发展的，良好职业道德是个体心理健康的重要体现。那些在工作中难以控制自己的情绪，经常将怒火和怨气发泄到他人身上的教师，往往心理素质较差；而心理素质较好的教师通常言行规范，举止得体，表现出较高的道德水平。

《幼儿园教师专业标准(试行)》中将“乐观向上、热情开朗、有亲和力”视为幼儿教师必备的职业素养。习近平总书记也曾说过，教师“要给学生心灵埋下真善美的种子，引导学生扣好人生第一粒扣子”。作为传播真善美的使者，幼儿教师首先要拥有一颗真善美的心灵。作为幼儿身心发展过程中的“重要他人”，幼儿教师的心理素质也在潜移默化地影响幼儿的情感发展和心理健康。积极乐观的幼儿教师能够创造一种和谐温馨的气氛，使幼儿心情愉快、如沐春风；而消极悲观的幼儿教师常常会形成一种紧张压抑的气氛，使幼儿惶惑不安、如坐针毡。幼儿会因教师的亲近和鼓励而乐观自信，也会由于教师的冷漠和拒绝而沮丧自卑。因此，幼儿教师应当重视自身良好心理素质的培养，努力提升个人修养，促进幼儿健康快乐地成长。

(二)幼儿教师心理素质的内涵

党的二十大报告指出，育人的根本在于立德。而要落实立德树人根本任务，幼儿教师自己先要成为“德才兼备”之人，正如华德福教育创始人鲁道夫·斯坦纳博士所言：“孩子不是学你说什么，甚至不是学你做什么，而是学你真正是一个怎样的人。”职业道德与心理素质密切相关。幼儿教师的心理素质是从事幼儿教师这一职业的人应当具备的基本素质，我们将其定义为：在幼儿园一日生活中所表现出来的，对幼儿身心发展有显著影响并符合幼儿教师职业特点的心理品质的综合。它以人格为核心内容，经由先天和后天的合力作用形成，主要包括职业心理品质、人格心理品质和适应性心理品质三个方面。①

1. 职业心理品质

职业心理品质是幼儿教师所应具备的基本心理素质，主要包括以下几点。第一，激励性：指幼儿教师能站在幼儿的角度体会幼儿的心境，关心幼儿的发展，对幼儿的成长给予真诚的希望，经常肯定、称赞和鼓励幼儿。第二，灵敏性：指幼儿教师能敏锐觉察幼儿身上的细微变化，能够随机应变，灵活有序地处理突发事件。第三，创造性：指幼儿教师思维的灵活性与开放性，能够产生新思想，发现并创造新事物。第四，效能感：指幼儿教师对自己教育教学效果的认识与评价。

① 魏燕：《幼儿教师心理素质基本结构的研究》，硕士学位论文，西南大学，2007。

学习笔记

2. 人格心理品质

人格心理品质是从幼儿教师人格特征中提取出来的、符合幼儿教师职业要求的基本品质，它对幼儿习惯的养成以及人格的形成具有潜移默化的影响，主要包括以下几点。第一，坚韧性：指幼儿教师为达到一定的目标而自觉组织行动，以充沛的精力和顽强的毅力，坚持不懈地努力，不断地克服困难直到目标实现。第二，进取心：指幼儿教师在工作与生活中不怕困难，勇于接受新的挑战，不断地提高和完善自我。第三，客观公正性：指幼儿教师处理问题时客观有据，对待幼儿平等公正。①

3. 适应性心理品质

适应性包括幼儿教师的人际适应和职业适应，适应性心理品质有助于幼儿教师在工作和生活中获得幸福感和成就感，具体包括以下几点。第一，乐观倾向：指幼儿教师在日常生活中，经常有愉悦的情感体验，总是看到事物好的方面，并对未来持积极的态度。第二，心胸豁达：指幼儿教师对周围的人和事表现出的宽容大度、不拘小节。第三，自我调控：指幼儿教师在工作与生活中对自己情绪和行为的控制程度和灵活调节的能力。

相关链接

我心里的好老师

您懂我，爱我，尊重我
尽管，我总在同一个地方摔跤，
老师，您从不责怪我！
您知道，我只是个小小的孩子啊！
上次是因为看天上的小鸟，这次却为了追草边的蝴蝶。
尽管，我总在犯同样的错误，
老师，您从不责怪我！
您知道，我只是个小小的孩子啊！
“不在同一个地方摔倒两次”，那是你们大人的格言。
尽管，我一直像尾巴一样跟着你，
老师，您从不责怪我！
您知道，我只是个小小的孩子啊！
我只是希望您能拉起我的小手，和我一起看野餐的蚂蚁。
尽管，我不停地在您面前晃来晃去，
老师，您从不责怪我！

① 张凤：《幼儿教师心理素质基本结构及其现状研究》，硕士学位论文，西南师范大学，2005。

学习笔记

> 您知道，我只是个小小的孩子啊！
> 我只是盼望您能摸摸我的头，告诉我说我是您最疼爱的宝贝！
> 我希望您宽容我、理解我！
> 宽容我的每一次稚嫩的错误，每一次笨拙的尝试！
> 理解我的爱，我的需要，还有我小小的心思。

（三）幼儿教师心理素质的影响因素

幼儿教师的心理素质具有一定的整体功能性，各要素之间密不可分。一名成功的幼儿教师应当同时具备以上三方面的心理素质，在此基础上，幼儿教师才能更好地发展职业道德，提升个人修养，保证工作的顺利进行。然而这只是一种理想状态，在实际生活中，幼儿教师的心理素质往往参差不齐，年龄、教龄、婚姻状况和文化程度等因素都会对幼儿教师的心理素质产生影响。

1. 年龄和教龄

幼儿教师心理素质的总体水平大致呈现出 U 形发展趋势：前 15 年左右缓慢下降，而后持续上升直至达到最高峰。原因可能是刚入职的青年幼儿教师，往往比较理想主义，对自己的工作抱有较高期望，面对工作中的不如意，容易产生挫败感，灰心丧气，进而影响工作热情；随着时间的推移，大多数幼儿教师对工作早已失去新鲜感，此时的他们不仅要负责带年轻教师，还要参与晋级、评职称等竞争，同时又牵涉照顾老人、孩子等各种家庭问题，心理压力较大，心理素质总体水平相对较低；而在工作 15 年之后，幼儿教师的事业和家庭都已相对稳定，经济负担基本解除，加上丰富的人生阅历，心理素质已经发展到了较高水平，能够比较从容地应对工作和生活中的问题。

2. 婚姻状况

有关研究指出，已婚的幼儿教师在激励性、灵敏性、创造性方面表现更好，而未婚的幼儿教师更具有坚韧性与进取心。原因可能有两个方面，一是已婚幼儿教师的教龄普遍要长于未婚幼儿教师，拥有更多的专业知识、教育技能和工作经验，因此在对幼儿的激励性、灵敏性以及对工作的创造性等方面更加出色；二是“贤妻良母”的传统女性角色定位并未从人们的思想深处消失，“女性属于家庭”的刻板印象仍然存在。“干得好不如嫁得好”的观念依然广泛存在于社会中，被多数女性所接纳。不少女性在婚后逐渐将关注的重心从工作转向了家庭，导致其在工作中进取意识减弱、坚韧性降低。

3. 文化程度

幼儿教师的心理素质还受到文化程度的影响，一般而言，文化程度高的教师心理素质相对较好。由于文化程度较低的幼儿教师的知识与技能储备相对不足，接受新的教育理念的能力较弱，创造力水平相对较低，所以他们在面对教育改革时往往显得束手无策。随着社会对幼儿教育的重视，低学历的幼儿教师在工作中往往面临更高的失业风险，承受着更大的心理压力；而文化程度较高的幼儿教师拥有更扎实的基础和更广阔的视野，而且提升自我的意识较强，在工作岗位上能够很快地成长，更能够适应教育改革的变化和要求，具有较强的竞争力，因而心理压力相对较小。

了解心理素质的影响因素，有助于幼儿教师更加从容地应对工作中可能遇到的问题，更好地调节自我，提升心理素质。但必须明确的是，上述影响只反映了一般趋势，并不绝对。高教龄和高学历并不完全等同于高心理素质水平，婚姻状况与心理素质之间也不存在必然的联系。这些外部因素只能对心理素质起到一定的促进或抑制作用，真正起决定作用的还是幼儿教师自己。

单元 2　职业心理问题及调适

一、幼儿教师的心理健康

根据 1948 年联合国世界卫生组织的定义，心理健康不仅指没有心理疾病，还指个体社会生活适应良好，人格完善以及心理潜能得到充分发挥(在一定客观条件下将个人心境发挥到最佳状态)。心理状态具有层次性和一定的维度，很难用健康或者不健康来说明一个人的心理状况。因此心理健康状况是一个相对概念，每个人都位于从不健康到健康这个连续体的某个位置，可能距离健康状态更近一些，也可能距离某些心理疾病状态更近一些，处于完全不健康的病态的人只是少数。

扫二维码，学习幼儿教师心理健康

学习笔记

一般来说，心理状态较好的幼儿教师主要表现出以下特质：第一，有正常的社会认知与和谐的人际关系；第二，具有较强的学习动机和一定的学习能力；第三，有良好的情绪表现，积极乐观；第四，能正确地、客观地对待和悦纳自己，没有明显的自负或自卑感；第五，能有意识地支配和控制自己的行动；第六，热爱生活，有较强的意志品质，既有追求明确目标的坚定性，又能克制自己的愿望、动机、情绪和行为，不放纵任性。①

拓展阅读

心理健康的标准②

美国心理学家马斯洛提出心理健康的十条标准：

1. 有足够的自我安全感；

① 黄芳、袁爱玲：《培养人格健全的儿童需要心理健康的幼儿教师》，载《教育导刊·幼儿教育》，2006(12)。
② 蒋慧、吴舒莹、马梦晓：《幼儿教师心理调适》，8 页，福州，福建教育出版社，2012。

学习笔记

2. 能充分地了解自己，适当地评估自己的能力；

3. 生活目标切合实际；

4. 不脱离周围的现实环境；

5. 能保持人格的完整与和谐；

6. 善于从经验中学习；

7. 能保持良好的人际关系；

8. 能适度地表达和控制情绪；

9. 在符合社会规范的条件下，能有限度地发挥个性；

10. 在不违背社会规范的前提下，能恰当地满足个人的基本需求。

二、 幼儿教师心理问题的主要表现

幼儿教师这个职业并不像许多人想象的那般轻松，其中有着不为人知的辛酸与无奈。有研究指出，教师职业本身就具有一些容易引起压力的特征：[①] 工作中时间的压迫性以及人际竞争性强，个人承担的责任较大，缺乏社会认同感等。由于劳动对象的主动性和幼稚性，劳动任务的全面性和细致性，劳动手段的主体性和劳动周期的长期性，幼儿教师的劳动往往更复杂、更艰巨。教育改革的压力、超负荷的工作时间和工作任务、硬性规定的各种科研论文、家长的不理解和不配合……种种因素使得幼儿教师出现了不同程度的职业倦怠感，并导致了各种心理问题的出现。[②] 近年来频频出现的幼师虐童事件的确发人深省，但我们不能将教师的暴力行为简单地等同于师德沦丧。事实上，有很多虐童的幼儿教师，平时在同事的眼中完全是另外一个形象：待人热情，温和有礼，以至于案件发生后周围的人都感叹“难以置信”。其实这些行为背后更深的原因是职业倦怠引发的心理失衡，以及由此产生的心理问题。

所谓心理失衡是正常心理活动中的局部异常状态，不存在心理状态的病理性变化，具有明显的偶发性和暂时性，常与一定的情境相联系，脱离该情境个体的心理活动则完全正常。如果个体一直处于失衡的状态，久而久之就会产生心理问题。心理问题不同于生理疾病，它是由人的内在精神因素，准确地说是大脑中枢神经控制系统所引发的一系列问题，它会间接改变人的性格、情绪乃至世界观。

根据心理健康的定义，按照程度的不同，个体心理问题可以划分为三类。第一，发展性心理问题：主要是指个体自身不能形成正确的自我认知，特别是对自我能力、自我素质等方面的认知，主要表现为自负或自卑、目标过高或偏低、责任目标缺失等。第二，适应性心理问题：是指个人与环境不能取得协调一致所带

① 冯仁德、徐剑锋、包志清：《有效的压力管理》，载《经济师》，2003(5)。

② 蔡军：《幼儿教师职业倦怠的成因分析》，载《陕西教育(高教版)》，2011(6)。

来的心理困扰，难以在现实生活环境中维持一种良好、有效的生存状态，如职业适应不良、工作和生活失衡等。第三，障碍性心理问题：有时候也称为“心理障碍”或“心理疾病”，主要有三方面特征，一是个体持久地感受到痛苦（一般以6个月为界）；二是社会功能受损，如人际关系糟糕，容易产生敌对行为；三是表现出非当地文化类型的特殊行为，如强迫、偏执、人格分裂等。

幼儿教师的心理问题主要表现在以下几个方面。

（一）生理与心理症状

幼儿教师的生理与心理症状主要表现为抑郁和焦虑，更为常见的症状是在抑郁和焦虑之间的交叉变动。心理问题常伴随着一些身体上的症状，如失眠、食欲不振、咽喉肿痛、恶心、心动过速、呼吸困难、头痛等。如果幼儿教师不能及时疏导或宣泄自己的不良情绪，就很容易引起一些心身疾病，如原发性高血压、偏头疼、心绞痛、消化性溃疡、神经衰弱、焦虑症、恐怖症、抑郁症等。

（二）人际关系问题

心理问题的症状会渗透到幼儿教师的人际关系中，主要表现在：与同事不能友好相处、共同合作，甚至会发生纠纷；与孩子交往，缺乏尊重，倾向于用简单粗暴的方式解决问题；与家人关系紧张，经常对配偶及孩子发泄不良情绪等。这些状态如果持续下去，很容易形成孤独、无助、郁闷、焦虑、自卑等不良心态。紧张的人际关系，多与教师偏执、狭隘、多疑、嫉妒等不良个性因素有关，经常处于这样的关系中，这些不良的心理因素又会得到强化。

（三）职业倦怠

职业倦怠主要表现为工作满意度降低、工作热情和兴趣丧失以及情感的疏离和冷漠。幼儿教师的职业倦怠具体表现在以下几个方面。生理方面：经常疲劳、失眠、食欲不振、头晕、反应迟缓、注意力分散、记忆力下降等。心理方面：周期性的激动、焦虑、恐惧、沮丧甚至绝望；觉得工作无意义、无价值、枯燥、重复、琐碎；缺乏热情，在工作中经常有挫败感和厌倦感。行为方面：以不健康的方式回避现实，对工作敷衍了事，不思进取，急于跳槽；人际关系紧张，刻意回避各种社交活动，有自闭倾向；对幼儿失去耐心和爱心，时常小题大做，打击伤害幼儿的自尊心，粗暴地惩罚幼儿等。

三、幼儿教师心理调适

每个人并非时刻处于积极健康的心理状态之中。我们的心理和我们的身体一样，也会“感冒”，每个人都难免会有情绪低落、烦躁不安、冲动失控的时候，这些都是“心理感冒”的症状。不过大部分人对这些症状并不敏感，等到“感冒”演变成严重的心理问题时，悔之晚矣。

幼儿教师在与社会环境的互动中难免会不适应，这些不适应有些可能是情境

学习笔记

扫二维码，学习幼儿教师心理调适

学习笔记

性的，有些则可能是特质性的。例如，在绩效评估时，或是在优质课评比的一段时间内，幼儿教师会表现出焦虑，这种焦虑可能会随着时间和情境的变化而减弱或消失，这种不适应就是情境性的；如果焦虑不因时间和情境的改变而改变，则称之为特质性的。幼儿教师在判断自己的心理健康状况时，要能够区分哪些是暂时的心理状态，哪些是稳定的人格特质表现，哪些是正常问题，哪些是异常问题。对于并不严重的状态性“心理感冒”，我们完全可以通过适当的调适让自己的心理恢复平衡状态。

《幼儿园教师专业标准(试行)》特别强调了幼儿教师要“善于自我调节情绪，保持平和心态”。调适就是适应、应对和处理日常生活中的困难和挑战的心理过程。调适从性质上可以分为两种：一种是消极的调适，即适应原有的生活，消除压力，维持现状；另一种是积极的调适，即主动改造环境，创造自己的幸福。① 心理调适是指使用心理科学的方法对认知、情绪、意志、意向等心理活动进行调整，以保持或恢复正常状态的实践活动。自我心理调适是根据自身发展及环境的需要对自己进行的心理控制和调节，进行自我心理调适能最大限度地发挥个人潜力，消除心理问题，维护心理平衡。

虽然“人生不如意十之八九”，但许多时候，真正压垮我们的，不是外在的压力，而是内心的脆弱。正如卡耐基所说，“我们所感觉到的疲劳，绝大部分是由心理因素的影响而导致的。纯粹由生理因素引起的疲劳，其实非常少见。”除了客观因素，如工作内容多、时间长之外，更多时候是幼儿教师的主观因素在起作用。因此，相比外界的支持，进行自我调适更为重要。

(一)认知调适

1. 强化自我调适的意识，积极应对压力

幼儿教师首先要正确认识自己的心理状态，明确自己哪些地方需要调整；其次，要“防患于未然”，与其等到“压力山大”难以招架，不如及早预防；最后要强化自我调适的意识，遇到问题，消极抱怨不如积极应对。在平时的生活中，幼儿教师最好多收集一些缓解压力的技巧，既可以充分利用网络资源或相关书籍获取相关知识，也可以向周围自我调适能力较强的教师学习，或是向幼儿教育专家、学者和心理工作者进行咨询。

2. 树立正确的职业观和幸福观

幼儿教师要树立正确的职业观。一些幼儿教师急于跳槽，很重要的一个原因是她们过多关注职业中存在的不足，而忽视了这一职业的优势。每个职业都有其独特性，也有其不能尽如人意的地方。在看待职业问题时，人们要结合自身特点从多个角度分析，找准自己的定位，培养自己的职业兴趣。此外，我们生活的各

① [美]John W. Santrock：《心理调适》，王建中等译，4页，北京，高等教育出版社，2008。

个领域是相互影响的，身体健康状况、自身情绪以及家庭关系等方面的问题都会对幼儿教师的工作造成影响，工作状况反过来也会影响其他方面的发展。一些幼儿教师几乎把全部精力和时间都放在工作上，甚至不惜以牺牲自己和家庭为代价，这种“顾此失彼”的做法是不可取的。

幼儿教师还要树立正确的幸福观。对幼儿教师这一职业来说，身教重于言教：只有教师“幸福地教”，才有幼儿“幸福地学”。幸福感取决于我们自己的心态和观念。一些人之所以能够经常体验到幸福，是因为他们具有与其生存现状相适应的幸福观。要知道，即使拥有整个世界，我们一天也只能吃三餐，一次也只能睡一张床。把幸福寄托在别人的给予或环境的改变上是一件很傻的事情，正如于丹在《〈论语〉心得》中所说，“幸福只是一种感觉，与贫富无关，与内心相连。”

幼教故事

努力成就自己的幸福人生

应彩云

最近，我听到太多的抱怨，来自第一线幼儿教师的抱怨，繁重的工作使人丝毫无法感受“花朵的事业”的甜蜜，这是件令人惋惜的事情。在近乎痛心的沉思中，我好好地端详了自己的生活和工作。

幼儿教师在工作的时候应该是快乐的，因为我们的工作对象是孩子，他们的鲜活使我们的工作丰富而不单调，他们的纯洁使我们可以远离纷繁的成人世界而独享单纯。

幼儿教师在家的时候应该是快乐的，因为我们具备营造一个幸福家庭的“专业水平”和“专业素质”。不是吗？在幼儿师范学校里，专业学习中对人的揣摩和琴舞书画，让我们有能力建设一个风和日丽的家，并享受世间最为稳固而浓厚的亲情。

幼儿教师在哺育子女的时候应该是快乐的，因为母亲的柔情加上专业知识，使我们比一般的母亲更有优势把孩子养育成人。

只是所有的快乐，在于我们有没有心情来享受。而有没有好心情，关键在于我们的生命是否有激情，我们对生活是否充满热情。

年轻的时候，我就很喜欢小孩，这样的喜欢因太过感性而肤浅。随着与孩子越来越久地相处和母亲角色的加入，这种感情在越来越深沉中，不知不觉地凝结成爱。

没有一种爱是没有热度的。所以，在爱的火热中，我敏感地享受孩子带给我的幸福。一天，在身体很不适地带完班之后，我有些疲惫地要离开教室，骆驼小朋友走到我面前，说：“应老师，累了吧。来，抱抱你！”当小男孩紧拥着我的手在我背上拍了两下的时候，我感动得倦意真的被赶走了很多。

孩子的很多关爱方式，因为意外而让人备感幸福。寒冬里，我忙碌着制作教学具，由于与各种材料的接触，手指开裂了，而且生疼。孩子是细腻的，我偶尔流露的痛苦表情，孩子都能感觉到。第二天，居然有7个孩子不约而同地带来了创可贴，他们还执意要给我包上，边包边“唠叨”：“要天天这样包着，再涂点香香(油脂)就会好的。”孩子笨拙而柔嫩的触摸，使我幸福地任由他们摆布，使我坚定不移地相信生活是美好的。

幼儿教育工作确实是烦琐的，但是每当疲劳的时候，我总可以从孩子那里，汲取到继续前进的力量，这应该是有爱的缘故。

也因为有爱，我有了自己的家庭和儿子。

从儿子呱呱坠地起，我就知道我有多爱他：他让我变得脆弱，我会因他的啼哭而陪着泪流不止；他让我变得坚强，我会抱着十多千克的他徒步2站地去医院。他给我的生命注入了新的活力，他给了我更加丰富的生命体验，所以，无论怎样辛劳，我也要让他幸福，我要在我力所能及的范围内，给予他最好的，这几乎成了我重要的人生目标。

尽管下班时，我已筋疲力尽，但是，回家看见他，我又来劲了。我经常想：我的儿子应该和幼儿园的孩子共享我，甚至更多，因为他是我这辈子永远拥有的无价之宝。所以，在他幼年的时候，我安排了每天和儿子相处的晚间活动表，要知道这是幼儿教师的专长，在和儿子的玩闹中，我对他进行亲情的哺育。在他少年的时候，尽管日渐独立的儿子不再需要陪伴，但是，我依然时刻关注着他的成长，以便在他需要的时候及时出现。

幼儿教师在幼儿园里，设计着各种各样的活动丰富我们的教学，所以，营造一些家庭气氛，给家人制造一些惊喜，对我们而言应该是小事一桩，只是需要我们对家人细心。

一天下班，我提着生日蛋糕回家，儿子和我摆好晚餐等待先生回家。当门铃响起时，我点亮了蜡烛，儿子用小号吹起了《生日快乐》，这把忘记自己生日的先生感动得一塌糊涂。

所以，不要错过每一个纪念日，它会使我们的平淡日子有滋味，使我们的平静生活有起伏。我们不能缺少幸福的家庭生活给我们带来的滋润和鲜活。

至此，值得明白的是，在爱的旗帜下，所有的热情的放送，需要我们有足够的体力和精力，也就是说，幸福生活的体验是以健康为前提的。所以，我们要好好地保重自己的身体，为自己也为周围的人。值得庆幸的是，我有良好的运动习惯，每天的晨跑，似乎激活了我身体里的细胞，让我一整天精力充沛，精神饱满，所以，我较少有累得失去理性的时候。值得反思的是，为什么我们不能拥有运动的习惯呢？当然，保持健康和精力的方式有很多，赶快去寻找适合自己的，并且持之以恒地使用，不要半途放弃。

我想，只有充实而“富有”的人，才会情不自禁地给予；当给予变成一种幸福，那么我们在带给周围人幸福的同时，自己也享有了幸福。所以，不要忽略自己的幸福感受，那是我们生命继续的源泉；不要抱怨等待，自己的幸福只有自己来造就。

＊应彩云：全国教书育人楷模、上海市特级幼儿教师，主要著作有《孩子是天　我是云》《在墙面环境中学习》等。

3. 正确认识自我，悦纳自我

自我悦纳是指个体对自身以及自身特征所持的一种积极的态度，即能欣然接受自己现实中的状况，既不骄傲，也不自卑。① 自我悦纳是教师职业道德养成的核心，它能够使教师自尊、自信、自爱，强化教师的职业认同感。悦纳自我先要无条件地接纳自己，包括自己的优点和缺点，接纳自己的不完美，接纳自己当下所有的反应、想法和情绪，即使它们是负面的、消极的。要想成为一名成功的幼儿教师，首先要学会做一个成功的普通人。要知道，我们并不是圣人，面对生活中的种种困难和不如意，心烦意乱、情绪失控、紧张犯错是很正常的。我们首先要认可自己，理解自己，宽容自己，只有学会爱自己，才能更好地去爱别人。

不少幼儿教师有完美主义倾向，女教师表现得尤其明显，她们往往把目标定得过高，强迫自己达到难以企及的理想标准。很多时候人们需要追求更高的目标，但是过高的目标只会让自己背上沉重的包袱，难以体验成功的快乐。其实，坦诚面对自己的不足，反而更能赢得大家的尊敬，也会让自己更加从容。因此，不妨适当调整目标，使其更贴合实际，放弃对自己的苛求，这样精神压力和挫败感就会降低，自信心也会增强。

学习笔记

相关链接

寻找失落的一角

圆缺了一个角，于是它动身去寻找失落的一角。缺了一角的圆走得很慢，途中，它与虫儿赛跑，与蝴蝶嬉戏，一边唱着歌一边寻找，它觉得自己无比快乐。但是寻找的过程是艰辛的，有的角太大，有的又太小，它漂洋过海，历经风吹雨打，终于找到了与自己最合适的那一角，它们组成了一个完整的圆。它向前滚动，因为不再缺少什么，所以越滚越快，快得停不下来，它快得不能跟小虫说说话，也不能闻闻花香，连蝴蝶都不能在它身上落脚，找回一角的它发现自己再也无法歌唱……所以它轻轻放下已经寻到的一角，又独自上路继续寻找。

的确，人们总是追求着尽善尽美，不停地追逐着成功之梦，希望自己能够得到圆满，可当得到了自己想要的完美时，却发现生活失去了真正的意义。更多的时候，我们不需要刻意用“完美”来装饰自己，因为缺憾也是一种美。

4. 知足感恩，活在当下

心理学研究表明，人的幸福指数与其欲望成反比，即在同等生活条件下，欲望越少的人，幸福指数越高。5 岁时，你会因为得到一颗糖而快乐；15 岁时，你会因为考试全班第一而兴奋；25 岁时，你会因为得到某位异性的青睐而狂喜；35 岁时，你会因为拥有一辆越野车而得意……我们的财富在增加，幸福指数却在降

① 雷玲：《优秀教师的 8 种心理素质》，15 页，上海，华东师范大学出版社，2012。

学习笔记

低。我们时常抱有这样的幻想：要找一个安静的地方，才能安心学习；要到森林草原，才能感觉心旷神怡；要去海滩公园，才能体会浪漫气氛；要在哪里工作，才能……于是，这些条件就变成了我们获得幸福的砝码，或者是我们不够幸福的理由。而事实上，拥有这种想法的人往往很难感受到幸福，因为真正重要的不是你在哪，拥有什么，而是你怎么想。很多时候一个人的快乐，不是因为他拥有得多，而是他计较得少，“知足常乐”就是这个道理。

有这样一种人，他们习惯于憧憬着明天的生活，常常为一些尚未发生的事情焦虑和苦恼，于是他们的生活常常被未来的“麻烦”所困扰；还有一种人，他们习惯于留恋过去的生活，总是对曾经发生过的某件不如意的事情耿耿于怀，于是他们总是被过去的经历所折磨。其实，过分留恋过去或是憧憬未来都是对现状不满的体现，这些人始终生活在回忆或幻想之中，所以他们一天也无法享受当下的幸福。这让我想起童话故事里冰雪女王的话，“这里的规矩是，明天可以吃果酱，昨天可以吃果酱，但今天不可以吃。”实际上，只有今天才是唯一真实的存在，因此“活在当下”才是我们应有的生活态度。不为昨天扰，不为明天忧，享受现在正在做的事情，珍惜现在所拥有的一切，全身心地投入现在的生活，一切从现在开始。

（二）情绪情感调适

在幼儿教师存在的心理障碍中，情绪障碍是主要问题，因此恰当及时地调控自己的情绪对幼儿教师至关重要。

1. 赶走焦虑，轻松上阵

焦虑是一个人预料将会有某种不良后果产生或模糊的威胁出现时而引发的一种不愉快情绪，其特点是紧张不安、忧虑、烦恼和恐惧。幼儿教师时常会处在焦虑情绪中，这些焦虑主要体现在对幼儿的安全问题，以及自己难以跟上课改步伐、可能面临的转岗和下岗问题所表现出的担心。客观现实是无法回避的，首先要承认消极情绪的存在，并接纳它们，然后再分析其产生的原因，对症下药。幼儿教师应当学会理智地看待自己的情绪情感问题，弄清自己所苦恼、忧愁、愤怒的事物，是否确实可恼、可忧、可怒。事实上许多烦恼是我们自找的，正如卡耐基所说，“使我们不快乐的，往往是一些芝麻小事。我们可以避开大象，却躲不开一只小小的苍蝇。”明确了这一点，我们就可以避免在一些无谓的小事上浪费自己的时间和感情。

拓展阅读

走出焦虑的陷阱

一位妇人不小心打破了一个鸡蛋，这本是件平常事，但是这个妇人却想：一个鸡蛋孵化后会变成一只小鸡，小鸡长大后会变成母鸡，而母鸡又能够下很多的蛋……“天啊！”妇人痛苦地叫喊起来，

“我失去了一个养鸡场。”妇人开始郁郁寡欢，最后竟一病不起。

很多时候，困扰我们的往往不是事物本身，而是我们对事物的看法。我们习惯于拿着放大镜对人看事，特别是倾向于将生活中遇到的某些不如意的事肆意夸大，使它成为自己思想中压倒一切的东西，以致严重影响了工作与生活。真的有那么多值得我们忧虑的事情吗？

心理学家为此曾做过一个有趣的实验：首先要求实验者在一个周日的晚上把自己未来7天内的所有忧虑和“烦恼”都写下来，然后投入一个指定的“烦恼箱”里；7天之后，请实验者打开“烦恼箱”对自己的烦恼进行核对。结果发现，90%的担心根本就没有发生。剩下的10%呢？实验者发现，这些“烦恼”有的已经解决了，还有的自己完全可以应对。正所谓烦恼不寻人，人自寻烦恼。可见，烦恼多是自己找来的。

如果你有担忧的问题，就应用威利斯·卡瑞尔的奇妙公式，做到下面三件事：

问你自己：可能发生的最坏情况是什么？

如果你必须接受的话，就准备接受它。

然后镇定地想办法改善最坏的情况。

2. 抑制冲动，控制情绪

冲动是指由外界刺激引起，突然爆发的、缺乏理智而带有盲目性的、对后果缺乏清醒认识的行为。冲动型的教师很容易出现爆发性的激情：暴躁易怒，一点就着；听不进任何人的劝说，尤其在情绪激动的时候；发怒时往往口不择言，倾向于使用暴力手段解决问题，如砸东西、打架等。在幼儿园班级管理过程中，这样的教师往往情绪不稳定，幼稚、意气用事、缺乏耐心，自己心情不好时常拿幼儿发泄，体罚甚至虐待幼儿，完全无视社会规范和职业道德。

一般情况下，能对自己的情绪产生强烈刺激的事情，通常都与自己的切身利益密切相关。要想控制冲动并不容易，需要一定的技巧。美国心理学家欧廉·尤里斯教授提出控制情绪激动的三个技巧：降低说话声音，放慢说话速度，胸部挺直。面对愤怒情境，发怒之前首先给自己灭火，如默数或给自己提问，并设想后果；学会换位思考，先描绘自己心里的感受，再说声“变”，潜入对方心里，体会对方感受。还可以通过“第三只眼”，如值得信赖的朋友，监督自己的思想和行为。如果冲动还是难以控制，那就及时转移注意力，如立刻离开刺激情境，平复心情；或者做一些别的事情，让自己忙碌起来。

学习笔记

资格考试要点

选择题：

华华在活动室不小心把膝盖摔破了皮，华华妈妈投诉了带班的范老师。第二天，园长批评了范老师，范老师憋了一肚子火，回班里训斥孩子们：“还不给我坐好！莫名其妙！”范老师的行为（　　）。

A. 合理，表明她不掩饰自己的情绪

B. 合理，表明她善于转移负面情绪

C. 不合理，表明她缺乏心理调适能力

D. 不合理，表明她缺乏教学组织能力

[答案]C　名师解析：题干所述，说明教师缺乏一定的心理调适能力。

论述题：

有人说幼儿园工作收入低，很辛苦，除了繁重的教学任务外，还要顶住巨大的社会压力。对此，你怎么看？

1. 综合概述。

在有些人眼里，幼儿教师工作又苦又累，工资待遇也低。但是，我觉得幼儿教育工作是一份甜蜜的“苦差事”。

2. 具体阐述。

幼儿教师承担着较大的教育责任，压力大，工资相对较低，但是，在我看来，幼儿教育工作虽然辛苦，却又蕴含了很多幸福。

(1)每天入园时刻看到孩子们幸福的笑脸，我觉得生活很美妙。

(2)与孩子们朝夕相伴之际，师幼感情日益深厚。

(3)与孩子们促膝长谈时，师幼心灵更加贴近。

(4)在离园时间，看到幼儿依依不舍的表情，我知道自己的付出是值得的。

3. 点题升华。

(1)爱岗敬业。①将自己所学的知识用在教育教学中，并取得良好的效果；②严格要求自己，用细心、耐心、爱心对待幼儿。

(2)提升保教能力。通过不断学习，提高自己的保教技能，从而减轻工作压力。

(3)苦中作乐。①控制好个人情绪，适当放松自我；②当遇到工作瓶颈时，冷静分析，寻求解决的办法。

幼儿教师资格考试面试的基本要求：

面试主要考查申请幼儿园教师资格人员应具备的基本素养、职业发展潜质和保教实践能力，主要包括：

1. 良好的职业道德、心理素质和思维品质。

2. 仪表仪态得体，有一定的表达、交流、沟通能力。

3. 有一定的技能技巧，能够恰当地达成保教目标。

测试内容与要求

(一)职业认知

1. 爱幼儿，尊重幼儿。

2. 对幼儿教育工作有热情、有责任心。

(二)心理素质

1. 具有一定的情绪调控能力。

2. 乐观开朗、有自信心。

(三)仪表仪态

1. 行为举止自然大方，有礼貌。

2. 服饰得体，符合幼儿教师职业特点。

(四)交流沟通

1. 有较好的言语表达能力。口齿清楚，普通话标准，语速适宜，表达比较准确、简洁、流畅、有条理，有一定的感染力。

2. 善于倾听、交流，有亲和力。

(五)思维品质

1. 能正确地理解问题，条理清晰地分析思考问题。

2. 有一定的应变能力，在教育教学上表现出一定新意。

3. 合理宣泄，驱散阴霾

过激行为通常在受到外界强烈刺激的情景下出现，但也可能在怨恨和愤懑长期郁积于胸无法排遣时产生。人的心理承受力是有限的，幼儿教师应当学会将不良情绪及时宣泄出去。宣泄可以使人们心中积压的负面情绪得以稀释，有助于保持心理平衡。不过宣泄必须要合理。"虐童"就是幼儿教师发泄郁闷和不满的一种方式，但是害人害己。因此，宣泄也要讲究方法和度，不能随便发泄，更不能违背职业道德。

相关链接

高成本的"情绪劳动"如何摧毁我们的人生？

美国社会学家霍赫希尔德提出了"情绪劳动"这一概念，即管理自己的情感，以创造一种公正可见的面部和肢体的表现。比如酒店前台的人员要付出"热情的情绪劳动"，法官要付出"冷静的情绪劳动"，教师要付出"有耐心的情绪劳动"，这些都是隐形的情绪劳动。一个人的情绪能量是有限的，情绪劳动对情绪能量的消耗，是一个人疲惫不堪的重要原因之一，这种状况导致我们在心力交瘁的时候，把最不好的情绪给了自己最亲近的家人。众所周知的许多喜剧演员都是严重的抑郁症患者，他们把生活中所有的开心都展现在了舞台上，幕后留给自己的只有压力和疲惫。

幼儿教师这一职业也是需要付出大量情绪劳动的职业，幼儿教师在工作环境中被要求在孩子与家长面前要充满热情与耐心，时刻面带微笑，许多时候不得不隐藏自己的真实情绪，一旦在职场没有处理好自己的情绪，就会被质疑，会被要求为自己负责。有时候幼儿教师所付出的情绪劳动，远远超过其可以承受的范围，而这种情绪劳动的付出被当成理所应当的。

社会学家格隆布和特夫斯，把情绪分解成两个维度：情绪感受(你的真实心情如何)和情绪表达(你表现出来的情绪是怎样的)。情绪表达和情绪感受的差别越大，人需要付出的弥补两者之间差距的努力也就越多，“情绪劳动”的工作量也就越大，人就容易觉得累。所以，当今天“情绪感受”很糟糕时，我们通常有两种办法解决。第一种是“改变情绪表达”，就是假装开心，隐藏坏情绪。很明显，此时的“情绪表达”和“情绪感受”的差别大，情绪劳动成本高。第二种是“改变情绪感受”，就是自我说服，意识到坏情绪并不是自己唯一的选择，引发自己的正面“情绪感受”，与职场要求的“情绪表达”一致，情绪劳动成本也随之降低。

情绪劳动理论告诉我们：“改变情绪表达”的成本一旦付出，人们就会期待相应回报，但在现实生活中这种回报很难获得。因为情绪的特殊性——看不见摸不着，所以有一些没有回报的低效“情绪劳动”没有引起我们的重视，这种“情绪劳动”不断重复，不断消耗我们的有限幸福感，日积月累就成为收不回来的坏账，最终压垮了我们的人生。可见，改变情绪表达是治标，调整情绪感受才是治本。

所谓“调整情绪感受”，就是指选择那些“对事实更积极的看法”。对于幼儿教师来说，既然愉悦、温和、耐心是必不可少的职业要求，那最好的办法就是通过改变认知引发自己对于幼儿与家长的积极的情绪感受，发自内心地关心孩子，流露真诚自然的微笑，让自己心情愉快地度过每一天。

合理宣泄情绪的小妙方

1. 当非常生气时，你可以换种方式发泄怒火，如打击沙袋、跑步、游泳、打球、做家务、大声唱歌等，将体内积聚的愤怒情绪释放出来。

2. 当极度痛苦时，你不妨大哭一场，或者找可以信赖的人倾诉一番，写一篇日记、看一场喜剧电影等也是不错的方法。

3. 当你心情烦躁时，到大自然中走一走，听听自己喜欢的音乐，洗个舒服的澡，好好睡一觉，都能帮助你平静下来。

4. 保持乐观，适度洒脱

学习笔记

乐观就是无论在什么情况下都能保持良好的心态，相信坏事情总会过去，阳光总会再来的心境。乐观是一种思维方式，面对生活中的不如意，乐观的人总会往好处想；乐观更是一种态度，面对人生中的挫折和不幸，乐观的人总是选择放大幸福，缩小痛苦。因此，能够保持乐观心态的幼儿教师，在工作和生活中必然能够体验到更多的乐趣。人们经常处在积极乐观和消极悲观两种心态的交替中，但经过坚持不懈的自我培养，可经常进入积极乐观的状态。

一些幼儿教师不快乐是因为太计较得失，太在乎别人的眼光，常常不自觉地拿自己和别人比较，尤其喜欢拿自己的不足和别人的长处比，总是认为别人比自己过得好，总觉得自己工作不如别人轻松，赚钱不如别人多，嫁得不如别人好……这些狭隘的视角常常导致失落、自卑、妒忌等消极情绪的出现。许多时候，我们忙于追赶别人的脚步，把别人认为重要的东西当作自己的目标，却忘记了聆听自己内心的声音。当感到疲惫不堪时，我们不妨反躬自省："我到底想要什么样的生活？究竟什么才能给我带来真正的快乐？"当停下盲目追逐的脚步，不再被他人所牵制，开始关注自己内心真正的需要时，也许我们就能从生活的压迫中解放出来，变得更加超然洒脱。

拓展阅读

积极心态训练法

1. 昂首走路。当情绪低落时，你不妨加快走路的步伐，抬头挺胸，这时你会感到愉快的情绪在滋长。

2. 经常对着镜子练习微笑，体会笑容给自己带来的开心的感觉，相信这种快乐会感染周围的人。

3. 每天花10分钟想想你已经拥有的，给自己安慰和鼓励。

4. 感谢今天所遇到的一切的人、事、物，感谢他们给了你学习、改进和成长的机会。

5. 遇到问题尽量避免寻找借口或抱怨别人，学会积极主动地承担责任，学会说："这是我的错！"

6. 凡事多往好处想，有坏的方面必然就有好的方面。遇到困难或情绪低落的时候，告诉自己：一切都会好起来的！

（三）行为调适

1. 学会管理自己的时间和精力

学习笔记

身为现代人，我们有很多便利的工具，但总感觉时间不够用。我们一边抱怨自己太忙没有时间做重要的事，一边又惊讶于成功人士如何在相同的时间内取得诸多成就。许多幼儿教师经常抱怨自己忙得顾不上休息，其实除了客观的现实压力外，很大程度上是时间与精力管理的水平较低所致，导致原本1小时能做完的事情被稀释到3小时来完成。管理大师彼得·德鲁克说："时间是世界上最短缺的资源，除非善加管理，否则一事无成。"时间管理本质上是"自我管理"，其目的是决定什么事应该做，什么事不该做。美国学者菲利普·L. 莱斯认为，时间管理存在7条致命的禁忌：迷惑、犹豫不决、精力分散、拖延、逃避、中断和完美主义，① 而有效的时间管理能帮我们提高办事效率，增强自信心，体验更多的成就感，还能创造出更多休闲的时间，从而有效克服职业倦怠。

（1）明确事情的轻重缓急，有效地利用时间

时间管理专家劳拉·范德卡姆女士发现，大部分人对于时间管理的认知存在

① 金忠明、林炊利：《教师，走出职业倦怠的误区》，182页，上海，华东师范大学出版社，2011。

误区，认为时间管理的首要工作就是节约时间，把碎片化的时间利用起来，所以他们常常为了省短短10分钟的广告而绞尽脑汁，却从未想过放弃耗时两小时的电视节目。我们在实际生活中总是面临自相矛盾的情形：一方面觉得时间不够用，另一方面又在大量地浪费时间。她指出，“时间就是选择。‘我没有时间’通常意味着‘这事不重要’。不是没有时间，而是我不想去做。”只要是我们认定的重要的急切的事，我们一定能够挤出时间去完成，时间的弹性超乎我们的想象。我们并不是通过节省时间创造想要的生活，而是先创造想要的生活，然后时间就会自动节约下来。而当我们关注重要的事时，我们就能用我们拥有的时间，打造我们想要的生活。

学习笔记

所以，时间管理并不是节约时间，而是充分有效地利用时间。将时间花在有价值的事情上，是时间管理的关键。对待重要的事情，要像对待热水器坏掉那样。因此，我们应当将那些我们想要去做但是以为没时间做的事情提上日程，而不是等到未来的某一天。在具体的操作层面，首先，我们需要审视工作时间表，分出事情的轻重缓急，要毫不留情地抛弃低价值的活动。可以先列出自己要做的事情，把需要优先完成的工作（包括有期限、需要在短期内尽快完成的任务、他人期待快点完成的工作，以及自己渴望完成的很有价值的工作）放在办公室最显眼的地方，以便随时可以意识到。我们需要遵循自己的生物钟，把优先要做的事情放在效率最高的时间段，也就是我们最容易集中精力的时候完成。其次，把事情分开进行，“聚焦目标”，每次只专注于当下那一件最重要的事，然后将关键之事做到极致。最后，要学会充分利用零碎时间。例如，在路上的时间可以思考活动安排，孩子午休的时间可以学习新知识，给自己充电。

相关链接

最省力的法则

这是19世纪末20世纪初意大利经济学家帕累托提出的。他认为：在任何一组东西中，最重要的只占其中一小部分，约20%，其余80%的尽管是多数，却是次要的。该法则提醒我们：永远先做最重要的事情。他将事情分为四种类型：

A. 重要且紧急（如救火、抢险等）——必须立刻做。

B. 重要但不紧急（如学习、做计划、与人谈心、体检等）——只要是没有前一类事的压力，应该当成紧急的事去做，而不是拖延。

C. 紧急但不重要（如有人因为打麻将“三缺一”而紧急约你、有人突然打电话请你吃饭等）——在优先考虑了重要的事情后，再来考虑这类事。人们常犯的毛病是把“紧急”当成优先原则。其实，许多看似很紧急的事，拖一拖，甚至不办，也无关大局。

D. 既不紧急也不重要（如娱乐、消遣等）——重要的事情完成之后再说。

(2)避免拖延，立刻行动

当不想做某件事的时候，许多人会习惯性地选择拖延，时间管理学者将拖延分为三种类型：拖延不愉快的事，拖延困难的事，拖延难以决定的事。拖延的背后通常是自身的惰性在作祟，也可能是缺乏热情或恐惧失败而产生的逃避心理，抑或是过于关注工作中的一小部分所致。在世界上所有的事情中，拖延时间也许是最不费力的。我们有一万个不去做某件事的理由，还有一堆看似重要其实可有可无的活动为自己营造紧张忙碌的氛围，但实际上，我们并不是真的没时间，只是不想去做而已。

学习笔记

莱斯说："拖延是偷窃时间的贼，是时间管理中最大的罪恶。"拖延不仅会让一个人经常性地不能完成任务，耽误时间浪费精力，而且会使人一直处于焦虑和紧张状态中。拖延或许能令我们享受片刻的轻松，但最终我们还是要承担相应的责任，并为此付出代价。要改掉拖延的坏习惯，首先要认识到拖延的危害，明白自己的拖延行为是错误的，然后给自己一个明确的目标和合理的期限。最重要的是，一旦确定就立刻付诸行动，不要给自己找任何拖延的借口或理由。

拓展阅读

克服拖延的小技巧

1. 分辨出今天你要做的最重要的事情。

2. 决定只做这件事的一小部分——它可能只花费你一分钟，甚至30秒。

3. 清除所有的干扰。将所有的电子设备和程序关闭，只剩下你和你的任务。

4. 坐下来，然后专注地开始去做。并不是要做完整个任务，而仅仅是开始去做。

5. 当你内心有强烈的冲动想要转移注意力去做另一件事的时候，一定要保持警惕。也许你想要查看电子邮件或你喜欢的网站，也许你想要玩游戏、打电话或者洗衣服。观望这些在你脑中盘旋的欲望与冲动，但仍旧坐在那里不动，等它们逐渐消失。

6. 观望内心产生的放弃做这件事的想法。同样，舍去这些看似合理的想法，仅仅让它过去。现在，从一小步开始，越小越好。开始去做，剩下的自会完成。

(3)打破低效工作与被动学习的低位循环

在生活中，很多时候，我们往往在一件事上投入了大量的时间与精力，却没取得想要的进步，成了"瞎忙活"。原因何在？斯坦福大学的学习专家爱德华多·布莱斯尼欧在剖析了众多成功人士及团队的行为特征后发现，他们会刻意让自己的生活在两个区域交替：学习区和执行区。我们在学习区和执行区做的事情截然不同。在学习区，我们把精力集中在我们还没有掌握的地方，也就意味着我们得期待自己犯错误，从错误中吸取教训。在执行区，我们就得专注于自己已经掌握的区域，尽量减少失误。执行区可以最大化我们的即时性能，而学习区可以使我

学习笔记

们成长以及最大化我们未来的表现。在执行区，我们可以尽全力将事情做到最好，同时执行区的经验也会很有激励性，在回到学习区的时候，我们就可以着力专注于我们的下一步。我们精疲力竭但依然无法提升的原因是我们将大量的时间花在执行区，不断重复已有的技能而忽略思考和学习。这不仅会阻碍我们的成长也会影响我们当下的表现，沉溺于执行区的劣质的勤奋会损耗我们大量的时间与精力，进而挤占我们在学习区的投入时间，让我们处于碌碌无为的状态之中，最终陷入低效工作与被动学习的低位循环。

调查显示，初入职场的新人表现通常比较平稳。一旦认为自己完全可以胜任工作，许多人就会把全部的注意力放在工作和行动上而忽视对学习区的投入，那些继续将时间花在学习区的人，通常能够继续获得成长。研究发现，最好的推销员经常通过阅读拓展知识、与同事或行业专家交换意见、征集反馈、尝试新的策略等方式进行自我提升。顶尖的棋手并非花大量的时间去下棋(执行区)，而是去预测并分析大师的棋路(学习区)。最高质量的训练方式产生最快的进步速度，心理学家安德斯·埃里克森博士称之为“刻意练习”，在很多特定领域，“天才表现”的背后是艰苦卓绝的训练所形成的独特心理结构。

所以，高效的方法在于，在学习区和执行区不断地交替，通过学习区获取高于现有水平的认识，通过执行、犯错、反馈，最终获得提升，然后继续学习，循环往复，螺旋前进。我们在学习区花的时间越多，在转移到执行区时得到的提升就越大。书籍、视频、软件、工具、朋友，都是以某种形式存在的“教练”，你找到越多维度的“教练”，精进的路径就越多。如果我们不再不停地去做事，不停地去执行，而是花更多的时间去探索，去询问，去倾听，去尝试，去沉思，去努力，去改变自己，那么我们的努力就变得更为重要，我们就能不断地突破自己。

2. 善待自己，简化生活

喧嚣浮躁的功利社会，让人们像上紧了发条的时钟，不敢有丝毫的怠慢，由此滋生了“时间就是生命，休闲娱乐就是犯罪”的心态，拥有这种心态的人把任何形式的纯娱乐都等同于懒惰。宁可为生活工作所累，也不愿意浪费一分一秒，于是许多人变成了工作的奴隶，变成了摧残自己身体健康的杀手。幼儿教师必须学会把工作与生活分开，“钻”得进去，“跳”得出来。第一，要学会善待自己，为自己创造具体的愉悦感，主动补充情绪能量。生活中一些“小确幸”的事件会让人瞬间获得生理和心理的双重慰藉。比如把自己打扮得美丽大方、赏心悦目，让自己每天都有好心情，每周给办公室换上一束鲜花，至少每个月去一次博物馆……仪式感能将生活的细微处无限放大，这种洞察力，让人拨开情绪的迷雾，看清事情的本质：大多数平日里已经见怪不怪的事情，其实都有让人愉悦的地方。无论我们的疲惫或压力是来自身体还是心理，我们首先要做的就是停下来，让大脑得到休息，找出疲惫的源泉并释放压力。你可以用自己想要的任何方式停下来，如睡觉、关闭手机、无所事事发呆、享受阳光、户外散步等；也可以通过冥想、瑜伽、运动休闲等放松心情，锻炼身体。在高效地完成了一个任务后，给自己一些小小的奖励，可以是一件自己喜欢的东西、一顿美餐或是一次旅行……试着让自己慢下来认真地享受生活。

第二，要学会简化生活，给生活“留白”。如今爆炸的信息和膨胀的经济常令人陷入焦虑之中而无暇享受生活。我们的祖先在造字的时候早已给了我们智慧的警示，所谓“忙”就意味着“心亡”，在忙着追求更多的物质财富时，我们忽视了心灵的死亡会带来更大的空虚。当今社会，极简之风日益盛行，越来越多的人开始关注心灵的自由，苹果公司的开创者史蒂夫·乔布斯和脸谱网的创始人扎克伯格都是极简主义的践行者。美国著名学者梭罗在瓦尔登湖边独居了两年多，他告诉世人，“多余的财富只能够买多余的东西，人的灵魂必需的东西，是不需要花钱买的。”山下英子在《断舍离》一书中指出，“如非必要，勿增实体。断舍离不是简单地整理物品，而是透过整理物品了解自己，整理心中的混沌。”这种简化不仅针对物品，还包括工作、信息、人际关系等。“减法生活”能让我们更认真地去思考自己真正需要什么，让我们重新看待自己所拥有的一切。开始极简生活的同时，我们也在减少管理许多无效事情的精力消耗，压力也会随之减轻。

学习笔记

拓展阅读

生活中很多不必要的负担，都应该交到应交付的地方

生活中很多不必要的负担，都应交到应该交付的地方：

将钱交给银行。

将怕忘的事交给记事本。

将方方面面的工作交给各个负责的部下。

将无法预测的未来交给命运。

将今天没解决的问题交给明天。

将烦恼交给自生自灭的情绪规律。

将没必要背的包袱交给大地。

将孩子的成长一定程度上交给孩子自己。

将多余的牵挂交给过眼云烟。

将难以忍受的内心折磨交给知心朋友。

将恋人有关忠贞的允诺交给他(她)本人保管。

将自己的作为交给别人任意评价。

学习笔记

将与己无关的万事交给上帝。

将对未来的忧虑交给未来。

将旅途劳顿交给睡眠。

将身心疲惫交给随心所欲的休闲。

将失去所爱的痛苦交给自然而然的淡化与遗忘。

将明天的收获交给今天的耕耘和风雨旱涝。

将自己赤条条剥光了交给自然。

……

——柯云路《心灵太极》

3. 学会拒绝，勇于说“不”

许多烦恼其实来自不必要的压力。一些幼儿教师是我们常说的“老好人”，几乎是有求必应。这些教师往往不太区分自己的责任和别人的责任，通常会自愿把很多工作揽到自己身上，或当别人求助时，明知时间不够却碍于面子不好意思拒绝，结果只能是给自己徒增烦恼。要避免这些额外的压力，首先，要了解自己在什么事情上容易过度承诺，不要让过度讨好别人的想法占据你的思维。其次，要勇于说“不”，勇于拒绝那些不重要的事情，心有余但力不足的事情以及违背自己原则的事情。最后，要掌握一些拒绝的技巧，既能够让对方接受又不会伤感情。

拓展阅读

拒绝的艺术

1. 不要立刻拒绝：一听到别人求助就马上拒绝，会让人觉得你是一个冷漠无情的人，甚至觉得你对他有成见。首先应该认真倾听对方的处境和需要，并对此表示理解和尊重，这样可以拉近彼此的心理距离，不会让对方有敷衍了事的感觉。

2. 不要带着不愉快的情绪拒绝：无论是盛怒、厌烦还是冷漠无情地拒绝，对对方都是一种伤害，也会令人很难堪，严重的可能会因此反目成仇。拒绝的时候，最好面带微笑，态度要庄重，让对方感受到你对他的尊重、礼貌，就算被你拒绝了，他也能欣然接受。

3. 不要态度强硬地拒绝：要注意说话的方式，语言要文明，语气要诚恳，真正有不得已的苦衷时，可以委婉地说明，以婉转的态度拒绝，如果自己实在帮不上忙，可以给对方提一些更好的建议或在其他方面给他一些帮助，这样对方还是会感动于你的真诚的。

4. 协调人际关系，学会自我保护

人际关系不协调是幼儿教师消极情绪的重要来源之一。新任职的教师在从业之初容易遭受挫折、遭遇困境，往往是因为年少轻狂，“锋芒毕露”和“棱角太分明”(老教师对新教师的评语)。有些新教师心直口快，有什么看不过眼的想也不想就会说出来，导致人际关系紧张；有些教师原则性太强，遇事遇人不懂得适当地退让妥协，难以很好地融入群体……其实这些都是不会保护自己的表现。

现实世界中主要存在三种为人处世的方式：一是耿直刚毅，直言不讳；二是阿谀奉承，虚情假意；三是外圆内方，有理有节。幼儿园也是一个小社会，形形色色的人都有。一般情况下，耿直刚毅、直言不讳的教师在同事眼里比较有魄力，令人敬佩，但这类教师在说话时往往不太考虑别人的感受，容易让人敬而远之，而且这类教师产生职业倦怠后具有相当的弥散性和不易恢复性。善于阿谀奉承的教师会被同事瞧不起，所谓"日久见人心"，大家对虚情假意的伎俩早已了然于胸。这类教师在民主选举中很难得到同事的认可，久而久之也会产生职业倦怠，并且容易出现玩世不恭的心态。

最好的方式是第三种——"外圆内方"，它蕴藏着为人处世的智慧：内心世界可以高标独立，外显言行则必须合乎规范。"外圆内方"的教师无疑是最高明的，他们会受到同事和领导的一致欢迎。这类教师对别人的优点会真诚地赞赏，对别人的缺点也不回避，但是他们会主动掩盖容易伤人的锋芒，不会对别人的缺点和错误直言相对，而是根据具体情况，用别人可以接受的言辞委婉地提出自己的不同见解，使对方即使听到批评意见也不会觉得难堪。用这样的方式与人交往既不会刺伤别人，同时又很好地保护了自己。①

适当地掌握一些心理调适的技巧有助于我们更好地应对压力，保持心理平衡。自我调适的方法很多，关键是找到适合自己的方法并坚持使用。如果自我调适的效果不佳，还可以向心理专家进行咨询。幼儿教师应当明确的是，从事幼儿教育工作不是为了奉献自己，做"蜡炬成灰泪始干"式的牺牲者，幼儿教师有权利追求属于自己的快乐和幸福。当今社会对于幼儿教师心理健康问题日益关注，习近平总书记曾多次强调，"各级党委和政府要满腔热情关心教师，让广大教师安心从教、热心从教、舒心从教、静心从教，让广大教师在岗位上有幸福感、事业上有成就感、社会上有荣誉感，让教师成为让人羡慕的职业。"对于幼儿教师来说，健康永远是第一位的，在关注生理健康的同时，也要时刻关注自己的心理健康。只有各个方面都维持在平衡状态，人们才能更好地投入工作、享受生活。

学习笔记

思考与练习

一、名词解释

1. 幼儿教师职业认知
2. 职业情感
3. 职业倦怠

扫二维码看参考答案

① 金忠明、林炊利：《教师，走出职业倦怠的误区》，189～190页，上海，华东师范大学出版社，2011。

学习笔记

4. 幼儿教师心理素质

二、填空题

1. 幼儿教师的职业心理特征主要表现在______、______和______三个方面。

2. 幼儿教师职业有其不可替代的优势：较高的________、较大的________、较多的________和较少的________。

3. ________往往是人们在择业时考虑的首要因素，而________则决定了人们最终的选择。

4. 幼儿教师在实际工作中应着力培养积极的职业情感，如职业________和职业________；应当极力克服和纠正不健康的情感，如职业________。

5. 职业意志主要体现为________。

6.《幼儿园教师专业标准(试行)》中将________、热情开朗、________视为幼儿教师必备的职业素养。

7. 幼儿教师职业心理品质主要包括：激励性、________、创造性和________。

三、简答题

1. 影响幼儿教师心理素质的因素有哪些?

2. 判断幼儿教师心理健康的标准有哪些?

3. 幼儿教师的心理问题主要表现在哪几个方面?

4. 幼儿教师可以从哪些方面进行心理调适?

学习反思

模块五

幼儿教师职业道德行为及培养

学习目标

1. 理解幼儿教师职业道德行为的含义，能够分辨出哪些行为属于职业道德行为。
2. 理解幼儿教师职业道德行为的特点，并能举例说明。
3. 了解幼儿教师职业道德行为的影响因素。
4. 了解幼儿教师职业道德行为的培养途径。

思维导图

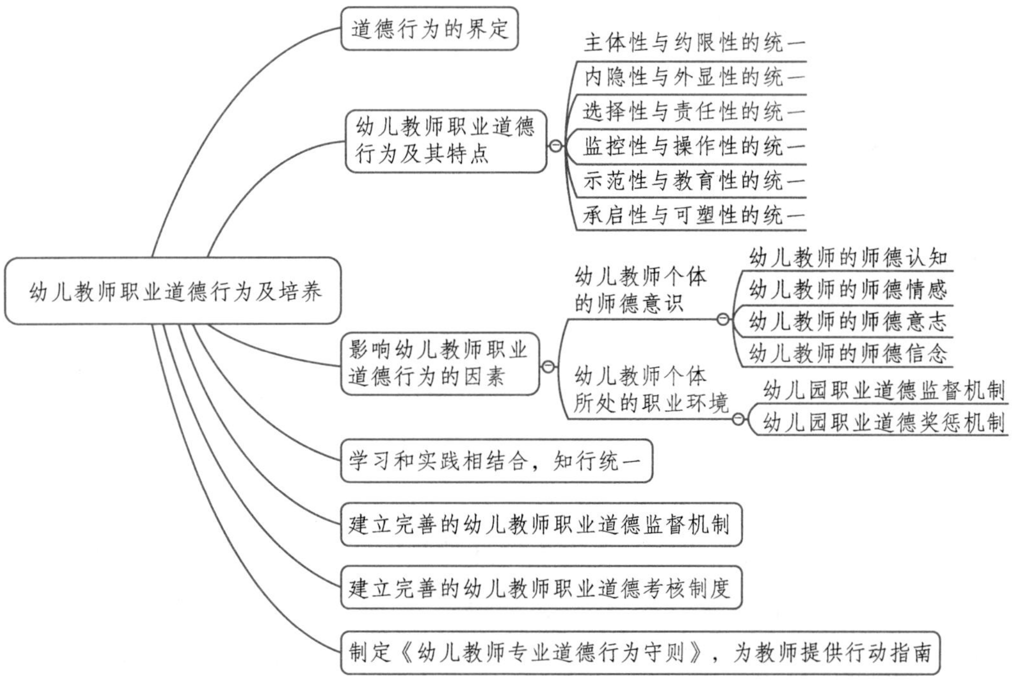

模块导入

道德是知、情、意、行的综合体，其中道德行为是道德成熟的最终标志，也是衡量一个人道德水平的标准和尺度，幼儿教师的职业道德行为在幼儿教师的职业道德养成中具有特殊意义。

本模块首先对职业道德行为的内涵进行界定，然后在此基础上对幼儿教师职业道德行为的特点展开论述。幼儿教师的师德行为是主观的道德意志在客观的社会环境中实现的过程，它必然要受到幼儿教师个体的师德意识(我们前面几模块所讨论的职业道德认知、情感、意志和信念)和幼儿教师个体所处的职业环境两大方面的影响。最后结合幼儿园中的实践情况来谈论如何通过学习与实践，建立完善的幼儿园职业道德监督机制和职业道德考核机制，以促进幼儿教师道德行为的养成。

典型案例

你怎么看学习APP?

从2019年上半年起，许多幼儿园要求幼儿教师、保育员、后勤保障人员等，在手机上下载学习APP，并鼓励教职工们利用碎片化时间自主进行学习。学习APP内容丰富有趣，可以方便快捷地帮助老师了解党和国家的声音，获得权威信息，开阔眼界、提升能力，是幼儿园老师养成良好职业道德行为的好帮手。

请谈谈你使用学习APP的感受。

单元1 职业道德行为及其影响因素

学习笔记

一、道德行为的界定

提起“行为”一词，人们可能会想起“言谈举止”“烧锅做饭”“弹琴歌唱”“走亲访友”“玩牌斗蛐”“行侠仗义”“利国利民之举”等。在社会生活中，行为无时无刻不在发生、进行；而人们对行为的评论也从没有停止过。人们会评判：“行侠仗义是好事儿”“玩牌斗蛐要有个度”等。但是在众多的评论中，没有人会觉得“弹琴歌唱”是缺德的、是恶的，除非有人跑到图书馆阅览室去唱歌；也没有人觉得“玩牌斗蛐”必须禁止，除非有人以此赌博。人们还会说：“某某是无心之失，可以从轻发落；而某某是故意为之，必须严惩不贷。”如果儿童被人胁迫或教唆而去偷东西，人们也不会过分地责备儿童，而是把躲在儿童背后的胁迫者或教唆者指认为罪魁祸首。如果某一盗贼盗走了一件宝物，而这一行为恰好使这件宝物免受一场火灾，但人们不会认为盗贼的盗窃行为因此变成了一种德行。从上述这些社会现象，我们会发现人们对于与他人和社会利益无关的行为，不会给予善或者恶的评价。同时人们又不孤立地评价某些行为，总是根据具体条件来评判行为的善恶，如对“弹琴歌唱”“玩牌斗蛐”的评价。另外，人们在评价的时候会考虑到行为主体的意识、动机等，我们大概都不会赞同婴儿的啼哭和尿床是一种恶。

综上所述，所谓道德行为，是指人们在一定的道德意识支配下，表现出来的有利于或有害于他人或社会的行为。而没有一定的道德意识支配的也不涉及他人和社会利益关系，不能进行善恶评价，不具有道德意义的行为，都称为非道德行为。①

学习笔记

二、幼儿教师职业道德行为及其特点

幼儿教师职业道德行为是指在幼儿教育实践活动过程中，幼儿教师个体在一定的师德意识支配下，表现为有利于或有害于幼儿个体、家庭、幼儿教师集体、幼儿教育事业和社会的行为。我们把幼儿教师职业道德行为简称为幼儿教师的师德行为。师德行为就其动机和效果来看，可以分为良好的师德行为和不良的师德行为。良好的师德行为的特征是利他性，即以追求社会整体利益或他人利益为出发点和归宿。不良的师德行为的特征是自私性，是指教师在不道德的意识的支配下，为了一己私利，侵害社会整体利益或他人利益的行为。有的学者把师德行为定义为符合教师职业道德规范的行为，而本文则将师德行为和符合教师职业道德的行为作了区分。幼儿教师的师德行为有如下特点。

(一)主体性与约限性的统一

主体性与约限性反映的是幼儿教师个体与幼儿教师职业道德规范之间的关系。幼儿教师师德行为的实现需要经过两个交互作用的过程：一方面，幼儿教师个体经过认识、情感等活动，内化幼儿教师职业道德规范；另一方面，幼儿教师在师德意识的支配下，做出价值判断和行为选择，表现出师德行为。约限性即约束和限制，指的是幼儿教师的师德行为受到职业道德规范的制约和引导。抽象的师德规范只有经过幼儿教师个体的内化，才能表现为具体的、富有生命力的、具有良好社会影响的师德行为。同时，幼儿教师个体还能在师德实践活动中，根据具体的社会历史条件的变化，创造出符合时代需要的新的师德规范。这些都充分反映了师德行为的主体性。因此，师德行为既是社会的、被决定的，也是自主的、主体性的，是主体性与约限性的统一。

幼教故事

家长送礼怎么办

“家长送礼”是时下很多幼儿园教师频频遭遇的尴尬难题，接下来，让我们通过一组深入访谈，来看看幼儿教师群体面对这一现实难题的多样化处理策略。

① 李春秋、王引兰：《中小学教师职业道德修养》，291页，北京，北京师范大学出版社，2012。

实践情景中主体的多元选择

T老师：家长送礼这种事情我见多了，我认为教师直接拿着就行。为什么呢？因为他送给你东西的时候肯定在想，你拿了我的东西，就给我好好照顾孩子了，我就放心了。我给了你东西，你就会更优待我的孩子一些。如果不收的话，他不以为你廉洁，而是以为你嫌少。再说，送礼也是家长重视孩子教育的一种表现。

N老师：如果我从事教师行业月收入超过五千，那收礼就是一种道德败坏的行为；但当我的收入在两千元左右的时候，我更多的是面临生存方面的问题；当教师的生存条件非常窘迫时，要求教师达到非常高的道德水平，是很苛刻的，教师也是人，也需要生活。

L老师：如果送的是卡，我会在当天离园时就交还给孩子；如果是小礼物之类的，我就问孩子喜欢什么，再以同等价值买个小礼物给孩子，如娃娃或者玩具之类的。所以这么多年，家长工作我做得还可以，我该怎么做还是怎么做，从来不看任何人的脸色。这么多年，家长也都知道我不收礼物，如果我们班需要家长带什么物品的话，他们都是很积极的，这样家园矛盾就少了很多。

Z老师：我同事班级的一个孩子家长比较难搞，我同事先是拒绝了孩子爸爸的送礼，第二次又换成了孩子妈妈，第三次是孩子奶奶，我同事实在没辙儿就收下啦。凑巧的是那一天那个小朋友和其他小朋友发生了争执，这个老人就来学校吵啦，把园长和同事都叫过来，大声嚷嚷："我给了你500元的卡，你竟然不帮我家孩子说话。"这个老师就被幼儿园劝退。其实这个老师特别委屈，她原本是不收的，但迫于孩子家长一直来就收下了。后来那个孩子的家长知道这个老师因为这件事将工作丢了，也感到很不好意思。但是没办法，这位老师再无缘做幼儿园老师了。

M老师：我收到的礼物都是小礼物，没有超过200元的。比如有的家长做服务性质的工作，会送给我洗发水、洗衣粉之类的。我没有感觉到跟家长工作难搞。家长就像朋友一样，送礼物也就是感觉老师蛮辛苦的，我收的时候也会特别交代：孩子不好我会照样批评的，我该怎么做还是会怎么做，像对待其他孩子一样对待他(她)。

Y老师：假设我收到了家长送的巧克力，我就放到教室，哪个孩子表现好，就奖励给他。如果是现金或者卡，我就回掉，如果实在回不掉呢，我就会跟家长说：好的，那先放在我这里，今年儿童节买东西就用这些钱。有时候儿童节我会给班里所有小朋友买一个礼物，如给女孩儿买个帽子，给男孩儿买个头盔，总之一定会将所有的钱花掉，同时交待给家长，您的钱用在这里啦。我也会在班级群里对某某家长表示感谢。有时候，其他家长也要送。家长们送的物品我都会记录下来，如果再送的话我会拒绝，您已经为班级做过贡献啦。

G老师：不久前，我们刚刚过了一个教师自己的节日——教师节。很早的时候，我们就跟小朋友和家长提不要因为节日送教师礼物，如果小朋友想要表达对老师的爱，可以鼓励孩子跟老师说一句："老师您辛苦了，我爱您。"或者自己画一幅画，做一个手工之类的送给老师。所以在教师节那天，小朋友带过来的礼物都是自己画的画，做的手工，或者是一句温暖的问候。除了一个特殊的小朋友，他是一个发育比较迟缓的幼儿，不太会讲话，不喜欢跟别人交往，不愿意做任何事情，但唯独喜欢黏着我，只要我在哪儿，他就会在哪儿。所以在自由活动时我常常会陪着他做游戏，读故事给他听。他很喜欢我，他妈妈还说他的孩子长这么大跟他说过的唯一一件幼儿园的事情就是——他很喜欢夏老师。

大概是因为他母亲真的感受到了他儿子对我的喜爱，所以在教师节的时候，她送了一只她自己店里的手镯给我。打开礼物的时候我确实被吓到了，所以就把礼物放在了孩子的书包里，让他带了回去，并写了："谢谢您，心意我感受到了，但是礼物我不能收！"字样的纸条。

结果在第二天早上，我刚到幼儿园门口时，就看到那孩子的爷爷站在学校门口，看到我来了就赶忙过来要把礼物塞给我，说一定要给我，自家的东西不贵，是孩子跟孩子爸妈的心意，请我一定收下。我当下并没有收，他爷爷就一直在叹气。到了中午的时候，我看见他爷爷还坐在幼儿园门口，手里拿着要送我的东西一直在叹气，而那天那个小孩也没来上课。我就走过去想问他："您怎么还没回去？××今天怎么没来？"结果走近我才发现，孩子的爷爷在偷偷抹眼泪。看到我过来，他擦了擦眼泪，说："夏老师，你一定要收下，礼物是我孙子自己选的，你没收下，他昨天回去一直哭，今天早上也不肯上幼儿园，问他怎么了，他就哭，后来才知道，他觉得夏老师没收下他的礼物是因为不喜欢他，所以他很难过，不要上幼儿园了。我们也知道夏老师您对我孙子真的很好，这镯子自家卖的不值多少钱，就是孩子和我们的一点心意，您就收下吧。"他话一说我就有些左右为难了，收也不是，不收也不是。最后还是园长过来悄悄跟我说："小夏收下吧，下次找机会送个同等的礼物给小朋友就好了。"所以最后我收下了老人家的礼物，老人家才高兴地回去了，下午把小朋友送到了幼儿园。

一开始，我选择不收礼物的原因很简单，第一，我个人觉得为人师表，用心对待孩子是我们应该做的事情，不应该因此接受家长的礼物。第二，我也考虑过接受礼物的不良之处，在没有接受礼物之前我所做的事情是出自内心的，在接受礼物之后有的家长会认为我是因为礼物才做的，这并不利于我之后教育活动的展开。有句老话说得好，"吃人嘴软，拿人手短"，接受了礼物之后，我会在家长面前有一种不平等的感觉，无法坦然面对各位家长。第三，幼儿园明确规定不可以接受家长的礼物。这次也算是园长实在不忍心让一位老人家在外面晒太阳难过才"开恩"了一次，并且也要求我用其他方式返还这份礼物了。

最后，我接受了礼物，但在这位小朋友过生日的时候，买了一份差不多价格的礼物送给了他。接受礼物的直接原因在于园长的建议，当然也与我自己有关，实在不想辜负家长和孩子的心意。孩子的世界很单纯，他并不觉得这是一份贵重的礼物，只单纯地觉得好看，觉得夏老师带着好看，所以他想要送给他爱的夏老师，于是满心欢喜地把礼物带了过来，却没想到夏老师拒绝了他的礼物，他并不会想到其他的原因，他只是本能地觉得夏老师不喜欢他所以不接受他的礼物，而他在为此难过，这也是我接受他的礼物的原因之一。在之后他生日时，我送了与镯子价钱差不多的礼物给他，一方面算是还了我的人情，另一方也让孩子更加确定老师是喜欢他的，还给他送了生日礼物。

政策法规的强制约束

针对教师收礼的问题，教育部屡次出台政策进行有力回击。2018 年 11 月 16 日颁布的《新时代幼儿园教师职业行为十项准则》中明确指出："坚守廉洁自律。严于律己，清廉从教；不得索要、收受幼儿家长财物或参加由家长付费的宴请、旅游、娱乐休闲等活动，不得推销幼儿读物、社会保险或利用家长资源谋取私利。”

早在2014年，教育部就出台了《严禁教师违规收受学生及家长礼品礼金等行为的规定》，其中明确了6条“红线”：

一是严禁以任何方式索要或接受学生及家长赠送的礼品礼金、有价证券和支付凭证等财物；

二是严禁参加由学生及家长安排的可能影响考试、考核评价的宴请；

三是严禁参加由学生及家长安排支付费用的旅游、健身休闲等娱乐活动；

四是严禁让学生及家长支付或报销应由教师个人或亲属承担的费用；

五是严禁通过向学生推销图书、报刊、生活用品、社会保险等商业服务获取回扣；

六是严禁利用职务之便谋取不正当利益的其他行为。

(二)内隐性与外显性的统一

扫二维码，学习幼儿教师职业道德内隐性与外显性的统一

内隐性与外显性反映的是幼儿教师的师德意识与师德行为之间的关系。幼儿教师的师德意识是幼儿教师在幼儿教育劳动过程中形成和表现出来的一定的师德认识、师德情感、师德意志和师德信念。这些因素相互联系、相互作用和相互制约，共同影响着幼儿教师的师德行为，是幼儿教师做出师德行为前的心理活动，是内隐的。外显性是指幼儿教师的师德行为是在社会关系中实现了的师德意识，并且能对社会关系产生一定的影响，具有可观、可感、可知、可评的特点。幼儿教师的师德行为总是关乎利益的：良好的师德行为具有利他性，有利于幼儿身心和谐发展和幼儿教育事业的稳步前进；而违背幼儿教师职业道德规范的行为则会侵害幼儿和社会的利益，具有破坏性。师德行为与师德意识是“表与里”的关系，师德意识支配着师德行为，师德行为是师德意识的外在表现，二者统一于幼儿教师的师德活动之中。

想一想

你会拯救谁？

有一艘航船在海上遇险，很快就要沉没，船上载有12人，但是只有一条至多能乘6人的救生艇。这12人是：①72岁的医生；②患绝症的小女孩儿；③船长；④中年妇女；⑤精通航海的劳改犯；⑥智力有缺陷的男孩儿；⑦青年模范工人；⑧教师；⑨贪污的国家干部；⑩企业经理；⑪新近暴发的个体户；⑫你自己。

假设你就置身于海上遇险的真实情境中，仔细想一想你会选择哪些人，选择的准则是什么。

注意：

1. 只能在给定的条件下选择，不可能设想航船可获救或救生艇上多挤几个人；

2. 你的选择是有效的，即得到大家的服从；

3. 你不知道个人更多具体的情况，在某种“无知之幕”的背后，依据一般人对人性、生活的知识

和道德的常识性了解，按照你内心赞成的道德标准来进行选择。

4. 在选择方案上有两个限制条件：①不用随机和偶然的选择(如抽签)，目的是显示你深藏于内心的道德选择根据；②不能不选，放任自流，让丛林规则起作用。

反思：

在经历了纠结、矛盾和反复取舍后，最终你写下的6个人员名单是谁？试着明晰自己在12个待救援的名单中，最先确定的名单有谁，舍弃的人有谁，最终留下这6个人员的理由是什么。

再看看你周围人写下的名单有谁，你们有哪些相同的人员，有哪些不同的人员，在确定救援人员的顺序上有怎样的差异，这背后的原因是什么。

在“选择6个人员上救生艇”的行为抉择背后有着内隐的道德意识支配。一般来说，在取舍过程中，我们内心会涌现出如下5条典型的道德意识，而我们和周围人之所以选择的结果不同，正是因为这些道德意识在我们内心的价值排序不同。

1. 生存意识——尊重和保存生命是一个义务，是一项绝对的命令，所以大多数人都写满了6个人，也会在抉择时希望这艘船可以载更多的人。

2. 自我优先意识——自保是每个人的本能，所以大多数人都将自己写入6人名单里。

3. 生存可能性意识——考虑到海上漂流生还的可能性，很多人将船长和精通航海的劳改犯纳入上船名单中。

4. 妇女、儿童优先意识——由于对弱势群体的怜悯和同情心，中年妇女、患绝症的小女孩儿和智力有缺陷的男孩儿额外惹人怜爱。

5. 最大的功利或快乐意识——对未来的社会贡献最大，能给社会带来最大的幸福和快乐，所以教师、青年模范工人和企业经理这样的人被优先选择。

幼教故事

两种不同的师幼牵手方式

在幼儿园一日带班活动中，当一个孩子在户外活动疯跑或者走楼梯调皮时，教师管束幼儿最常用的方式就是用手握着幼儿的手腕，让幼儿跟着教师来走。有时候一些幼儿有明显的不服，想挣脱教师的手，但终究“胳膊扭不过大腿”，所有试图摆脱教师“魔爪”的努力只会让教师的手收得更紧，这时候调皮捣蛋的“熊孩子”就被紧紧地控制在了教师的视线范围内，教师们颇有成就感地通过一个简单有效的“用手紧握手腕的动作”成功地管控了一个“熊孩子”！

上海市静安区南西幼儿园的洪晓琴园长，有着她独特的和孩子牵手的方式，当一个孩子想跟老师牵手，或者老师需要用牵手来引导幼儿的下一步行动时，她会伸出自己的手掌，五根手指分开，然后温柔地问孩子：你最喜欢我的哪根手指，就请你紧紧握住它，好吗？然后孩子会主动选择一个他喜欢的手指头，并且在和老师行走时，孩子通过自己的主动用力来保证没有和老师分开。

两种截然不同的教师行为，有着完全不同的效果，更反映了教师背后深层次的儿童观和道德认知。

牵手方式	教师的手紧握幼儿手腕	幼儿的手紧抓教师手指
行为产生的决定者	教师（有时候教师会猝不及防地狠狠抓住违反规则的幼儿，以快速维护特定常规）	幼儿（牵手是由教师通过伸手发起的，但最终决定权在幼儿）
教师情感体验	生气、愤怒，手需要用力来管控幼儿，内心潜台词：这帮孩子真不省心，看来我得好好管管你们	平静、淡定，轻松地伸出自己的手指，等待幼儿来抓，内心潜台词：孩子有自我反思和管控能力
幼儿情感体验	害怕，不自由，想挣脱，想反抗，因为冷不丁地被教师强有力的双手中断了在进行的活动	有些好玩，可以选择一个自己最喜欢的手指头，时下活动的终止教师征得了自己的同意
效果	幼儿被控制在教师身边，中间不乏“幼儿反抗——教师收紧”的小循环	幼儿不会松开教师的手指头，幼儿主动用力，教师轻松自在
师幼关系	管理——被管理 教师高位，幼儿下位	沟通者——沟通者 平等、尊重的同伴关系

（三）选择性与责任性的统一

学习笔记

意志自由是道德行为的前提，而选择是意志自由的表现。没有意志自由，没有选择，就没有道德行为。道德行为的选择性是幼儿教师的主体能动性的反映，它使幼儿教师能够根据自己的需要、理想和信念进行选择，而且也正是这种选择，造就了幼儿教师独特的人格。例如，在同一个幼儿园，有的教师对待孩子耐心细致，有的教师对待孩子粗鲁暴躁；有的教师对待事业勤勤恳恳、兢兢业业，有的教师对待事业“做一天和尚撞一天钟”；有的教师尊重家长，并与家长积极沟通，有的教师则只知斥责、命令家长。选择与责任密切相连，责任是幼儿教师职业道德行为选择的属性。幼儿教师师德行为的选择，不仅是幼儿教师价值的体现，并且必然造成一定的利益后果。否认了对后果的责任，就否认了选择，否认了幼儿教师的价值，也否认了幼儿教师的人格。

（四）监控性与操作性的统一

师德意识是师德行为选择的依据，正确高尚的师德意识是良好的师德行为的思想基础。幼儿教师良好的师德行为正是在高尚的师德意识的支配下，表现出来的一系列有组织的动作方式，是监控性与操作性的统一。首先，幼儿教师高尚的师德意识监督着职业道德活动的进行，对符合职业道德要求的情感、意志和信念给予激励，对不符合职业道德要求的欲念或冲动予以克服和消解。尤其是当出现违反职业道德要求的行为时要给予及时的调整，使其符合职业道德的要求；其次，幼儿教师所处的劳动环境的多样性、变化性和复杂性，要求幼儿教师要时刻握住职业道德规范的缰绳，明智地选择职业道德行为，行善去恶；最后，幼儿身体、心智的不成熟性和极强的模仿性都要求幼儿教师谨言慎行，不能因为幼儿无知就不尊重、欺骗、误导甚至伤害幼儿。幼儿教师只有更加自觉地监督自己的行为使其符合师德才不负自己的职责。良好的师德行为并不完全建立在善良的意愿上，它还需要执行这一行为能力。绝大多数的幼儿老师都知道要爱孩子，但爱的感情并不能代替爱的能力，有多少个幼儿教师是在爱的感情的驱动下，做着错误的“爱的行为”啊！幼儿需要的是理性的爱！

幼教故事

老师，你骗人

每天放学前，我都会跟孩子们说：“明天表现好的小朋友，都会得到‘小圆点’。”在幼儿园，由老师做主给表现好的孩子一些小小的奖励已是再寻常不过的事情了。孩子会为了得到这个奖励而努力表现自己，他们得到胸前的“小圆点”走起路来昂首挺胸，似乎那是一枚军功章。

这天下午我整个人都昏昏沉沉的，大概是感冒的原因吧。放学的时候由宋老师带队放学，孩子们陆陆续续走出了教室，我在最后收拾了一下板凳，忽然听见最后的乐乐小声地说了句：“老师，你骗人！”当时，我并没有反应过来是怎么回事，妞妞说：“老师，你说过表现好的小朋友是有‘小圆点’的。今天乐乐最听话了，都没有。”我这才明白，原来因为感冒，我居然忘了给孩子们发‘小圆点’。我急忙找来小圆点给乐乐贴上，我知道，因为自己的一点疏忽，可能会让孩子觉得老师言而无信，这自然会对孩子产生不好的影响，我觉得得弥补。

第二天是周五，早上，我便跟孩子们说：昨天老师错了，忘了发小圆点，老师决定改正错误，今天是星期五，只要表现得“差不多”好的小朋友都可以得到小圆点。孩子们高兴极了，都嚷着一定要表现好。下午放学的时候，我给每个孩子都贴了小圆点，看着一排排孩子昂首挺胸的样子，我高兴极了。

感悟

幼儿时时刻刻都在以最敏锐的目光关注并记录着幼儿教师的一言一行，而这也成为了世上最苛刻的监督。幼儿教师有时会由于意识的懈怠或外界因素的干扰而淡忘了对准则的遵守，但幼儿的眼里容不得一粒沙子。当幼儿教师犯了错误时，是否能够坦然而真诚地向这些小小“检察官”认错道歉？为了让孩子的心灵没有污浊，为了让孩子是非分明，幼儿教师履行善的使命不容松懈。

(五)示范性与教育性的统一

幼儿最明显的特点就是极强的向师性和模仿性，模仿是幼儿学习和成长的重要方式。正如苏联教育家苏霍姆林斯基所指出的，“儿童的心灵是敏感的，它是为着接受一切好的东西而敞开的。如果幼儿教师引导儿童学习好榜样，鼓励仿效一切好的行为，那么，儿童身上的所有缺点就会没有痛苦创伤地、不觉难受地逐渐消失。”但是由于幼儿还没有辨别是非的能力，他们的模仿便变成了对自己的见闻不加选择地照单全收。另外，幼儿教育阶段是幼儿离开家庭进入学校的开始，

扫二维码，学习幼儿园教师职业道德示范性与教育性的统一

幼儿很容易把对父母的感情和信任转移到老师身上，他们坚信老师的话，也相信老师做的事儿一定没有错，这就使孩子模仿的热情更加高涨。因此如果老师不能谨言慎行，不良的行为极易被孩子学到。幼儿教师的以身作则不仅能教育孩子，也能教育自己，同时还会对同事甚至家长产生教育性的影响。要“示范”，就需先有“范”，而有“范”的过程就是自我提升道德境界的过程，也是影响和感染其他道德行为主体的过程。

拓展阅读

《3—6 岁儿童学习与发展指南》中“社会领域”的目标 3

3～4 岁	4～5 岁	5～6 岁
1. 知道和自己一起生活的家庭成员及与自己的关系，体会到自己是家庭的一员。 2. 能感受到家庭生活的温暖，爱父母，亲近与信赖长辈。 3. 能说出自己家所在街道、小区（乡镇、村）的名称。 4. 认识国旗，知道国歌	1. 喜欢自己所在的幼儿园和班级，积极参加集体活动。 2. 能说出自己家所在地的省、市、县（区）名称，知道当地有代表性的物产或景观。 3. 知道自己是中国人。 4. 奏国歌、升国旗时能自动站好	1. 愿意为集体做事，为集体的成绩感到高兴。 2. 能感受到家乡的发展变化并为此感到高兴。 3. 知道自己的民族，知道中国是一个多民族的大家庭，各民族之间要互相尊重，团结友爱。 4. 知道国家一些重大成就，爱祖国，为自己是中国人感到自豪

《新时代幼儿园教师职业行为十项准则》中明确指出，教师要“坚定政治方向。坚持以习近平新时代中国特色社会主义思想为指导，拥护中国共产党的领导，贯彻党的教育方针；不得在保教活动中及其他场合有损害党中央权威和违背党的路线方针政策的言行”，“爱国守法”“传播优秀文化。带头践行社会主义核心价值观，弘扬真善美，传递正能量”。《3—6 岁儿童学习与发展指南》在“社会领域”中也指出让幼儿“具有初步的归属感”。

教育的本质是培养人的活动。习近平总书记指出：“我国是中国共产党领导的社会主义国家，这就决定了我们的教育必须把培养社会主义建设者和接班人作为根本任务，培养一代又一代拥护中国共产党领导和我国社会主义制度、立志为中国特色社会主义奋斗终身的有用人才。我们的教育绝不能培养社会主义破坏者和掘墓人，绝不能培养出一些‘长着中国脸，不是中国心，没有中国情，缺少中国味’的人！”①作为人才培养者的教师，需要真切地热爱和拥护我们的国家、我们的党。而3～6 岁幼儿更是需要知道自己是中国人，需要了解这个国家的了不起，需要拥有那份作为中国人的骄傲和自豪，需要立志为这个国家的美好未来做出自己的贡献！

① 习近平：《论党的宣传思想工作》，343 页，北京，中央文献出版社，2020。

学习笔记

（六）承启性与可塑性的统一

承启性指的是职业道德行为的结果承上一道德行为而来，又会对下一次的道德行为选择产生影响。因为只要处在职业生活当中，职业道德行为就会不停地被要求产生、进行、结束，产生、进行、结束……而结束和产生之间就是职业道德行为的结果，它具有承上启下的特点。班杜拉认为，行为的结果会影响行为的表现。例如，一位幼儿教师兢兢业业却没有得到园长的认可或表扬，而另一位消极怠工者却获得了奖励，那么这位老师积极进取的精神将会受到很强的消解。因为行为结果提供的信息，让这位幼儿教师觉得道德的行为与不道德的行为并没有什么差别，甚至会让她认为个人利益与集体利益是对立的。而如果幼儿教师的职业道德行为被社会给予了公正的反馈，她将坚信自己的选择，并不断提升和完善自己。可见，某一职业道德行为结束后，如何评价这一行为，对于日后职业道德行为的导向是十分重要的。

三、影响幼儿教师职业道德行为的因素

幼儿教师的师德行为是在师德意识的支配下完成的，同时必然会给与师德行为连接的社会环境造成道德影响，因此它是主观的道德意志在客观的社会环境中实现的过程。根据幼儿教师的师德行为的主体性、承启性等特点，影响幼儿教师的师德行为的因素可以分为幼儿教师个体的师德意识和幼儿教师个体所处的职业环境两大方面。

（一）幼儿教师个体的师德意识

1. 幼儿教师的师德认知

幼儿教师的师德认知是幼儿教师个体对幼儿教育实践活动过程当中的道德关系的概念、规范和原则的理解和掌握，是幼儿教师对各种师德行为的是非善恶及其意义的认识。① 幼儿教育任务的全面性和重要性，幼儿教师所处教育环境的复杂多变，教育活动中各种利益关系的交错纵横，客观上增加了幼儿教师认识其中的道德关系以及把握各种问题和矛盾的难度。但也正因为如此，深刻理解和熟练掌握职业道德的规范和原则，在各种具体情境中明智地进行是非善恶的判断，及时恰当地做出符合职业道德规范的行为，才显得意义非凡。如果幼儿教师没有良好的师德认知，是非善恶不分，或者懵懵懂懂，道德行动就会因失去了导向而变得盲目，良好的师德行为也会因此而变得随机和偶然，这必将不利于幼儿身心和谐发展，不利于幼儿教育事业稳步前进。

2. 幼儿教师的师德情感

幼儿教师的师德情感是幼儿教育工作者根据被内化的师德规范，在处理各种

---

① 李春秋、王引兰：《中小学教师职业道德修养》，169 页，北京，北京师范大学出版社，2012。

学习笔记

利益关系、评价各种师德行为时所产生的内心体验。幼儿教师的师德情感既是把自身的师德认识转化为师德意志和良好的师德行为的持续动力，同时也具有评价和调节职业道德行为的作用。例如，爱孩子的幼儿教师会乐意跟孩子在一起，会以关怀、接纳、尊重的态度与幼儿交往，甚至在筋疲力尽之时，只要看到孩子的笑颜，也能再次充满动力，虽累却甘之如饴。而不喜欢孩子的幼儿教师，只是为工资待遇，勉为其难地待在幼儿园，即使天天不干活也不会觉得快乐。当幼儿教师的行为符合职业道德要求时，她会体会到自尊感，这促使幼儿教师持续地表现出良好的师德行为；当幼儿教师出现不良的师德行为时，她会体会到羞耻感，这促使幼儿教师积极修正自己的行为使其符合师德规范。

相关链接

童心梦 家国情

——一名党员幼儿教师的自述

党的二十大报告中提出，全党同志务必不忘初心、牢记使命，务必谦虚谨慎、艰苦奋斗，务必敢于斗争、善于斗争，坚定历史自信，增强历史主动，谱写新时代中国特色社会主义更加绚丽的华章。

共产党人的初心培育、使命践行需要坚定理想信念。“理想信念就是共产党人精神上的‘钙’，没有理想信念，理想信念不坚定，精神上就会‘缺钙’，就会得‘软骨病’”。那么，作为一名幼儿园党员教师，我们的理想信念又是什么呢？用自己的实际行动来让孩子拥有一个快乐、充实的童年，守护自己内心纯洁、纯净的童心梦！孩子是我们工作的意义和价值所在，幼儿园教师这一行业存在的原点是教养孩子，陪伴孩子快乐成长。我最喜欢的一句教育格言是：教育就是一棵树摇动另一棵树，一朵云推动另一朵云，一颗灵魂唤醒另一颗灵魂，唯有德才兼备的可爱教师才能培育出真、善、美兼具的全人儿童。德高为师，身正为范。我们党员教师应在教育教学的工作场域内恪守“三严三实”：严以修身，用高尚的情操感染儿童；严以用权，用赏识的眼光敬畏儿童；严以律己，以慎独的行为示范儿童；保育要实，抓好养护工作的点点滴滴；教育要实，备好带教活动的方方面面；沟通要实，理好教养关系的条条线线，以坚定信念耕耘桃园生活，以赤诚之心善待人类之子！

厚植共产党人的初心和使命，要涵养家国情怀。家是最小国，国是千万家，每个人的生命体验都与国家紧密相连。什么是“家国情怀”？那是一个人对自己的家乡、故土、社群、国家和人民所表现出来的深情之爱、赤子之爱、忠诚之爱，是对自己的家乡和国家高度的认同感、归属感、自豪感、责任感和使命感。自古以来，歌颂“家国情怀”的诗文比比皆是。杜甫在身陷饥饿困顿之际感慨“安得广厦千万间，大庇天下寒士俱欢颜，风雨不动安如山。呜呼，何时眼前突兀见此屋，吾庐独破受冻死亦足！”还有陆游的“王师北定中原日，家祭无忘告乃翁”；元好问的“当官避事平生耻，视死如归社稷心”；华罗庚的“锦城虽乐，不如回故乡；乐园虽好，非久留之地。归去来兮”；毛泽东的“为有牺牲多壮志，敢教日月换新天”；黄大年的“我没有敌人，也没有朋友，只有国家利益”。

为什么我们格外强调幼儿园教师的“家国情怀”呢？“立德树人”是国家教育战略的总方针和根本任务。

“家国情怀”正是幼儿园教师立德树人的根本。幼儿园教师是专业的教育工作者，除了培育自身的“家国情怀”外，还应该肩负起将“家国情怀”向幼儿传达、传递、渗透与熏陶的教育责任。我们不但要坚持学前教育必须以儿童发展心理学为基础，还必须清晰地认识到它受社会、经济、文化、政治等多方面因素的影响。“以游戏为基本活动”是学前教育科学性的重要体现，是尊重儿童发展规律的重要体现。除了科学性外，学前教育还有人文性、政治性。政治性是告诉我们要为谁培养儿童，培养什么样的儿童。但只强调政治性的学前教育会使我们的儿童失去幸福的童年，只强调科学性的学前教育会使我们的国家失去强大的未来。

那么又如何培育自身的家国情怀呢？可以欣赏震撼心灵的优美作品，运用情感陶冶的方法，打动教师的赤子之心。当然，能震撼心灵的优美作品不只局限于故事片，也可以是纪录片，还可以是其他文学艺术样式。例如，上海电视台纪实频道的“师道”栏目，播放了于漪、应彩云、张人利、陶红等诸多平凡而又卓越的教师代表的故事，让人深受感动。我叹服这样一批批教育道路上的孜孜求索者，被他们过人的智慧、赤诚的情怀、真诚的人格、逐梦的精神所打动。何谓教师之道？教师之道是一条摸索并且遵循教育教学规律的科学之道；教师之道是一条以学生为本、培育学子“人者为仁”的仁爱之道；教师之道是一条师生共生、共情、共赢的双向发展之道；教师之道是一条不忘师者初心梦，勇担教育肩上责的圆梦之道……

3. 幼儿教师的师德意志

幼儿教师的师德意志是幼儿教师为了实现符合职业道德要求的行为，自觉主动地克服内部和外部困难的顽强毅力。意志以目的为导向，规定着行为的方向，同时是行为的重要推动力量，影响着行为的持续性。幼儿教师个体具备一定的师德认知和师德情感，并不能保证一定做出符合职业道德要求的行为。我们知道幼儿教师的价值是通过幼儿实现的，而幼儿又需经过很长的时间才能为社会做出贡献，因此社会对幼儿教师价值的认定具有迟缓性，如果社会给幼儿教师的报酬低于幼儿教师的实际贡献，那容易使幼儿教师产生不平衡心理，做出一些伤害幼儿的举动，如幼儿园中的语言暴力和虐童事件等。幼儿教育的特殊性，使幼儿教师与幼儿家长的联系更加密切，客观上为幼儿教师从家长那里谋取不正当利益提供了可能。这些都需要幼儿教师有坚定的师德意志才能克服。

4. 幼儿教师的师德信念

幼儿教师的师德信念是幼儿教师对职业理想、职业人格、职业原则、职业规范的尊崇和信仰，是深刻的师德认识、炽热的师德情感和顽强的师德意志的统

学习笔记

一①，它促使幼儿教师执着地追求自己的职业理想，坚定地履行师德规范赋予的义务，具有明确性和一贯性。一旦幼儿教师形成了师德信念，就能在幼儿教育实践活动中迅速做出符合职业道德规范要求的行为定向，并且能义无反顾地执行下去。即便遭遇错综复杂且具有考验意义的环境，幼儿教师仍能做出符合职业道德规范要求的行为抉择。② 现阶段我国的幼儿教育事业虽然正在迅速发展，但整体来说基础还很薄弱，处于开拓阶段，广大幼儿教师的劳动环境还比较艰苦，工作任务还比较繁重，但工作报酬相对较低。这时候，广大幼儿教师形成职业道德信念将更加困难，但坚定职业道德信念却更加重要，因为，唯此才能提升幼儿教师的道德境界，推动幼儿教育事业的发展。

学习笔记

(二)幼儿教师个体所处的职业环境

1. 幼儿园职业道德监督机制

监督，即监察督促。对幼儿教师职业道德的监督，准确地说就是社会舆论、幼儿园、幼儿教师集体、幼儿家长和幼儿教师自身等对幼儿教师职业道德行为过程的监察督促，就是通过对幼儿教师的师德行为进行监察来督促幼儿教师提升自身的师德意识，保证幼儿教师稳定而连续地做出符合师德要求的行为。例如，当幼儿教师懈怠、意志动摇或内部思想矛盾斗争激烈时，考虑到自己的职业道德行为正在接受监督，其就会悬崖勒马，扶善祛恶。而一旦幼儿教师做出损害幼儿利益或违背师德要求的行为，监督机制可以及时发现以便尽快对已造成的损害进行补救。另外，监督机制会给幼儿教师主体提供反馈，以促进幼儿教师主体对自身违背师德要求的行为进行反思并及时改进。对一些不能认识到自己错误的幼儿教师个体，监督者还可以通过敲警钟、劝说引导等方式提升他们的师德认知。

对幼儿教师职业道德的监督并不是可有可无的。其一，师德的维护既需要自律，也需要他律。师德的形成是由他律向自律转化的过程，对师德的监督属于他律，如果他律软弱，自律又不强的话，幼儿教师的教育活动将会脱离师德的规范而导致混乱。其二，幼儿教师的师德行为会造成现实的利益影响，既可以是好的影响，也可以是坏的影响。如果不对其进行监督，坏的影响必将扩大蔓延，有违师德的行为甚至会得到鼓励。

对幼儿教师职业道德的监督以监察师德行为为基础，以督促提升师德意识为目标。师德行为的外显性使我们能够客观地对其进行评估，但评估本身不是目的，而是要通过对幼儿教师师德行为的监察和评估，来对幼儿教师产生教育性的影响，提升幼儿教师的师德意识。若只是监察和评估，而不注重促使幼儿教师思

① 张军学：《中小学教师师德素养提升 80 讲》，78 页，重庆，西南师范大学出版社，2017。

② 卫荣凡：《加强职业道德行为前导向》，载《广西大学学报(自然科学版)》，1992(2)。

想品德内部矛盾的积极转化，则是舍本逐末、徒有形式。幼儿教师只有真正内化了师德规范，才能连贯一致地表现出良好的师德行为。

2. 幼儿园职业道德奖惩机制

奖惩发生在幼儿教师的师德行为之后，就是对良好的师德行为进行奖励，对不良的师德行为进行惩罚。公平合理且适当的奖惩有利于维护幼儿教师的师德规范，有利于调控幼儿教师的师德行为，有利于对幼儿教师的思想品德产生教育性的影响。

师德行为后的奖惩对维护幼儿教师的师德规范是必要的。中国有句古话："父慈子孝，兄友弟恭。"讲的是道德义务的双向性，之所以如此，是要让社会中的每个人都知道人与人之间的相接相连、相互依存。同样，假如幼儿教师做出了良好的师德行为，社会理应给予积极的回应(如表扬、称赞、物质奖励等)。如果没有回应，幼儿教师将看不到自己行为的社会价值，看不到自己与他人的利益关系，就会觉得做出良好的师德行为是没有任何意义的，更何况很多时候还要以牺牲自己的利益为代价；如果是消极的回应(如批评、谴责、物质惩罚等)，将直接否定幼儿教师良好师德行为的社会价值。假如幼儿教师做出了不良的师德行为，社会没有给予负面的回应，幼儿教师将会把自己的利益放在第一位而忽视对社会的义务。这样下去，幼儿教师的师德规范将不再有规范的力量。

要公平合理且适当地运用奖惩，发挥奖惩的教育性作用。从心理学角度讲，奖励是一种强化，表扬以及通常的物质奖励都属于外部强化。对于幼儿教师的师德修养来说，外部强化的效果要依幼儿教师主体把它转化为自我强化的程度而定，只有让幼儿教师亲身体验做出良好师德行为后的愉快感、自豪感还有欣慰感，才能促使幼儿教师持久地做出符合师德要求的行为。同时，表扬先进，树立典范，能为整个幼儿教师群体提供学习的榜样，在更大的范围内发挥教育影响。另外，惩罚本身不是目的，要让幼儿教师认识到惩罚与不良师德行为之间的关系，使其心服口服，把惩罚与端正幼儿教师的态度和提高幼儿教师的师德认知联系起来。

单元 2　幼儿教师良好职业道德行为的培养途径

从上一单元我们了解到影响幼儿教师师德行为的因素可以分为内外两个方面，师德意识对师德行为的影响是毋庸置疑的，凡是对师德意识的培养最终都指向良好师德行为的养成。道德行为的特殊属性决定了个体道德行为必须要得到社会的反馈，必须得到社会的支持和保护，这是道德行为主体能否将自身的道德行为持久地坚持下来，并且产生积极的社会影响的关键因素。本单元我们主要从内外两个方面来考虑幼儿教师良好道德行为的培养，内部的自律强调提高自身修养，知行统一；外部的他律则是从与师德行为密切相关的师德监督和师德考核两

学习笔记

个方面(这两个方面的实施是以表现出来的师德行为为基础的)来考虑良好师德行为的培养。

学习笔记

一、学习和实践相结合，知行统一

学习和实践相结合是提高幼儿教师道德修养，养成良好道德行为的根本途径。师德的学习既包括幼儿教师对一些相关的基本理论、基本规范的主动掌握和理解，也包括对历史模范人物、身边先进事迹的解读和交流，当然也包括参加一些专门的师德培训课程、向专家学者请教，从而弥补个人实践经验的狭隘性和局限性。正确的道德观念不是自发生成的，只有掌握了科学的价值观、儿童观、道德观，伦理学以及教师职业道德的基本常识、基本规律，才会懂得什么是善，什么是恶，才能领会美的真谛。实践证明，教师关于师德修养的理论越正确、越全面、越深刻，按照道德原则和规范去行动的自觉性才会越强。

幼儿教师形成了一定的师德意识，并不意味着师德修养的完成，还需要再回到职业道德实践中去，把它变成履行职业道德义务的实际道德行为，进一步弥补自己在道德意识上的不足。一般而言，这里的道德实践包含教育实践和生活实践两方面。教育实践是幼儿教师每天都在进行的最基本的实践活动，因而也是最直接、最鲜明体现幼儿教师职业特点，最具针对性的道德实践活动。例如，在日常的教学中，幼儿教师能否平等对待每一个幼儿，做到不讽刺、不挖苦、不歧视幼儿，不体罚或变相体罚幼儿；在面临一些有特殊需求的幼儿时，幼儿教师是否一如既往地富有爱心、责任心、耐心和细心；在与同事的相处中，是否具有团队合作精神，积极地开展协作与交流。幼儿教师的道德修养不是只有在面临重大危险与考验时才彰显出来的，能够以乐观向上、热情开朗的心态认真对待自己每天琐碎的工作，能够有亲和力地对待班上的每位幼儿，能够热情、细致地和每位家长进行交流……那么，他就是最值得我们尊重的一位师德高尚的幼儿教师，平凡之中孕育伟大，平常之中造就不凡，平静之中饱含热血！

社会生活实践比教育实践有着更为广阔的空间，一名幼儿教师在社会大众期望、园领导监管及同事舆论监督等诸多因素的制约下，可能会在教育实践中表现出关爱学生、为人师表的一面，但到了利益交织的社会生活实践中，尤其是在脱离了校园的社会生活实践中，能否自觉践行道德规范，更能反映其修养水平。幼儿教师通过丰富多彩的社会生活实践，能够进一步养成、检验、提升师德，从而完善幼儿教师整个群体在社会中的形象。幼儿教师不仅要成为高尚师德的践行者，而且要成为精神文明的传播者和推动者，在传播文明的社会实践中，不断提升自身道德水平。

二、建立完善的幼儿教师职业道德监督机制

幼儿园中的职业道德监督机制作为幼儿教师师德行为的一面镜子，是师德行

学习笔记

为的"自我意识"，对幼儿教师自身的道德行为具有预防、诊断、矫正、改进和教育的作用，完善的职业道德监督机制的建立是提高幼儿教师自身道德水平的重要保障。

一个完善有效的幼儿教师道德监督机制应该做到"三个结合"：将园内的民主监督、社会家长监督和幼儿教师自身的监督结合起来；将师德监督和幼儿教师自身的切身利益结合起来；将师德监督和幼儿教师自身的发展教育结合起来。

就园内的民主监督机制而言，为了保证制度的落实，幼儿园应该组建专门的师德师风监督小组，小组成员在师德方面表现突出的幼教职工或年级主任、园领导中民主选举产生，也可积极吸纳一些家长代表。这些成员一旦选定，就要明确自身的职责，在履行自己职务的同时，通过日常观察、记录、谈话等手段搜集园内幼儿教师的道德行为资料，从而保证对每位幼儿教师都有一个较全面、客观的了解和评价。

对于社会和家长的监督除了发放问卷、设立意见箱和举报电话外，也可尝试幼儿园微博或家长代表大会以及家访等这些为家长所期望的沟通方式。作为幼儿的监护人和幼儿园的服务与教育对象，家长有义务和权利促进幼儿教师道德行为的养成。

前两种监督是外在监督，而幼儿教师自身的良心监督是内在监督，在注重外在约束的同时也要注重内在慎独的培养。自律监督机制，既可以通过学习教育，帮助幼儿教师增强教书育人、以身立教的社会责任感和使命感来建立；也可以通过奖励表彰先进事迹的精神感召力，促进幼儿教师获得内在的道德满足感和上进心来建立；还可以通过监督和约束产生的内疚感与自责感来建立。① 幼儿教师自身道德意识的提高是幼儿园道德监督的出发点和落脚点。

要使监督机制收到良好的效果，必须坚持以下三个原则。一是经常性原则。幼儿教师道德行为的监督不是权宜之计，也不是临时凑热闹、赶潮流，或者走形式、做表面文章，而是一项要经常进行的工作，监督的经常性原则能够保证监督的连续性、一贯性和全面性。二是客观性原则。道德行为的监督必须以事实材料为依据，不能夸大，也不能缩小，更不能无中生有、诬告陷害或有意作秀，监督的客观性原则能够保障监督结果的公正性和有效性。② 三是利害性原则。监督机制要和幼儿教师自身的切身利益相联系，如工资待遇、职称评定、奖金发放等，监督的利益性原则能够保障监督的长久性和可持续性。四是效益性原则。职业道德行为的监督不是空架子，要能够切实地增进幼儿教师的职业道德行为，取得一定的实效，否则只是劳民伤财，监督的效益性原则是师德监督制度的存在之本。

---

① 刘晓明：《幼儿教师职业道德：行为规范与自我养成》，78～79页，吉林，东北师范大学出版社，2013。

② 卫荣凡：《论职业道德过程行为监督》，载《学术论坛》，1993(3)。

相关链接

黎川县幼儿园职业道德师风民主监督机制

一、严格实行考核制度，推动师德师风工作落实

实行包级制。园长总负责，年级主任包年级教师，总务主任包后勤人员。

建立监督预警机制。一是设立师德师风举报箱和监督电话，广泛接受社会各界对教师职业道德状况的监督；二是落实问卷调查制度，发放家长、教师问卷，接受幼儿家长和社会对教师职业道德情况的监督。

落实督查通报制，对确定的各项任务和重点工作定期不定期地进行督查，通报情况，整改问题，促进落实。

严肃责任追究制，重点是落实对领导责任的追究制度。

落实“一票否决”制。对违反教师职业道德的人员，首先进行告诫，要求限期进行整改，告诫期满仍不改正的，年度考核直接定位为不称职。

二、检查监督办法

1. 问卷调查

针对学校任教教师在依法执教、爱岗敬业、热爱学生、严谨治学、尊重家长、团结协作、廉洁从教、为人师表方面存在的问题，每学期进行一次问卷调查，问卷分教师问卷、家长问卷。

2. 举报接待

在幼儿园门口显著位置设立意见箱，意见箱由园长管理，在幼儿园网站设立园长信箱，接受社会的公开监督，幼儿园对通报问题进行分析归类备案登记；在公开栏公布电话与接待处(园长办公室)。

3. 民主评议

每学期期末进行一次集中评议活动，根据实际情况设立评议表，采取领导评、教师自评、教师互评、家长评的方式开展“家长、社会评教评园”活动，主动接受家长和社会有关方面对师德师风状况的监督和评议，认真听取各方面的意见和建议，积极改进工作。

感悟与反思

1. 该园职业道德监督机制的优点

第一，该监督机制通过实行包级制和责任追究制使师德师风的监督有专人负责，从而在制度上保证了监督的落实，同时关于幼儿教师师德行为的评价信息也能及时反馈给幼儿教师本人，有利于幼儿教师及时反思，并改进自身的师德行为。

第二，把监督与考核结合起来，使监督对师德行为的调控功能加强。

第三，通过设立意见箱、举报接待处和家长评教等方式把社会监督、家长监督和幼儿园监督密切地结合起来，有利于加强监督的力量。

2. 该园的职业道德监督机制在以下方面可以改进

第一，该监督机制的检查监督方法过于单一(主要是问卷和意见箱)，而且监督间隔的时间过长

（基本上是一个学期），这样既不利于监督的深入也会减损监督的功效。在监督方法上应该多样化，如家长座谈会，教师之间的互相听课评教，监督小组对教师的观察、听课、谈话等。这些方法相对比较灵活、容易组织，既能够鉴定教师的师德行为，也能够全面分析教师的师德行为，有利于为教师提供细致和有针对性的反馈。同时，监督应当频繁且不定期，这样才能保证教师良好师德行为的连贯一致。

第二，该监督机制过于强调外部的监督，忽视了与教师自身监督相结合；过于强调对师德行为的鉴定和整改，忽视了通过监督来教育教师的功能。可以让教师定期写师德总结来反思自身的师德行为，同时对于监督过程中发现的共性问题可以通过有针对性的师德教育加以克服。一定要把外部的监督与师德教育结合起来，促进幼儿教师职业道德规范的内化。

三、建立完善的幼儿教师职业道德考核制度

对幼儿教师职业道德考核的过程，是对幼儿教师职业道德行为的社会价值进行评定的过程，也是社会对幼儿教师职业道德行为进行反馈的过程。公正完善的考核制度可以帮助幼儿教师认识到师德行为的社会价值，认识到师德要求的必然性，从而促使幼儿教师表现出良好的师德行为。

师德考核制度必然与一定的奖惩政策相配套实施，而它作为一种行政奖惩手段，为了取得一定的效果，在进行奖惩时应注意以下几个问题。

首先，“奖”与“惩”要并重，不能偏废。在对遵循师德规范的先进人物进行奖励的同时，也要对违背师德规范的一些投机者进行一定的惩罚。这样才能够给其他幼儿教师在未来的道德行为选择中更明确的指示和引导。有些幼儿园领导为了不给员工难堪，只奖不惩，这种做法并不能给那些师德规范的“漏网之鱼”起到足够的警示作用，甚至在某种程度上是对不良道德行为的助长和纵容，既然谋取私利是没有相应的成本损失的，那么对于那些道德意识薄弱之人又何乐而不为呢？同样，如果只惩不奖，会削弱师德先进分子的积极性，影响幼儿教师整个群体对高尚师德追求的热情。

其次，对集体的奖励和对个人的奖励相结合。幼儿教师劳动的一个显著特点便是劳动成果的群体性和劳动方式的个体性相统一，任何一个幼儿教师工作的顺利开展都离不开带班老师的相互配合以及年级同事的交流合作甚至是其他部门或园领导的支持。幼儿教师只有在有序、和谐的集体中才能有条不紊地履行自己的职责。同时，每个幼儿教师又有自己相对独立的工作空间，又有一定的自由来选择自己偏好的工作方式和工作状态。每个幼儿教师都是有主观能动性的鲜活个体，他们在相同的集体环境中保持着自己的特色。奖励集体有利于增强团队协作意识和集体荣誉感，为幼儿教师良好道德行为的培养创造适宜的环境；奖励个人有利于调动个体的积极性，防止滥竽充数、磨洋工。

学习笔记

学习笔记

再次，奖惩要辅以教育。无论是奖励还是惩罚，都只是手段，不是目的，奖惩的最终目的在于提高受奖惩本人以及其他同事的道德自律，而这种转化离不开教育。对于获奖者，不仅要给予其一定的奖励，还要配合一定的教育，这样能够使其在成绩面前不骄傲，保持谦虚谨慎态度，继续发扬先进，在道德修养方面再接再厉。对于受罚者，更要施以一定的说理教育和鼓励，使他们清楚自己受罚的原因，同时也不至于情绪过于低落，一蹶不振，自暴自弃。古人云："道之以政，齐之以刑，民免而无耻；道之以德，齐之以礼，有耻且格。"另外，这种教育不局限于受奖罚本人，应注重受奖幼儿教师榜样作用的宣传教育，使他们的德行为更多的幼儿教师所模仿和学习；惩罚某些幼儿教师也可以起到以儆效尤的作用。正是通过教育，外在的道德奖惩逐渐内化为幼儿教师的道德自律，个别的道德奖惩扩大为群体的道德洗礼。

最后，奖惩要有民主性。奖惩作为对道德行为标准的落实，其过程是否公正、民主直接影响幼儿教师群体对师德规范遵从的程度。要做到民主，最重要的就是要保证群体成员在道德标准面前权利平等，没有平等就不会有真正的民主，无论是普通的幼儿教师还是园领导，抑或是师德考核的小组成员，凡是符合道德奖励标准的就应给予奖励，该惩罚的也绝不含糊。如果在奖惩中执行两套标准，部分人员搞特殊，就会严重损害师德考核的权威性和有效性。另外，无论是奖励还是惩罚，都要实事求是、客观公正。在给予奖惩时要避免掺杂私人感情，既不能假公济私，也不能公报私仇。只有在集体参与下评出的师德标兵才能够引起人们对榜样人物的崇敬之情和向往之意，也只有在集体讨论下给予的惩罚才能避免受罚本人的埋怨不解，真正起到威慑和教育作用。①

相关链接

幼儿园教师职业道德考核暂行办法(节选)

一、考核的主要内容和标准

考核的主要内容分为日常评价、师德综合评议和社会满意度测评三部分，满分100分，三部分所占权重分别为45%、40%、15%。其中师德综合评议40分中，幼儿家长评议占40%，教职工评议占30%，考核小组评议占30%。

二、考核的组织实施和基本程序

教师的师德考核由幼儿园师德考核小组负责具体组织实施，每学期进行一次，每学期考核成绩各占50%，总分为学年成绩，与业务考核同时进行。

① 卫荣凡：《职业道德行为后奖惩》，载《广西大学学报(哲学社会科学版)》，1994(2)。

每位教师要按照《中小学教师职业道德规范》有关要求，对照《河口区实验幼儿园教师职业道德考核细则》，实事求是地写出师德总结，分析自己在师德方面存在的不足，提出今后努力的方向。

其基本程序是：

(一)通过政务公开栏、全体教职工大会等形式向社会和家长、向全体教职工通报考核内容和标准，增强工作的透明度和监督力度。

(二)根据教师师德档案和幼儿园日常记录等过程管理积累的资料，汇总情况，由考核小组打出日常考核分数。

(三)由幼儿园师德考核小组统一组织综合评议。

1. 家长评议。师德考核小组将结合幼儿园实际，科学设计师德测评家长问卷。参与评议的家长人数要达到本班级幼儿总人数的85%以上。非教学人员考核，教职工评议占50%，考核小组评议占50%，不进行家长评议。

2. 教职工评议。学期末，召开教职工评议会议，组织全体教职工对每位教师的职业道德状况进行评议。参加评议的人数要达到全园教职工总人数的90%以上。

3. 考核小组评议。幼儿园师德考核工作小组，根据教职工日常的师德表现、教师的自我总结以及民主评议情况，在打分量化的基础上，进行综合分析，对每位教师的师德建设做出客观公正的评价。

(四)考核评价结束以后，将教师的考核评价结果进行公示。被考核对象对考核结果若有异议，可以在7日内向幼儿园提出申请复核。公示期结束后，考核结果经教职工本人签字后通过适当形式公布并上报。

三、评价等级的设定

(一)师德评价结果分为优秀(90分以上)、良好(80～89分)、合格(60～79分)、不合格(60分以下)四个等级。

(二)凡有下列情形之一者，本学年度师德考核可直接确定为优秀：

1. 见义勇为、奋不顾身保护国家利益和人民生命财产，受到社会好评，并得到上级有关部门的表彰或认可。

2. 爱岗敬业、为人师表、无私奉献，当年被评为区级以上师德标兵或优秀教师、优秀教育工作者(含享受综合表彰待遇的其他称号)。

3. 重视幼儿的思想品德教育，关心、爱护幼儿，事迹突出，得到幼儿园公认和上级主管部门认可。

(三)凡有下列情形之一者，本学年度师德考核应直接确定为不合格：

1. 受到党纪、政纪处分尚未解除处分的；有违背社会公德和教师职业道德等行为或发生违纪违法等行为，造成不良影响和严重后果的。

2. 组织或煽动集体上访的；以非法方式表达诉求的；捏造事实无理上访的；干扰正常教育教学秩序的。

3. 因失职、渎职出现较大安全责任事故并给幼儿园造成较大物质、名誉损失的。

4. 品行不良，侮辱、体罚幼儿，严重损害幼儿身心健康，造成恶劣影响的。

5. 向幼儿或家长索要或变相索要钱物，造成不良影响的；向幼儿家长暗示或要求家长宴请、利用职务之便谋取私利的。

6. 利用职务之便擅自组织幼儿进行有偿家教、开办兴趣班或在外兼职的。

7. 违规收费，向幼儿家长推销或要求、引导家长购买玩具、书籍、商品和保险的。

8. 有宣传、传播有害幼儿身心健康的言论，参与、从事封建迷信和邪教活动，造成不良影响的。

9. 利用网络、通信工具造谣惑众，攻击他人，传递不良信息，造成严重影响的。

10. 工作敷衍塞责，完不成教育教学任务，引起家长强烈不满的；无正当理由，不服从幼儿园教育教学工作安排的。

11. 在职称评聘、评优树先等工作中，弄虚作假、欺上瞒下，造成不良影响的。

12. 在家长评教过程中，有暗示为自己或他人打高分现象，影响正常评价秩序的。

四、考核结果的运用

幼儿园将建立师德档案，把教职工考核结果记入档案，积累使用，作为教师评先树优、职务评聘等的重要依据。

（一）根据公示的测评考核结果，填写《河口区中小学教师职业道德考评表》，存入个人人事档案。

（二）本考核标准与年度考核配套使用，师德考核不是优秀的，年度考核不得评为优秀等次；师德考核为不合格等级的，实行“一票否决制”，年度考核定为不合格等次，下一年度不得增加薪级工资、晋升职务职称，并予以批评教育；对连续两年师德考核为不合格等级的教师，根据不同情况，予以降职、调整工作、低聘或待岗等，对不服从组织安排或重新安排后考核仍不合格的，经上报有关部门批准后，予以解聘。

（三）对师德考核为优秀等级的教师，在职称评定、聘任和干部竞聘、评先树优时同等条件下优先考虑。优秀教师、师德先进等荣誉称号必须在师德考核为优秀等级的教师中评选。师德考核为合格及以下等级的教师，不能参加下一学年评先树优。①

感悟与反思

1. 该园的职业道德考核制度比较健全，有以下几方面优点

第一，考核内容三部分的权重分配比较合理，把日常评价放在了突出地位，可以提醒教师时时刻刻注意自己的师德行为，有利于良好师德行为的养成和保持；把家长评议、教职工评议和幼儿园考核小组评议有效结合起来，既防止了单方面评议容易出现的不客观性，又有利于家园共育纽带的形成。

---

① 山东省东营市河口区实验幼儿园：《幼儿园教师职业道德考核暂行办法》。

第二，要求每位教师写师德总结，并把它作为师德考核的依据，促进了教师的师德反思，有利于教师师德意识的提高，有利于教师稳定连续地表现出良好的师德行为。

第三，对具有先进事迹的教师直接评定为师德优秀，既是对先进教师的奖励，也能鼓舞其他教职工朝着先进努力；对具有恶劣事迹的教师直接评定为师德不及格，对广大的教职工具有很强的警示作用，能够减少不良师德行为出现的概率。

第四，注重对考核结果的运用，把师德考核与职称评定、工资待遇、聘任等结合起来，并且执行师德师范“一票否决制”，有利于建立“德福一致”的职业环境，给良好的师德行为提供有力的环境支持。

2. 该园的职业道德考核制度在以下方面有待改进

第一，考核内容中社会满意度测评的可行性不强，教师的教育活动主要是在幼儿园内部完成的，社会不可能对幼儿园中的每一位教师有一个清晰的了解，因此很难做出对每位教师的完整公正的评价。相反，社会所了解的是幼儿园的整体形象，可以通过社会对幼儿园满意度的测评来反映幼儿园内幼儿教师集体的职业道德形象。

第二，在整个考核过程中，尽管教师可以通过写师德总结的方式对自己进行评价，但教师的自我总结只是考核小组在评分时的一个参照，教师自评并没有在考核总分中占有相应的权重，教师在考核中的主体地位没有得到凸显，可能会加大考核实施的阻力，不利于教师自身对考核结果的认可，也不利于实现通过考核来促进教师职业道德提升的目的。

四、制定《幼儿教师专业道德行为守则》，为教师提供行动指南

幼儿教师服务对象的多元化、工作内容的生成性和不确定性以及课改推进中的流动性都使得教师迫切需要一些具有法典意义的权威的道德守则来作为他们的行动指南、专业支撑和道德勇气。尽管幼儿教师的专业化成长在学术研究领域已经推进了很多年，2012 年教育部颁布了《幼儿园教师专业标准(试行)》，也以官方文件的形式承认了幼儿教师的专业地位，明确了国家对合格幼儿教师专业发展的基本准则，但幼儿教育领域迄今尚缺少一个专业道德规范，这致使幼儿教师专业实践缺乏引领，处在道德困境中的教师缺少行动指南和应明确的道德底线。

扫二维码，学习幼儿教师专业道德行为守则

现行的应用于幼儿教育实践领域的《中小学教师职业道德规范》和《幼儿园教师专业标准(试行)》对困境中的幼儿教师的帮助和指导意义甚微。前者的政治术语性强，“爱国守法”“爱岗敬业”“关爱学生”等守则过于含糊，缺乏针对性、适切性，也没有相应的配套的解释体系和实践体系支撑，不足以应对幼儿教育实践中一个又一个具体的困境难题。后者的制定初衷是将其 62 条细则作为幼儿教师实施教育教学行为的基本规范，作为引领幼儿教师专业发展的基本准则，但有研究者(郭园园、段青如、姜勇，2015)，对我国 10 省市共 1306 名幼儿教育工作者进行调查，结果发现幼儿教育工作者对这 62 条“基本要求”的“具体性”“可评价性”

的评分较低。其尤其注重“专业理念与师德”，但理念与师德在条例中的渗透却不够细化，缺乏评判标准，并不能为幼儿园教师的专业实践工作提供切实可行的指导。

学习笔记

借鉴国际学前教育的《幼儿园教师专业道德行为守则》，其内容在纵向上一般分为“核心价值观”“道德理想”和“道德原则”三个层面，由粗到细、由抽象到具体，逐渐细化；在横向上，从教师专业实践中的工作关系入手，分为“对幼儿的道德规范”“对家庭的道德规范”“对同事的道德规范”“对幼儿园的道德规范”“对社区、社会的道德规范”五个方面，更为贴近教师的专业生活本身；同时，句式表述上多用道德指令(如“必须”)和道德禁令(如“不得”“禁止”)等，以给予教师更为明确的指导；在功能上，集激励、约束和指导三维功能于一体。

可见，《幼儿园教师专业道德行为守则》是幼儿教师在提供专业服务时应遵循的基本行为准则，它可以帮助教师克服实践活动中的诱惑，坚持按照最有利于服务对象利益的行为行动，而不是去迎合不合理的需要以讨好服务对象(如家长要求教师过早进行读写练习)；它可以统一团体内部工作人员困境中的行动步调，从而赋予每个专业人员应有的道德勇气来面对有风险的选择，而不会孤立无援地独自承受困境中的道德焦虑；它可以规范外部人员对从业者的要求，告知专业以外的人“可以要求我做什么”“不可以要求我做什么”，从而保障幼儿园教师的合法权益，防止专业服务的无边界性，减少实践中困境难题的发生。

相关链接

《幼儿园教师专业标准(试行)》(师德部分)

专业理念与师德	职业理解与认识	1. 贯彻党和国家教育方针政策，遵守教育法律法规
		2. 理解幼儿保教工作的意义，热爱学前教育事业，具有职业理想和敬业精神
		3. 认同幼儿园教师的专业性和独特性，注重自身专业发展
		4. 具有良好职业道德修养，为人师表
		5. 具有团队合作精神，积极开展协作与交流
	对幼儿的态度与行为	6. 关爱幼儿，重视幼儿身心健康，将保护幼儿生命安全放在首位
		7. 尊重幼儿人格，维护幼儿合法权益，平等对待每一个幼儿。不讽刺、挖苦、歧视幼儿，不体罚或变相体罚幼儿
		8. 信任幼儿，尊重个体差异，主动了解和满足有益于幼儿身心发展的不同需求
		9. 重视生活对幼儿健康成长的重要价值，积极创造条件，让幼儿拥有快乐的幼儿园生活

续表

	幼儿保育和教育的态度与行为	10. 注重保教结合，培育幼儿良好的意志品质，帮助幼儿养成良好的行为习惯
		11. 注重保护幼儿的好奇心，培养幼儿的想象力，发掘幼儿的兴趣爱好
		12. 重视环境和游戏对幼儿发展的独特作用，创设富有教育意义的环境氛围，将游戏作为幼儿的主要活动
		13. 重视丰富幼儿多方面的直接经验，将探索、交往等实践活动作为幼儿最重要的学习方式
		14. 重视自身日常态度言行对幼儿发展的重要影响与作用
		15. 重视幼儿园、家庭和社区的合作，综合利用各种资源
	个人修养与行为	16. 富有爱心、责任心、耐心和细心
		17. 乐观向上、热情开朗，有亲和力
		18. 善于自我调节情绪，保持平和心态
		19. 勤于学习，不断进取
		20. 衣着整洁得体，语言规范健康，举止文明礼貌

NAEYC《伦理规范与承诺声明》

扫二维码阅读
NAEYC《伦理规范与承诺声明》

中国台湾地区《幼教专业伦理守则》

扫二维码阅读
中国台湾地区《幼教专业伦理守则》

思考与练习

一、名词解释

1. 道德行为

2. 幼儿教师职业道德行为

扫二维码看参考答案

二、填空题

1. 主体性与约限性反映的是________与________之间的关系。

2. 内隐性与外显性反映的是幼儿教师的________与幼儿教师的________之间的关系。

3. 幼儿最明显的特点就是极强的向师性和模仿性，________是幼儿学习和成长的重要方式。

4. 师德行为与师德意识是“表与里”的关系，________支配着师德行为，师德行为是________的外在表现，二者统一于幼儿教师的师德活动之中。

5. ________是幼儿教师每天都在进行的最基本的实践活动，因而也是最直接、最鲜明体现幼儿教师职业特点，最具针对性的道德实践活动。

6. 一个完善有效的幼儿教师道德监督机制应该做到“三个结合”：将园内的________________、________________和________________结合起来；将师德监督和________________________结合起来；将师德监督和________________________结合起来。前两种监督是外在监督，而幼儿教师自身的良心监督是内在监督。

7. 良好的幼儿园教师职业道德监督应该符合三个原则：__________、客观性原则和__________。

三、简答题

1. 简述幼儿教师职业道德行为的特点。

2. 简述影响幼儿教师职业道德行为的因素。

3. 幼儿园师德考核制度在进行奖惩时应注意哪些问题？

4. 如何培养幼儿园教师的职业道德行为？

5.《幼儿园教师专业标准(试行)》中教师专业道德包括哪些内容？

四、论述题

你认为我国有必要制定《幼儿园教师专业道德行为守则》吗？请说明理由。

学习反思

模块六

幼儿园教育活动中的职业道德行为

学习目标

1. 了解幼儿园教育活动的主要组成内容。
2. 知道在一日生活、班级环境、家长工作、教育评价中如何体现自己的职业道德。
3. 能将职业道德进行内化，时刻反思自己的行为是否得当，并能及时做出调整。

思维导图

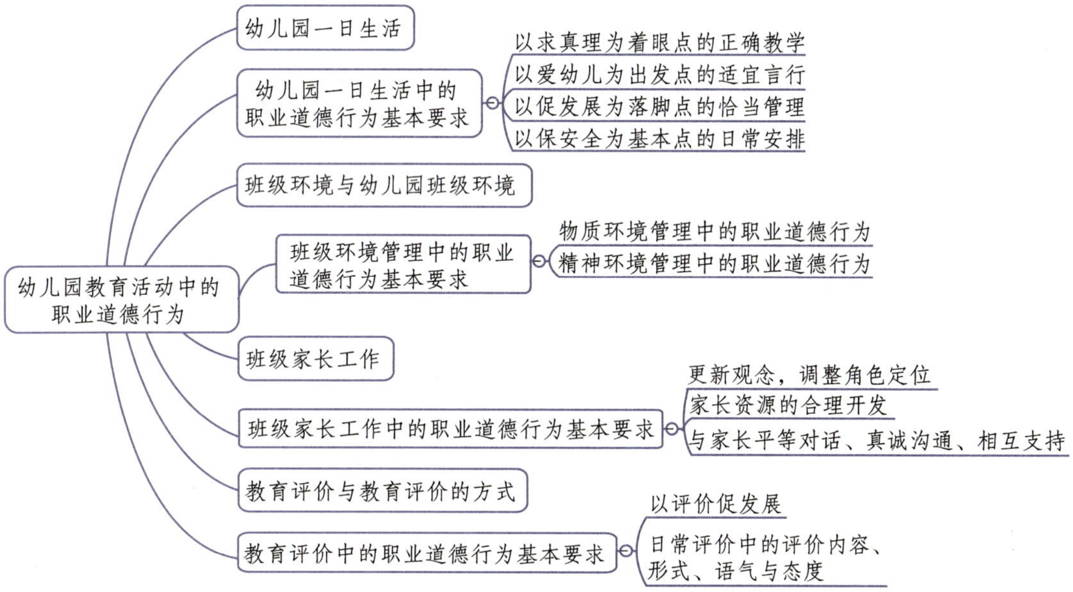

模块导入

你毕业了，进入一家幼儿园，拿到了一沓厚厚的幼儿资料，从此你就是这个班的一名“大家长”啦！可是，你知道什么是班级管理吗？班级管理包含哪些方面？幼儿教师最重要的是要确保什么呢？

空荡荡的教室怎样才能布置出适合幼儿发展的环境呢？怎样可以和家长成为彼此信赖的合作伙伴呢？又要怎样对幼儿做出评价呢？

这些都是幼儿教师要面临的事情，要做好这些，幼儿教师就要将教师的职业道德深入内心，用职业道德来指引自己的行动和行为。

典型案例

小班第一天，班里总有几个小朋友会哭着找妈妈，鼻涕眼泪抹你一身，甚至还有小朋友会自己开门往外冲。于是，你一手抱一个，一手牵一个，像妈妈一样安抚着他们。不料这时，你突然发现自己布置的环境被一脸天真的小朋友给破坏了。这边还未定，那边又有两个小朋友因为玩具起了冲突……焦头烂额的你会怎样？班级中的两位老师和保育员又要如何配合？你会想到每天穿什么样的衣服适合上班吗？放学了，家长们迫不及待地想和你了解孩子的情况，你又会怎么跟他们交流呢？面对第一天就被“破坏”的环境与自制教玩具，你会做何感想，又是否会反思自己创设的环境呢？

与幼儿、同事、家长相交融的幼儿园生活是与每位幼儿教师息息相关的，幼儿教师的职业道德体现在每天工作的方方面面，甚至一句话、一个动作中。就让我们一起进入这一模块来看看吧！

学习笔记

对每一位幼儿园教师而言，幼儿园教育活动中最基础最重要的部分便是班级管理。幼儿园班级管理是幼儿教师以幼儿身心发展规律为依据，以学前教育原则与观念为指导，通过计划、组织、实施、调整等环节，实现班级中人、事、物的互动，把幼儿园、家长、社区的人、财、物、时间、空间、信息等资源充分运用起来，进而实现各种教育目标和幼儿发展的动态过程。

幼儿园班级管理是由班级教师做主导，来管理、引导幼儿参与自主管理，调动家长使其配合参与到班级管理中的。班级管理的最终目的是建立一个和谐、积极、有序的集体。一个管理良好、以人为本的班级，一定是幼儿、家长、教师三方共同成长的班级：班级中的幼儿能全面发展；班级中的家长能提高育儿水平、了解先进的教育理念、积极配合教师的工作；班级中的教师能顺利开展生活、游戏、运动、学习等活动，提高自己的专业能力。

在班级管理中教师要以幼儿的一日生活为基本着手点、以家长工作和环境管理为支撑点、以教育评价为启承点同步开展工作。一位教师的职业道德、职业素养也正是在他的班级管理中得以展现的。那么，在这四块工作中，教师怎样做才能更好地体现自身的职业道德，符合社会对幼儿教师的期望呢？

单元 1 一日生活中的职业道德行为

学习笔记

一、幼儿园一日生活

幼儿园班级是幼儿园的基层组织，是幼儿园实施保教任务的基本单位，幼儿园班级是幼儿园组织、安排教育活动和生活活动的重要场所，整个幼儿园的工作大都是通过各个班级的工作来实现的。幼儿园一日生活也基本是以班级为单位，以一个班级的幼儿与教师为主体的互动。

幼儿园一日生活由四大领域构成：生活、运动、游戏、学习。生活活动包括进餐、午睡、盥洗等；运动包括器械运动、集体运动、分散运动等形式；游戏则分为玩耍游戏(也有人称之为纯游戏)，规则游戏或竞赛游戏，弱化游戏本质、辅助教学的教学类游戏；学习包括集体活动、小组活动、个别化学习等形式。这诸多形式、形态构成了幼儿完整的一日在园生活。但无论何种形态，从广义上都不能简单而独立地将其划分成四大领域中的一个，这四大领域对幼儿来说，是相互渗透、相互支持、相互联系的。

典型案例

上海市××幼儿园中大班一日生活流程(夏季版)

时间	内容安排
7：40—8：00	入园、自由活动
8：00—9：00	户外活动(运动、早操)
9：00—9：15	生活活动（盥洗、早点）
9：15—9：40	学习活动(集体或分组)
9：40—9：50	生活活动(盥洗)
9：50—10：50	个别化学习或自主性游戏活动
10：50— 11：00	生活活动(盥洗、餐前教育)
11：00—11：30	生活活动（午餐）
11：30—12：00	户外活动(散步、午睡准备)
12：00—14：30	生活活动(午睡)
14：30—14：40	生活活动(盥洗)
14：40—15：10	户外活动(运动)
15：10—15：25	生活活动（午点）
15：25— 16：00	自主性游戏或个别化学习活动
15：50(中班)	离园
16：00(大班)	离园

一日生活中，除了教师与幼儿产生的直接保教行为，还涉及主班教师、辅班教师、保育员的默契配合，即“三位一体”的配班模式。“三位一体”的配班模式是指在班级管理中，两位教师和一位保育员齐心协力共同管理、提高班级的保育和教育质量，做到保中有教、教中有保，最终使幼儿的发展得到最大的效益。“三位一体”的班级管理模式有助于实现合作、对话、一致、互补，有助于各个环节要求的明确与落实。

典型案例

××幼儿园一日活动常规要求(以户外活动为例)

项目	主班教师	辅班教师	保育员
早上户外活动	·做好外出户外活动的准备工作 ·列队前往运动区域 ·组织幼儿的户外运动 1. 提醒幼儿做好准备(整理服装、如厕等)，让幼儿了解当天运动所在区域和运动类型。 2. 请幼儿回忆相关的安全规则和游戏规则。 3. 鼓励幼儿进行创造性游戏。 4. 关注幼儿运动的强度，及时调整运动节奏和强度。 5. 在醒目地点进行早操镜面示范，动作准确、到位。 6. 关注幼儿活动中的安全。 7. 关注幼儿的冷热情况，提醒幼儿增减衣物	·配合主班教师做好外出户外活动的准备工作 ·配合主班教师列队前往运动区域 ·与保育员共同准备活动器械 ·组织幼儿的户外活动 1. 配合主班教师帮助幼儿及时整理、列队前往活动场地。两位教师分别站在队伍的头尾。 2. 与主班教师一起进行早操镜面示范，动作准确、到位。 3. 关注个别幼儿，提示幼儿动作的准确性和集中注意力。 4. 鼓励幼儿协助保育员准备活动器械。 5. 关注幼儿活动中的安全	·把运动中所需要的物品带至运动场地 ·检查和准备运动器械 ·做好幼儿运动中的保育工作 1. 带好需要的物品(干毛巾、衣服筐、纸巾等)。 2. 检查运动器械的状况，及时排除安全隐患。 3. 与辅班教师共同准备活动器械。 4. 运动中及时提醒幼儿自主增减衣物、垫毛巾；带领幼儿如厕、喝水等。 5. 关注幼儿活动中的安全

二、幼儿园一日生活中的职业道德行为基本要求

(一)以求真理为着眼点的正确教学

幼儿园的教育是一个幼儿继家庭教育之后接受的第一份踏入正规的、有组织的教育教学单位的教育。在幼儿园中学到的知识、养成的习惯，或者是产生的疑惑可能伴随一个人的一生，或促使他继续求索，或有助于他日后的学习，当然，也有可能带来负面影响。因此，2018年11月，教育部印发了《新时代幼儿园教师职业行为十项准则》，其中第三条也提到幼儿园教师要传播优秀文化，弘扬真善美，传递正能量，在与幼儿有直接关系的保教活动中不能转发错误观点，编造散

布虚假信息、不良信息。党的二十大报告中提出，要让“中华优秀传统文化得到创造性转化、创新性发展”。那么，幼儿教师更是需要增强自己的中华优秀传统文化底蕴，增强文化自信，才能对幼儿进行中华优秀传统文化的熏陶，用适合的方式“讲好中国故事、传播好中国声音”。

所以，一位以求真理为着眼点的教师，不仅能促进幼儿的现阶段发展，同时他的才识、精神、态度、习惯也能在幼儿的心中生根发芽，为幼儿日后的发展打下坚实的基础。一位真正的教师，一定是一位求真的教师，他追求的是知识的严谨、幼儿的发展和教育的意义。此外，作为一名幼儿教师，他还是幼儿爱国主义情怀的启蒙者与铺垫者。幼儿阶段是人生的起点，而幼儿教师则需要在这个阶段理直气壮地为幼儿进行爱国主义教育，通过合适的活动、案例，让爱国情、强国志、报国行在幼儿心中播下一粒种子。

1. 提高自身的专业性

对于幼儿来说，他们处在由自然人向社会人转化的过程中，育人便是这一阶段的教师首要考虑的教育目标。幼儿教师的专业性主要是由幼儿的身心发展特点决定的，因此，幼儿教师需要对幼儿有深刻的教育性理解，才能对幼儿进行全方位的启蒙，促使其身心得到全面、和谐发展。

所谓教育性理解，是指教师具有科学的儿童观，能利用自身的专业知识和经验，读懂幼儿，满足幼儿身心发展的需要。幼儿教师还需要有敏锐的观察力与思考力，结合自己的专业知识和经验，捕捉幼儿表现出来的信息，进而充分利用，创设良好的幼儿发展环境，选择适合幼儿的保教策略。

《幼儿园教师专业标准（试行）》指出：“幼儿园教师是履行幼儿园教育工作职责的专业人员，需要经过严格的培养与培训，具有良好的职业道德，掌握系统的专业知识和专业技能。”该标准将幼儿教师的“专业性”细化为专业理念与师德、专业知识、专业能力三大模块、14 项条目和 62 条具体要求，幼儿教师要认真解读该标准的具体内涵，反观自己，对自我有一个合理的评价和定位，并将该标准作为自己专业发展的一个标杆。

在教育教学中，教师需要不断地自我反省，不断地修正自己的教育行为。教师要从幼儿的行为表现以及被教育效果等方面反思自己的教育内容、教育形式、教育方法是否科学得当、是否符合本班幼儿的年龄及发展特点。对于班级里的幼儿，教师要考虑到幼儿之间的差异性，在判断和评价幼儿发展水平时，要开放、多元，要因材施教，使幼儿富有个性地成长。平时，教师要保持学习的习惯和热情，不断充实自己，严谨治学，切不可在工作中不懂装懂、自以为是、知错不改、马虎随意。

2. 持有敬业精神

敬业精神是一种重要的职业道德，是对各行各业工作人员的基本要求，作为

学习笔记

学习笔记

人类灵魂工程师的教师，特别是作为启蒙者的幼儿教师，更应该具备高度的敬业精神。但是，随着社会主义市场经济的发展，面对利益的驱动和社会上各种思潮的冲击，幼儿教师的敬业精神出现了淡化、扭曲现象。比如，有的教师对工作不负责任，得过且过；有的教师不能对自己的工作投入情感，仅仅停留在谋生的层面上；有的教师认为付出与收入不成正比，就随便应付……幼儿教师不应只把幼儿教育当作“饭碗”或者谋生手段，还应潜心培幼育人，落实立德树人根本任务，爱岗敬业，细致耐心，对幼儿负责，拒绝受拜金主义、享乐主义的腐蚀。一味追求个人私利，而忽略奉献精神，易导致职业精神的缺失。

(二)以爱幼儿为出发点的适宜言行

拓展阅读

有一首歌最为动人

有一首歌最为动人
那就是师德
有一种人生最为美丽
那就是教师
有一种风景最为隽永
那就是师魂
不要说我们一无所有
我们拥有同一颗火热的太阳
我们拥有同一片广博的天空
在同一片天空下
我们用爱播撒着希望……

幼儿的一日生活，需要教师发自肺腑的爱。爱，是人的一种伟大感情，是主体同客体之间诚挚而亲密的感情联系。所以，热爱幼儿、热爱自己的本职工作是幼儿教师职业道德的核心与动力。捷尔任斯基也说过：“爱是一切善、崇高、力量、温暖、快乐的创造者。”在班级中，满怀爱心的教师会发现每个幼儿的可爱之处，这种爱会将幼儿与教师有力地联结在一起，也会让幼儿愿意向教师敞开自己的心扉。一个慈爱的眼神，一个温暖的拥抱，为幼儿整好领子、扣好纽扣，这些看似微不足道的细节，却会给幼儿的心灵以极大的震撼，使他们感受到老师对他们的喜爱，从而也喜欢接受老师的教育。让幼儿感受到爱，体会到被爱之乐，潜移默化之中，幼儿也会学着去爱别人。

有人说爱自己的孩子是本能，爱别人的孩子是神圣，所以说教师的爱是一种崇高又神圣的社会情感。从某种意义上讲，教师的爱是一种高于母爱的、伟大的、无私的爱。这种爱既要有母爱的特质，同时又要以理性的方式和客观的态度去涵盖所有的幼儿和幼儿的一切。正由于这样的爱，幼儿教师才能为幼儿创造良好的精神氛围，使幼儿在安全、愉快、积极、温暖的心理环境中成长。

1. 作为榜样的适宜言行

将爱幼儿作为自己出发点的幼儿教师一定会每时每刻注意自己的言行。幼儿

学习笔记

刚刚步入社会，他们年龄尚小，对事物的判断能力很弱，但学习能力、模仿能力却很强，教师在他们的心中有着极高的威信，他们对教师的崇拜、信任甚至胜于父母。在幼儿园中，他们更是把对妈妈的依赖与爱转移到教师身上。

幼儿园中的幼儿对教师有一种强烈的依恋感，他们都有模仿教师行为的倾向，并且很善于模仿教师的言行。教师的道德行为、是非判断标准也会在他们幼小的心灵中生根发芽，对他们发生潜移默化、不可小觑的作用。教师不仅在学习习惯、生活习惯、思维方式等方面对幼儿起着示范引导作用，而且对幼儿的文明习惯、道德品质以及世界观、价值观、人生观的形成也起着言传身教的作用。“教师的世界观，他的品行，他的生活，他对每一现象的态度，都这样或那样地影响着全体学生……他的一举一动都处在最严格的监督之下，世界上任何人也没有受着这样严格的监督。”①苏联教育家马卡连柯也在《儿童教育讲座》中写道：

你们自身的行为是在教育上具有决定意义的。不要以为只有你们和儿童谈话的时候，在教导儿童、吩咐儿童的时候，才执行教育儿童的工作。在你们生活的每一瞬间，都教育着儿童，甚至当你们不在家庭里的时候。你们怎样穿衣服，怎样跟别人谈话，怎样谈论其他的人，你们怎样表示欢欣和不快，怎样对待朋友和仇敌，怎样笑，怎样读报……所有这些，对儿童都有很大的意义。你们的态度神色上的少许变化，儿童都能看得到和感觉到。你们思想上的一切转变，无形之中都会影响到儿童，不过你们没有注意到罢了。

幼儿会把他在幼儿园中受到的教育带到生活的方方面面，所以，教师要严格要求自己，事事以身作则，注重言传身教，以达到潜移默化地感染、教育幼儿的作用。教师的言行有一种巨大的道德力量，如无声的命令。正所谓“其身正，不令则行；其身不正，虽令不从”，教师的言行不仅会影响到幼儿，还会间接影响到家庭，甚至影响到未来的社会。

1987 年，一位诺贝尔奖获得者说，对他而言，一生中最重要的是在幼儿园学到的东西。进入幼儿园是每个幼儿踏入社会的第一步，幼儿教育是启蒙教育，也是基础教育的奠基石，因此，幼儿教师不仅是启蒙教育的引导者，更是幼儿一生的启蒙者。初入社会的幼儿在与老师、同伴的互动中，知道了要如何与他人相处以及应该遵守的社会规则等，教师也在这一过程中，为幼儿做出了行为、言语上的示范，这种影响或将不知不觉地绵延幼儿的一生。

有些幼儿教师不注意自己的言行举止，他们做出来的事、说出来的话让幼儿惊恐，让家长心寒，这样不但不能为幼儿的发展打下良好基础，还会给幼儿带来阴影，甚至是一生的阴影。恶行与恶语往往相伴相生。恶行主要是对幼儿身体上的摧残，恶语则是对幼儿精神上的损害。幼儿教师的恶语主要有讽刺挖苦型、漫骂侮辱型和粗暴恐吓型。

① [苏]加里宁：《论共产主义教育和教学(1924—1945 年论文和讲演集)》，陈昌浩、沈颖译，186 页，北京，人民教育出版社，1957。

学习笔记

"没听见我在说话啊，耳朵聋啦!"

"再哭！就把你关进小黑屋!"

"你真是最笨的小孩了!"

……

这些话成人听到心里都会颤抖一下，更何况幼儿呢。这些恶行恶语的产生虽有一定的心理情感因素，但它反映出教师职业道德的缺乏、科学教育观念与儿童观念的缺乏以及自我约束力的缺乏。

《幼儿园教师专业标准(试行)》中指出，要"尊重幼儿人格，维护幼儿合法权益，平等对待每一位幼儿。不讽刺、挖苦、歧视幼儿，不体罚或变相体罚幼儿"，要"富有爱心、责任心、耐心和细心"。《新时代幼儿园教师职业行为十项准则》中也强调要关心爱护幼儿，呵护幼儿健康，保障快乐成长；不得体罚和变相体罚幼儿，不得歧视、侮辱幼儿，严禁猥亵、虐待、伤害幼儿。

2. 发挥"期望效应"的适宜言行

教师要为幼儿创设一个充满关爱、温暖、尊重和支持的心理环境。当幼儿的心理需求得到他们心中最有威信的人的满足之后，他们便会产生"罗森塔尔效应"，即"期望效应"。

拓展阅读

罗森塔尔效应

1968 年，美国哈佛大学教授罗森塔尔等完成了一项著名的实验。他对 100 名儿童进行了"发展测试"，在进行智能、体力等项目测试后，他向教师提供了虚构的信息，说 100 名儿童中有 20 名会发展优异并出示了学生名单。一年后复试的结果表明，当时被列入名单的儿童，成绩明显提高，且求知欲旺盛，活泼开朗。这种由于教师期望不同而导致儿童发展差异的现象就是教师期望效应。罗森塔尔借名于现象相类同的皮格马利翁神话，称这种效应为"皮格马利翁效应"，其实质就是爱的效应——人们基于对某种情境的知觉而形成的期望或预言，会使该情境产生适应这一期望或预言的效应。

这一效应给了我们这样一个启示：赞美、信任和期待具有一种能量，能改变人的行为，当一个人获得另一个人的信任、赞美时，他便感觉获得了社会支持，从而增强了自我认同感，变得自信、自尊，获得一种积极向上的动力，并尽力达到对方的期待，以免对方失望，从而维持这种社会支持的连续性。

据罗森塔尔分析，罗森塔尔效应主要有如下四个社会教育心理机制：一是气氛，即对他人高度的期望而产生了一种温暖的、关心的、情感上支持的良好氛围；二是反馈，即教师对寄予期望的学生，给予更多的鼓励和赞扬；三是输入，即教师向学生表明对他们抱有高度的期望，指导他的学生，对学生提出的问题给予启发性的回答，并提供极有帮助的知识材料；四是鼓励，即对所期望的学生教师总给以各种各样的鼓励，使之不断朝着期待的方向发展。这一效应对被期待者具有积极的意义，特别是对那些所谓的后进生更具有特殊意义。

这一效应的产生源于教师对幼儿的爱，爱是属于情感范畴的心理活动，和其他情感一样，都是大脑皮层的皮下中枢协调活动的结果，属于肯定性情感。①幼儿很渴望教师对自己的爱，也能很清楚地感受到教师对自己的爱与肯定。在幼儿园中，教师应该充分利用这一效应，有一颗“皮格马利翁”的爱心，对幼儿多一点宽容、多一些表扬、多一份尊重，让幼儿从教师的言行中感受到浓浓的爱。

学习笔记

实践小贴士

一日生活中，我们可以这样做：

不故意为难孩子，以免让孩子感到难堪，

不把孩子的错误公开，

过激的批评后要适时地降温，

用爱心去保护孩子的自尊心、自信心，

多表扬鼓励，少指责埋怨，

注意发现孩子的闪光点，并耐心去培养，使之不断发扬光大，

如果孩子有了缺点，要耐心帮助分析原因，鼓励他们克服纠正，

孩子越小，心灵越不设防，越容易受伤害，越需要小心呵护，

正确对待孩子的成败体验，

多给孩子留面子，不要当众训斥、指责孩子，

多与孩子进行平等的交流与分享，

接受孩子的各种感情表现，决不要轻易否定，

强调孩子的优点比批评缺点更有效，

让孩子负些责任，让孩子自己去做一些力所能及的事情，

勇于向孩子承认错误，

每一个孩子都有他值得赞扬的地方，

赞扬和鼓励是激发一个人内在潜能的最佳方法，

爱、称赞都应该说出来，让孩子知道。

（三）以促发展为落脚点的恰当管理

幼儿园的一切教育目的就是让每个孩子得到良好的发展，与此同时，教师自身的业务水平也得到相应的提高。进行恰当管理的目标就是在师幼的互动中，促进幼儿、教师、班级的共同发展。

① 沈明煊：《幼儿教师职业语言与“罗森塔尔效应”的运用》，载《湖南第一师范学院学报》，2012(4)。

1. 做亲和型、智慧型教师，运用情感艺术进行一日生活的管理

拓展阅读

幼儿教师的类型

一项研究将幼儿教师分为以下四种：

严厉型：教师按照班级管理的规章制度严格管理，及时直接指出幼儿的问题。

亲和型：教师能与幼儿保持友好的朋友关系，用积极而温柔的态度感染幼儿。

智慧型：教师能根据不同情况运用机智、幽默、诙谐等情感表达方式恰当地处理问题。

放任型：教师对幼儿的想法与行为不加约束，让其自然发展。①

调查结果表明，最受幼儿喜爱的教师是亲和型教师与智慧型教师。亲和型教师与智慧型教师都能以积极的情感态度投入幼儿园的一日生活中。亲和型教师偏重日常与幼儿的情感沟通与情感积累，智慧型教师则在注重日常与幼儿情感沟通、情感积累的基础上，更多地考虑用教师适时的积极情感调动幼儿的积极性，解决班级里的实际问题。

学习笔记

亲和型教师善于观察幼儿，能了解幼儿的年龄特点，平等地正视幼儿，与幼儿建立起安全的依恋关系，满足幼儿的心理需求、情感需求，使幼儿产生爱与归属感。亲和型教师更能激发与幼儿的平等对话，了解幼儿的真实意愿，实现高效的一日生活管理。

智慧型教师善于动脑筋，能抓住幼儿感兴趣的活动内容与形式，能及时把握幼儿的兴趣点，应用心理暗示、角色扮演等方法将教师的积极情感传递给幼儿，与幼儿展开有趣有效的互动。智慧型教师能将幼儿引向自己期望的方向，达到较好的班级管理效果。

这两类教师都在一日管理中积极运用情感艺术传达幼儿喜欢的情感，与幼儿的情感产生了积极的应答关系，赢得了幼儿的喜爱，拉近了与幼儿的距离，从而使幼儿在不知不觉中愿意配合教师进行有效的班级管理。这两类教师从情感上获得了幼儿的认可，而不只是依靠自己的权威。在班级这个大家庭中，当师幼双方在情感上彼此认同时，相互之间的配合就会十分默契和有效，教师预定的教育目标也能很好地达成，从而促进幼儿的发展。

2. 发展幼儿良好的生活常规，加强日常生活管理，身教重于言传

对幼儿来说，生活是四大领域中最重要、也是一日生活中所占比重最大的一个。日常生活管理包括来园、盥洗、饮水、饮食、睡眠等全部生活内容，因此，在日常生活管理中，教师必须保质保量为幼儿提供富有营养的饮食、安全的活动

① 卫岚：《教师的情感艺术在幼儿园班级管理中的实践研究》，硕士学位论文，上海师范大学，2009。

场地与教玩具、足够的休息时间、安全的生活设施等，以保证幼儿身体的健康成长。这一过程更是对幼儿形成包括生活习惯、生活态度、生活自理能力等在内的良好生活常规的培养与发展。

在日常生活管理中，教师可以与幼儿一起商讨，讨论在生活中哪些行为是值得赞赏的，哪些行为是班级所不允许、应该被禁止的，如违反班规后果会怎样，教师应尽量让每个幼儿都参与讨论、发表自己的想法，然后根据讨论结果，师幼共同制定出全班都要遵守的班级常规。在执行过程中，教师要公平、守信，多鼓励、少批评，培养幼儿养成自觉遵守集体规定的习惯。

教师在幼儿日常生活的管理中要注意言传身教。教师是幼儿心目中的权威，其一言一行幼儿都会看在眼里，并且有意无意地去模仿学习。如果教师呵斥嘲讽、仪表不端，其所在班级的幼儿很可能也会言语粗俗、衣冠不整。所以教师必须发挥正面的榜样作用，要求幼儿做到的自己必须带头遵守，以自身良好的品行为幼儿创设优质的教育环境，达到“蓬生麻中，不扶自直”的育人效果。

学习笔记

(四)以保安全为基本点的日常安排

安全，是幼儿园一切教育教学活动的基础，是最重要、最不能心存侥幸考虑不周的方面。孩子的安全大于天，每位教师在做任何安排时都要把幼儿的安全考虑在先。

1. 以安全为前提的仪容仪表

身边的案例

一天早上，年轻的S老师戴着一条漂亮的珍珠项链，兴高采烈地来到幼儿园，还不忘展示给孩子们看，孩子们都说好看。可就在分组活动中S老师指导幼儿时，意外发生了，项链被一个孩子的笔套钩住了，再加上老师猛地一起身，“啪”的一声线断了，珍珠散落一地。看到这个情形，孩子们纷纷放下手中的操作材料哄抢起散落的珍珠。顿时，原本安静的活动室乱成了一锅粥，虽然S老师大声提醒幼儿“安静”“坐下”，但无济于事。由于孩子们非常兴奋，分组活动只好草草收场。

感悟

案例中S老师的珍珠项链一定很漂亮，也确实是幼儿喜欢的装饰物，意外发生之前大家都没有想到这串珍珠项链存在安全隐患。但意外发生之后，这串项链不但影响了正常的教学活动，更是埋下了安全隐患。如在哄抢中可能会有幼儿被撞倒绊倒、可能会发生踩踏事件、可能有人摔倒时不巧撞到了桌椅边缘，还可能有的幼儿把小珠子塞到嘴巴里、鼻子里、耳朵里，等等；对S老师自身来说也存在着危险，如项链的绳子可能会勒住脖子。这样一看，一串普通的珍珠项链确实存在着很大的安全隐患。

扫二维码，学以安全为前提的仪容仪表

学习笔记

关于教师的仪容仪表，谈论较多的便是教师对幼儿的感染性与示范性，所以教师必须符合一定的职业形象要求，如仪表端庄自然、服饰美观整洁、举止稳重大方，这样才符合自身的职业特点、符合社会背景与社会文化对教师仪表的普遍要求。幼儿园教师工作对象的特殊性，决定了幼儿园教师的仪表除了大众化的要求外，还要更多地从教育对象即幼儿的安全来考虑。因此，幼儿园教师的仪表需要兼顾安全性、教育性与职业性，其中，安全性是三者的基本点。出于对幼儿安全性以及教师自身安全性的考虑，幼儿教师可以这样做：

①工作时长发束起，短发放耳后，额前头发不挡住视线，勤洗头发；

②指甲剪去不连着肉的部分即可，不要过短，不涂指甲油；

③适当选用符合幼儿审美、没有安全隐患的配饰；

④穿舒适、软底平跟鞋；

⑤可以化淡妆，使用没有刺激性气味的化妆品；

⑥坐下时，要端坐，腿收回，不要伸得很长；

⑦服装简洁，装饰物如绳带、纽扣等不繁复；夏装长度适中；衣服不过紧。

2. 加强一日活动中的安全防范

幼儿的安全与教师的安全意识、应急能力、责任心息息相关，一日活动中的每个环节都会发生意想不到的安全事故。安全事故没法完全避免，但要尽量避免由于教师考虑不周、责任心不强、不按规定操作造成的安全事故。

身边的案例

在大班的一节集体教学活动中，老师设计了一个环节，请幼儿判断图片上的做法是否正确，如果正确就站在老师的左手边，不正确就站在老师的右手边。小朋友的参与性特别高，整个活动的氛围特别好，但就在这时，意外发生了。一名女生为了第一时间跑向老师，自己把自己绊倒了，撞在了移动黑板下方抽屉的纽扣型把手上，顿时她的眼角鲜血直流。保健室第一时间联系了家长，并将孩子送往医院。虽然在去医院的路上给孩子止住了血，但因为伤口过深，还是没能避免缝针。最后，孩子的眼角缝了4针，万幸没有伤到眼睛。缝针时，孩子在里面哭，家长和老师在外面哭。

感悟

这个事故算是幼儿园事故中比较大的了，细细想来真的让人后怕，如果伤到了眼睛怎么办？

事故后，老师也做了反思，如果自己在设计活动时想到教室的拥挤、想到孩子的求胜心，进一步完善规则，或将玩法稍作调整，又或者在看到前两轮孩子争先恐后的样子时，及时将规则做调整，可能就会避免这样一个事故了。再或者，老师平常很细心，去排查教室中的安全隐患，也会大大降低安全事故的发生。

这样的一个事故看似是孩子自己把自己绊倒，不是老师的直接责任，但也是老师的安全意识不够造成的。《新时代幼儿园教师职业行为十项准则》中对此作了要求，要“加强安全防范。增强安全意识，加强安全教育，保护幼儿安全，防范事故风险”。该准则还提到了不可控的突发事件造成的危险临近时，教师不能不顾幼儿安危，擅离职守，自行逃离。

单元 2　班级环境管理中的职业道德行为

学习笔记

美国心理学家勒温提出过一个关于人类行为的公式：B=F(P，E)。公式中的 B 表示人的行为，P 表示人类个体，E 表示个体所处的环境，这就意味着人的行为是个体与环境的函数，也就是说人的行为是个体与环境相互作用的结果。① 以班级为单位展开教育教学活动的环境对幼儿、教师乃至幼儿园的发展都有重要的意义。

幼儿的学习是在与环境中的人、事、物不断相互作用的过程中产生、发展的，如何为幼儿创设最优的学习环境很自然地成为幼儿园课程改革中一个重要的研究课题。②《幼儿园教育指导纲要(试行)》指出：“环境是重要的教育资源，应通过环境的创设和利用，有效地促进幼儿的发展。”③与此呼应的是，《幼儿园工作规程》明确指出，要创设与教育相适应的良好环境，为幼儿提供活动和表现能力的机会与条件，促进每个幼儿在原有的水平上得到不同的发展。

一、班级环境与幼儿园班级环境

班级环境是一个内涵复杂且丰富的概念，目前还没有一个统一的术语来指称它。在《简明国际教育百科全书》中，有两个不同的概念说明课堂环境因素：一是课堂心理环境，指作为一个社会集体的班集体中的气氛，这种气氛对学生的学习产生潜在的影响；二是学习环境，包括学习的物理环境和教育、训练中使用的设备、工具和材料。④

据此，本单元将幼儿园班级环境定义为在幼儿园情境中，以班级为单位，通过班级物理环境布置和班级情境中的教育教学活动及生活事件所产生的影响幼儿发展的客观因素和主观因素的总和。⑤ 由此，幼儿园班级环境可分为两类：物质环境和精神环境。

物质环境主要是指影响幼儿发展的与班级物理环境相关的客观因素，具体包括室内空间布局、幼儿游戏材料种类及数量、班级墙面布置和室外空间利用。精

① R. L. Sinclair, *Elementary School Educational Environment: Measurement of Selected*, Michigan: University Microfilms Limited, 1968: p. 3.

② 赖佳媛：《幼儿园教育环境·创设与利用》，1～5 页，广州，新世纪出版社，1995。

③ 《幼儿园教育指导纲要(试行)》，5 页，北京，北京师范大学出版社，2001。

④ 中央教育科学研究所比较教育研究室：《简明国际教育百科全书：教学》(上)，80、111 页，北京，教育科学出版社，1990。

⑤ 钟灵：《幼儿园班级教育环境创设个案研究——以四川省自贡市 A 幼儿园为例》，硕士学位论文，西南大学，2010。

学习笔记

神环境是指影响幼儿发展的、与教育教学活动有关的主观因素，具体包括人际环境、信息环境、舆论环境、组织环境和情感环境五个方面。

幼儿园班级环境的管理主要是指幼儿园教师在一定的教育目标的指引下，有目的、有计划地创设合乎幼儿生理和心理发展规律的班级物理环境和心理氛围。幼儿园班级环境管理的主体是教师和幼儿，其中教师起主导作用，幼儿在教师直接或间接的引导下主动或被动地融入班级环境中，维护或改变着班级环境，并从中逐渐形成自己的人格特性基础。

二、 班级环境管理中的职业道德行为基本要求

(一)物质环境管理中的职业道德行为

1. 创设安全舒适、有准备的环境

蒙台梭利认为，如同植物生长需要适宜的阳光、空气与水分一样，幼儿的身心是在外界刺激的帮助下发展起来的，他们借助环境来构建自己的知识结构。所以，教师要向幼儿提供适宜的、有准备的环境，使其找出发展自身潜能的方法。

幼儿园班级的基础设备设施是幼儿生活、班级活动得以正常开展的物质保障，它是教师根据教育目标有计划、有目的地创设出的有准备的环境，它必须是安全的、环保的，有利于幼儿安全活动的。教室环境布置除了要考虑空间因素外，首先要注意陈列或使用的物品的安全性，危险物品或具有潜在危害的物品应放在幼儿触及不到的地方，或者用其他遮盖物遮住，以免幼儿因好奇或不小心而发生意外。如教师的茶杯不能出现在教室里，插座要安装在幼儿够不到的范围内，电话线、网线、电线等线类要缠绕起来并固定好或者遮住，环境布置若使用了有刺激性气味的材料则要充分通风后再投入使用，尖锐物品和易碎物品要远离幼儿或者做好保护，等等。

2. 明确班级环境的创设目的

《幼儿园教育指导纲要(试行)》指出：幼儿园应为幼儿提供健康、丰富的生活和活动环境，满足他们多方面发展的需要，使他们在快乐的童年生活中获得有益于身心发展的经验。① 因此，幼儿园班级创设环境的出发点是要为幼儿提供良好的生活、学习环境，满足不同年龄阶段幼儿的需求，为幼儿身心健康发展创造良好条件。有的教师担心幼儿会把自己辛辛苦苦创设的环境、制作的物品弄坏，甚至会大声呵斥幼儿“不许碰”；有的教师在创设环境时，没有站在幼儿的视角，而是想当然地在自己操作方便的区域内创设；有的教师不考虑幼儿的兴趣、需求与能力，而是从自己的角度去创设自认为对幼儿有益的环境，还会责备幼儿不去关注、没有达成自己的预计目标，等等。

教师创设班级环境不是为了创设而创设，不是为了应付上级检查评估，不是

① 《幼儿园教育指导纲要(试行)》，5页，北京，北京师范大学出版社，2001。

学习笔记

为了让别人参观，也不仅仅是为了提升幼儿园的外在形象，千万不可本末倒置，追求外在的美观而忽略了环境真正的主人和受益对象——幼儿。教师要在日常教育教学中，调整自己的观念，观察本班幼儿的特点，学习该年龄阶段幼儿的特点，进而去创设适合本班幼儿的环境。

3. 坚持环境的教育性与艺术性的统一

班级的环境要注意动静结合，内涵与美化兼备。有些教师只注意环境的装饰功能，导致环境布置与幼儿生活、学习相脱离，沦为摆设，丧失了这“隐形课程”的潜移默化的教育功能。有些教师没有注意环境布置的美感，教室里摆满、贴满各种东西，还挂满五颜六色的吊饰，让人觉得拥挤不堪，很容易使幼儿产生嘈杂与不安的感觉。有些教师的环境创设注重了教育性，而忽略了幼儿的喜好，缺乏童真与童趣，给幼儿一种硬邦邦、冷冰冰的感觉。

因此，班级环境首先要服从教育需要，在此基础上，要讲究内容与表现手法的合理性、艺术性，但又不能单纯地追求环境形式上的完美，更不能因此而限制幼儿的活动，否则无法达到预期的教育效果。

第一，班级环境的管理要注意流变性。流变性表现在：班级物质环境要注意周期性或非固定性的变换，如主题墙布置内容的增减与更换、区角内容的周期性更换、游戏材料投放的变换，等等。这些变化可以依据相关人员（如教研组长、保教主任、园长等）对现有环境的评价以及自身的经验，但最主要的还是应当依据幼儿的发展需求，因为幼儿的发展是动态的，他们的发展需求也是动态的，所以要变化环境以满足其需求。

第二，班级环境的创设要与课程相呼应。环境是课程设计和实施的要素之一，幼儿的认知、情感和社会性的发展始终来自和环境的相互作用，而且幼儿与环境的相处模式也直接影响教育的质量。在环境创设中，教师如能把每一个创设和利用环境的细节与课程目标相结合，明确增减材料和设施背后的教育意义，预测出环境对幼儿发展的影响，并及时调整，那创设出来的环境一定可以支持幼儿的发展。

4. 注重环境中幼儿的参与度

教师在环境管理中，要充分发挥幼儿的主体作用。班级是幼儿生活学习的场所，他们有权利依照自己的感受、设想、兴趣来参与班级的环境管理，他们也有参与同自身发展密切相关的环境的能力。幼儿的学习不仅包括直接感知，还包括参与的过程。在参与过程中，幼儿不仅可以提高主人翁意识，还可以激发想象力、锻炼动手能力。陈鹤琴说过，用儿童的双手和思想布置的环境，会使他们更加深刻地理解环境中的事物，也会使他们更加爱护环境。使幼儿参与到环境管理中，也是发展幼儿表征能力的一个途径。幼儿在班级环境创设中的活动参与程度会潜移默化地影响环境创设的成效，因为具有良好职业道德的教师会根据幼儿对班级物质环境所表现出的兴趣、参与度等反馈及时做相应的调整。

学习笔记

环境管理中注重幼儿的参与度并不意味着教师主体作用的放弃，教师在班级环境创设中不是包办替代，制约幼儿主体性的发挥，也不是完全放手任由幼儿毫无目的地胡闹。这种师幼的共同参与是教师有目的、有计划地依据幼儿的年龄特点，组织幼儿参与设计、参与收集、参与布置、参与操作、参与管理的过程。

5. 提高自身环境管理的专业能力

幼儿教师在环境管理过程中表现出的专业理论水平和实际操作能力水平会对本班环境管理的成果产生直接影响，这就需要幼儿教师通过各种途径不断学习，丰富相关理论知识，强化基本操作技能，提高分析处理问题的能力，通过扎实的业务功底做好班级环境管理。

幼儿教师可以参加市级、区级、园级的相关进修培训，通过听讲座、观摩、讨论，以先进的学前教育理论、他人的成功经验来开阔眼界、提高自己的业务水平，这样才能在本班环境管理中有明确而清晰的认识和规划，并逐渐做好本班的环境管理。同时，幼儿教师还要在实践中积极地摸索与尝试，这样可以提高教师的动手能力，发展其审美水平，使其预测到幼儿对环境的反馈并能做出调整。

扫二维码，学精神环境管理中的职业道德行为

(二)精神环境管理中的职业道德行为

身边的案例

在幼儿园里，我们常常可以看到墙上贴着“比一比”之类的评比图，上面有每个孩子的照片或者标记，老师会在表现好的小朋友的照片或者标记下贴一个五角星，表示对他某一表现的认可，还会在某些特定时间，大家一起数数看谁得的五角星多，谁还需要继续努力。有了这样一个评比图，伴随而来的还有老师这样的话语：

“曼曼，还不快点吃，今天还想不想得五角星啦?”

“乐乐，看书的时候又在乱说话，再这样，我就要把你的五角星拿掉一个了!”

“源源，你自己说说你这几天的表现好不好? 又推人，又不和别人分享玩具，还在教室里冲过来冲过去。其他小朋友说说，源源这样子还能不能得五角星啦?”

这就是某些老师喜欢用的管理办法，并自认为很有“效果”。教师还把评比表贴在教室里，以督促孩子们好好表现。这样，不但孩子知道自己的表现如何，家长也能知道自家孩子在幼儿园的表现情况，这样做，看似便于老师的管理，但是符不符合教师的职业道德呢?

感悟

《幼儿园教育指导纲要(试行)》中明确指出：“建立良好的师生、同伴关系，让幼儿在集体生活中感到温暖、心情愉快，形成安全感、信赖感。”“教师的态度和管理方式应有助于形成安全、温馨的心理环境；言行举止应成为幼儿学习的良好榜样。”

例子中的三句话是很多老师随口就会说出来的，但无论是对于没有表现好的孩子，还是对于其他孩子，都可能影响到他们的心理健康。对于表现没有让教师满意的幼儿，不利于培养他们活泼开朗的性格，还会增加他们的紧张感与失败感，老师经常这样说还有可能导致幼儿不再有羞耻感；这种比较性很强的话容易引发幼儿之间的竞争，易导致幼儿之间的嫉妒，不利于同伴间积极情感的建立；同时，还会导致幼儿自我意识的畸形发展。

精神环境相比于物质环境，更能使幼儿感受到安全感、尊重感和接纳感，教师需要为幼儿创设充满关爱、温暖、尊重和支持的精神环境，以利于幼儿情感、态度、行为和个性的充分发展。建立良好的精神环境主要体现在以下几个方面：①建立良好的师幼关系；②帮助幼儿建立良好的幼幼关系；③发挥教师的主导作用；④形成有效适宜的师幼互动；⑤形成良好的班风。教师可以采取以下做法。

1. 树立正确的儿童观、教育观

树立正确的儿童观需要教师摒弃“教师本位”的观念，走出教师拥有绝对权威地位和掌控地位的思维定式，为幼儿营造安全的、自由的、包容的、互动的精神环境，创造温馨、和谐的情感氛围。这需要幼儿教师在工作中尊重、爱护每一位幼儿，拥有一种公平公正、饱含热情的有原则的、理性的爱。教师不能厚此薄彼，不能掺杂个人喜恶，要以一种宽广的胸怀，真诚地去热爱全体幼儿。但这种无差异也不一定是绝对的。

树立正确的教育观需要教师能针对不同年龄的幼儿、不同个性的幼儿、不同能力的幼儿采取不同的教育方式，用发展的眼光看幼儿，这样可以维护幼儿的自尊心与进取心，提高幼儿的自我效能感，让每位幼儿都感受到自己在这个群体中所有的独特的、不可或缺的存在感与归属感，有助于在班级中形成良好的师幼关系、幼幼关系，营造出和谐的精神环境。

2. 保持健康的、积极向上的心态

班级精神环境的管理需要教师首先管理好自己的精神状态。幼儿的身心发展特点决定了他们善于观察、喜欢模仿，情绪易受感染和暗示，所以教师的精神状态不仅会影响到本职工作的完成质量，更会对幼儿的情绪感受、情绪处理、人际交往、个性发展产生潜移默化的影响。因此，教师在工作中要妥善处理自己的负面情绪，不在幼儿面前随意表露，将自己调整到最佳的情绪状态。教师每一天在面对幼儿的时候，都要全身心地投入进去，抛弃杂念，用积极的态度、愉快的心情、满腔的热情去感染幼儿、与幼儿和睦相处。当与这样一位教师相处时，幼儿一定也会变得活泼开朗、乐观积极。这样，才能形成一个良好的班级精神环境。

3. 帮助幼儿建立良好的同伴关系

幼儿与幼儿之间的关心、爱护、评价有时比老师的更能产生效果，幼儿往往会很注意自己在同伴心中的形象。教师要认识到幼儿的这一特点，为幼儿创造一

学习笔记

学习笔记

个积极交往的环境，有效地影响幼儿的交往态度和交往行为，帮助幼儿之间建立良好的同伴关系。教师在平时要注意引导幼儿向同伴表达自己的思想和感情，帮助幼儿了解他人的各种需要，学会观察他人的喜怒哀乐，建立同伴间相互关心、友爱的精神环境。

例如，有些幼儿自我中心意识比较强，还有些幼儿比较霸道，说话做事不会考虑他人的需要和感情，缺乏同理心，这类幼儿在班级中通常不会“吃亏”，但是大多数幼儿却对他们“敬”而远之，他们就只能通过强硬的手段或者一些诱惑去交朋友。对于这类幼儿，教师需要引导他们学会如何控制自己的情绪、如何体察他人的情绪、如何与他人交流，帮助他们形成诸如关心、抚慰、同情、合作等亲社会行为。对于能力较弱、性格比较内向的幼儿，教师要多多采用在集体面前鼓励的做法，帮助他们在同伴面前树立自信，让他们多多参与到班级活动以及同伴互动中，也通过鼓励其他幼儿与其交往，使其增强自信心和积极、愉悦的情感。

4. 与同事建立和谐的关系

教师与教师之间的人际关系看似与幼儿无关，其实教师之间是相互帮助、共同进步，还是勾心斗角、互相拆台，都对幼儿有着直接的影响。试想两位迎面走来的教师，是热情友好地打招呼还是冷冰冰地对视一眼，这两者带给孩子的感受会是怎样？他们从中又会受到怎样的影响呢？教师需要幼儿互相关心、互相抚慰、分工合作等，如果教师自己做到了，幼儿也将耳濡目染，学会体察他人的情绪情感，并学会用正确、适宜的方式与别人交往，从而长期且稳定地养成这种亲社会行为。相反，如果教师之间人情冷淡、漠不关心，那教师再怎么强调同情心、再怎么培养爱心，效果也会大打折扣。同时，教师间的和谐关系能使班级、幼儿园具有良好的精神氛围，带来一种温馨的气氛，容易激发出幼儿积极的社会性行为。所以，在创建班级精神环境时，要注意班级中教师之间、教师与保育员之间，乃至与全园教职工之间的关系，使教师成为幼儿良好社会性发展的榜样。

单元3 家长工作中的职业道德行为

早在1927年，陈鹤琴先生就说过：幼稚教育是一种很复杂的事情，不是家庭一方面可以单独胜任的，也不是幼稚园一方面能单独胜任的，必定要两方面共同合作方能起到充分的功效。

幼儿在进入幼儿园之后，表现出的差别在很大程度上与家庭教育、家庭环境有关。家长作为幼儿的启蒙教师、“家庭教师”，时刻对子女进行着隐性与显性的教育和影响。因此，家园联手齐心共育方能最好地实现教育目标。虽然家长与教师有着共同的最终目标，都希望孩子得到良好的发展，但有时因出发点、成长环境、生活背景不同，在阶段培养目标上的认识不同、对教育策略的理解不同等，家长与老师之间会产生分歧甚至矛盾。如习近平总书记在全国教育大会上的讲话所提到的，“教育的压力普遍前移，学前教育、基础教育普遍存在超前教育、过度教育现象”。作为老师，处理好与家长的关系，做好家长工作，不仅能支持与促进幼儿园中的教育活动，而且对家庭教育、对幼儿的身心发展都十分重要。

学习笔记

幼儿园班级管理工作的有序开展离不开家长的支持与配合。《幼儿园教育指导纲要(试行)》中明确指出：“家庭是幼儿园重要的合作伙伴。应本着尊重、平等、合作的原则，争取家长的理解、支持和主动参与，并积极支持、帮助家长提高教育能力。”纲要中的论述无疑是教师开展家长工作的指导思想，也是教师在家长工作中职业道德行为的指南。

一、班级家长工作

班级家长工作是指班级教师面对家长开展的一系列活动安排。班级的家长工作不是教师向家长简单单向输出影响的过程，而是教师与家长双向互动的过程。班级作为幼儿园这一正规教育组织机构的基本单元，在幼儿园的组织以及自身的需要之下，发起家长工作，以此获得家长对班级工作的支持、配合与参与，这中间包括家长发挥自身优势为班级提供服务，也包括家长对班级、幼儿园工作的监督与评价等。

二、班级家长工作中的职业道德行为基本要求

(一)更新观念，调整角色定位

在家长工作中，教师经常是教育者、指挥者和说教者，而家长则是服从者和执行者。教师只是要求家长配合班级的工作，拽着家长走，以自我需求为中心，很少兼顾家长的需求，使家长在家园合作中处于被动地位，这影响了家长参与合作的积极性以及家长资源的功能发挥。

但有时教师也会被家长拽着走，特别是对于任教不久的新教师。新教师往往比较缺乏自信。面对高学历、高职位的家长，一些教师会产生一种畏惧心理，总觉得自己学历不如人家高、知识技能不如人家丰富、又缺少家庭育儿的经验，因此怀疑自己说的话家长是否听，自己提的要求家长是否愿意满足。这些想法会导致教师在与家长的接触中，底气不足，不知如何与家长沟通，甚至回避与家长的直接沟通，或是附和家长，丧失了作为专职教育者的主导立场。

因此，教师在家长工作中，既不要高傲自大，也不要妄自菲薄，要将家长由幼儿教育中被动的辅助角色转变成主动的、与幼儿园平等的合作者。教师对家长要以诚相待，热情服务家长，调动家长的积极性，在家长工作中不断尝试新的沟通方式，根据不同的家长调整沟通策略，进行换位思考，了解不同家长的需求，用心拉近彼此的距离，使家长工作更加顺利，使家园合作更紧密、更有效、更和谐。

学习笔记

（二）家长资源的合理开发

家长资源对教师来说是一项重要而特殊的资源。家长的来源多样化、背景多样化，能提供的资源也是多样化的，所以教师要善于开发利用家长资源。家长资源对班级幼儿和教师的发展既有重要的促进作用，也有一定的制约作用。因此，幼儿园教育可以突破时空局限，把幼儿园教育活动延伸到可以利用的家长资源环境中，通过“走出去”“请进来”的方式，让家长参与更多的亲子活动和助教项目，帮助幼儿开阔眼界、增强实践能力，充实幼儿园教育的活动方式，改变幼儿园的教育模式。比如，男性家长参与到幼儿园的教育活动中就可以暂时打破幼儿园中教师以女性为主的性别局限，对幼儿的性别角色发展有积极作用；在进行与“健康”“身体”等有关的活动时，在医院工作的家长可以帮助联系参观体检站；有的爷爷奶奶擅长播种，就可以帮助指导班级的小菜园。

但是家长资源的开发利用，存在一些问题，其中最为凸显的便是家长资源的闲置以及家长资源的开发过度。教师如果仅仅把家长作为幼儿的监护人和自己教育活动的被动接受者，则往往会处于一种高姿态，对家长资源不屑一顾；而一些新教师不知道该如何开发与利用家长资源，致使家长资源闲置。殊不知，家长对能参与到幼儿园的教育活动中是充满了兴趣与好奇的，他们也乐意提供自己能提供的资源。另一个问题则是由于教师过于依赖家长，过于频繁地调动家长参与，导致家长资源开发过度。家长被当作合作利用的对象，缺少与教师之间的民主与平等，教师只从减轻自身负担出发，一味地要求家长配合、滥用家长资源，尤其是物质资源。比如，有的教师经常请家长帮忙布置环境，请家长带各种物品，外出活动时请家长备车、照顾孩子，等等。家长提供帮助与支持固然重要，但是家长毕竟不是专职教育者，如果事事要求家长配合、处处寻求家长帮助，必然会加重家长的负担，长此以往，势必会减弱家长的积极性与主动性，还有可能使家长产生误解，怀疑教师是否将自己的工作转嫁给家长。所以，在家长资源的开发与利用中，教师需要掌握好“度”。

实践小贴士

新生入园后，教师可以将家长的信息进行采集与整理，包括家长的职业、专长、爱好等，家长自身的专业知识与职业领域可以为班级课程主题的开发提供很大帮助。通过后面与家长的接触以及家庭其他成员的接触，教师进一步了解家长的不同能力与资源，对家长可参与的各项工作的岗位与职能进行分析，做到心中有数。教师还可以建立家长资源信息库，在需要时能迅速调出可利用的家长资源。信息库的内容会随着教师与家长交往的增多以及家长参与度的增加而不断丰富，但是教师不可泄露家长的信息，更不可利用家长资源谋取私利。

学习笔记

(三)与家长平等对话、真诚沟通、相互支持

1. 尊重家长，理解家长，为家长着想

一个班级中，家长众多，形形色色，从父辈到祖辈，大部分家长是非常尊重和体谅教师的，但也有家长会提出无理的要求或者做出不理智的事情。这时就需要教师能冷静地处理问题，理解家长，进而一起解决问题。无论家长的态度如何、教育方法如何、处事方式如何，他们的最终目的都是一样的，那就是让自己的孩子发展得更好。因此，教师要理解家长“望子成龙”“望女成凤”的心态，要理解家长对幼儿的种种期望，也要对家长的教育观念、教育方法、教育态度表示理解，进而可以提出自己的观点和想法，与家长一起交流分享，切不可以高姿态对家长指手画脚，也不能爱理不理、草草敷衍。

教师以怎样的眼光看待不同职业不同文化素养的家长、看待教师与家长的关系，会影响教师以怎样的态度和行为对待家长、对待他们的孩子，所以，无论家长的背景如何、学历如何、工作如何，教师都要一视同仁、平等公正地对待每个家长。教师在与家长沟通的过程中，要文明礼貌，语气要和缓，不能盛气凌人，不要伤害家长的自尊心。尊重家长，与家长建立一种平等合作的关系尤为重要。

2. 主动联系，协调合作，为幼儿负责

家长对自己孩子在幼儿园中的情况总是很关心，也很想知道自己孩子在同龄人中的发展水平如何，但是有时很忙，没有合适的与教师沟通的时间与机会，因此，教师要主动与家长联系，特别是发现孩子有比较大的进步或者在出现问题的前期，要第一时间与家长联系，及时进行家园沟通，以便双方全面了解幼儿，在关键时刻给予幼儿积极的影响和教育。

在与家长沟通幼儿的情况时，教师要全面、真实、客观地说明情况，不可一味地批评、指责或告状，也不可夸大事实，进行不切实际的表扬，这样才是对幼儿负责。因此，教师平时要做一个有心人，关注到每个幼儿的点滴，适时地与家长交流，使家长感受到教师对自己孩子的关心。当感觉到自己的孩子得到了教师真诚的关爱与悉心的关注之后，家长就会赋予教师更多的信任。同时，在家长介绍幼儿情况时，教师要认真听并能抓住关键信息，必要时对家长的表述进一步追问，这样才能清楚、准确、全面地了解到幼儿的情况，为幼儿的各种表现找到原因，也为家园双方的配合打下基础。平时，教师也要重视家长交代的各种小事，并努力完成，这也是获得家长信任、对幼儿负责的重要途径，也可为将来获得家长配合打下基础。

3. 协助家长，家园配合，为家庭教育服务

幼儿园的任务是解除家庭在培养幼儿时所受的时间、空间、环境的制约，让幼儿身心得以发展。所以，服务于家庭、服务于幼儿是幼儿园的重要功能，也是教师的主要工作内容。随着幼儿园教育工作的转型与发展，幼儿园发挥教育作用

学习笔记

的直接对象由幼儿扩展到家庭，家庭教育、家长教育也被纳入家长工作的范畴，教师有责任、有义务向幼儿家长提供家庭教育指导，提升家长的家庭教育水平。

家庭教育是学校教育的基础和补充，但大部分家长不是教育专业出身，可能不太懂得教育孩子的艺术、不了解孩子的身心发展规律，他们的教育观念或多或少地留下了自己成长路上的印迹。因此，教师要重视并且有义务向家长传播科学的育儿知识，为家长提供学习育儿知识的平台，增加家长之间、家长与教师之间的交流机会，促进家庭教育的科学化、专业化，使家长在先进教育思想的引导下，以合适的方式配合教师的学校教育。

如果教师不做好家长的家庭教育工作，仅仅把教育放在幼儿园中，那么，学校教育也不会取得理想的效果，教师的努力可能得不到家长的理解与支持，反而会遭到家长的质疑与反对。这样，家园双方不但不能同舟共济，还有可能相互猜忌。所以，协助家长做好家庭教育，是家园配合、促进幼儿良好发展的奠基石。

实践小贴士

与家长沟通小窍门

• 多向家长介绍孩子的优点，再委婉地提出可以改进的地方；

• 以换位思考的思维方式与家长沟通，先表示对家长的理解；

• 沟通方式多样化：短信、微信、微博、QQ、电话等，但要注意自身形象的展示，如签名、上传的照片等；

• 与家长沟通随机但不随意；

• 遇到特殊事件，及时、坦诚地与家长沟通，勇于承担责任；

• 多使用文明用语，与家长说话要客气，如要用“您、谢谢、对不起、请”；

• 与家长沟通时，不使用“你应该”“你必须”“你得……”这种命令性词语，而应该用“我觉得”“您认为”等委婉、协商的词语；

• 不能忽略与“乖孩子”家长的沟通，教师的教育对象不是只有不乖的孩子；

• 要主动联系家长，家长不主动联系教师不代表家长不想了解孩子的在园情况，也许只是怕麻烦老师；

• 每周用短信与家长沟通，说一说这一周孩子在园都做了些什么、获得了哪些经验等，这比家长从孩子处了解更有效，也更能使家长支持、认可教师的理念与方式，更愿意配合教师的工作；

• 从为孩子着想的角度而不是便于自己管理的角度与家长沟通、提出要求，家长会更容易接受，比如“您的孩子最近经常迟到，我担心他的运动时间会不充足，所以方便的话请准时来园，好吗？”

学习笔记

单元 4　教育评价中的职业道德行为

教育评价是教育过程中的重要环节。《幼儿园教育指导纲要(试行)》明确指出:“教育评价是幼儿园教育工作的重要组成部分,是了解教育的适宜性、有效性,调整和改进工作,促进每一个幼儿发展,提高教育质量的必要手段”,“是教师运用专业知识审视教育实践,发现、分析、研究、解决问题的过程,也是其自我成长的重要途径”。教师在教育评价中的所作所为将影响到幼儿、教师、课程和教学四方面的发展。

在幼儿园的教育活动中,教师的身份、幼儿的年龄和身心发展程度、教师在幼儿心目中的威信决定了教师是幼儿行为的评价之源,同时教师带有价值判断色彩的评价也影响着幼儿自我意识的建构。作为幼儿的“重要他人”,幼儿教师对幼儿的评价方式、评价内容会影响到他们的身心发展。教师对幼儿的评价结果必须要反映出被评价者的真实情况,并以恰当的、具有建设性的方式反馈给被评价者,并让其接受,这样才能发挥评价的作用。

一、教育评价与教育评价的方式

作为教育活动的一个重要组成部分,教育评价是以教育目标为依据,运用有效的评价技术和手段,对教育活动的过程和结果进行测定、分析、比较,并给以价值判断的过程,其基本原则是注重客观性原则、理论联系实际原则、发展性原则和联系性原则。教育评价活动旨在鉴别、评判教育活动的优劣,进而对教育活动起到导向作用。①

教育评价是教育活动中的一种价值判断活动,对幼儿发展进行评价的目的是“了解幼儿的发展需要,以便提供更加适宜的帮助和指导”。要重视全面、客观了解和评估每个孩子的发展状况及其特点,防止片面性,尤其要避免只重知识和技能,忽略情感、社会性和实际能力的倾向。② 随着《幼儿园教育指导纲要(试行)》的推进与实施,幼儿园的教育评价观念和方式也逐渐由注重结果、选拔的终结性评价转变为关注幼儿表现、发展的动态评价。比如了解幼儿获得答案或解决问题的过程就比判断幼儿的答案或行为结果的对与否更为重要,更能反映出幼儿的发展水平,这样的动态过程评价可以在一定程度上反映出幼儿的动机、习惯、情绪情感、创造能力等。

评价的方法多种多样,主要有日常的行为观察、作品分析、谈话、成长档案、家园联合问卷、正式的阶段性测评等。评价内容、形式的多元化意味着评价标准的多元化,《幼儿园教育指导纲要(试行)》中指出,评价要考查“教育内容、

---

① 奚丽娟:《面向多元化的新时期幼儿园教育评价思考》,载《中国校外教育》,2012(1)。

② 毛海燕:《幼儿园教育多元化评价的建构》,载《学前教育研究》,2008(9)。

要求能否兼顾群体需要和个体差异"，因此，多元化使得评价从单一走向多维、从静止走向动态。

学习笔记

二、教育评价中的职业道德行为基本要求

(一)以评价促发展

"每周都要写两篇游戏观察记录，还有个案观察，写那么多东西干吗呀？谁看哪！"

"反正也没人看，随便编一下，很快地，交上去凑个数呗。"

"要给每个小朋友填写评价量表，真麻烦，唉，根据感觉随便填一填，差不多就得了。"

这些话可能很多教师都说过，或者在心里想过、抱怨过，但迫于这是幼儿园给教师布置的"作业"，教师必须要去完成。可是到底有多少教师看到了其中的重要作用而心甘情愿去做好观察、分析、评价、改进呢？越积越多的观察记录、行为分析又真正能发挥多少作用？他们真的能促进幼儿的发展吗？

观察记录、评价分析确实是教师了解幼儿的有效工具，但如果教师只是为了应付幼儿园检查，而不是真正地去运用，或者不知该怎么运用，就不能很好地了解幼儿的发展水平，也不能用它来指导自己的教学行为。

教育评价本身应该是教育教学的阶段终点，但更应该是起点。一方面，对这一阶段幼儿发展的情况作总结，帮助教师了解班级幼儿的情况，同时将结果汇报给家长，让家长了解自己孩子在各方面的发展水平；另一方面，也为教师制订下学期的课程计划提供了依据。但在实践中教师往往将评价结果作为衡量教育效果和幼儿发展水平的静态标准，把它作为一名幼儿的标签，而课程的设计实际上也是较难改动的，因为大纲、课改以及幼儿园传统保留下来的教学计划甚至教案是既定的。如果教师不能充分参考教育评价的结果来灵活地设计自己班级的课程，就很容易导致教育评价只是教育的终点，并未成为下一阶段教育的起点。评价也就失去了"幼儿"与"课程"之间的桥梁作用。

《幼儿园教师专业标准(试行)》中要求教师要"有效运用评价结果，指导下一步教育活动的开展"。所以，以促发展为目的的评价不是为了完成某种教学任务的终结性活动，它应该与教学之间相互作用、相互推动。评价既辅助着教学，又贯穿在教学活动的每一个环节甚至生活中；而教学又要通过抓住从评价中获得的信息加以适当调整。因此便有了"生成课程""班本化课程"等以班级幼儿发展水平为依据的、体现评价与教学互动互促的课程。

(二)日常评价中的评价内容、形式、语气与态度

教师日常的评价是指在幼儿园一日生活中，教师通过言语和非言语的行为对幼儿的言语或行为所做出的肯定或否定倾向的价值判断。

1. 日常随机的评价要实事求是、明确具体

"你做得真好！"

"你真棒！"

"你怎么能这样做呢？"

"你这样说是不对的！"

在日常生活中，幼儿的一举一动都是教师的评价对象。日常生活中的教育主要落在道德品质、社会情感和行为习惯上，因此，教师在日常生活中对幼儿的评价多是根据幼儿的言行进行的随机评价。随机评价也不可以随意评价，虽然教师都能意识到评价对幼儿发展的重要性，如巩固良好言行，指出不足，但有些评价的内容和方式并不能促进幼儿的发展，还有可能是无效甚至负效的。在作为回应的评价中，教师必须根据幼儿的实际表现进行实事求是的评价，而不能是虚假的、泛泛的、夸大的评价。同时，评价的内容要明确具体，具有针对性，不但要让幼儿知道自己的对错，还要让幼儿知道对在哪儿、错在哪儿、要怎样改进。

学习笔记

2. 评价用语积极正面、态度真诚

其实教师都知道怎样评价幼儿是不合适的，但教师也有着和常人一样的喜怒哀乐，一些幼儿做出的一些事情，难免会让有些教师火冒三丈，这时就需要教师理性地控制自己的情绪，站在幼儿的角度去考虑他们的内心感受，稍事稳定，再去评价幼儿，而不是顺着自己的情绪，对幼儿大吼大叫、一通指责。教师日常使用的评价性语言还会影响到幼儿自我概念的形成、幼儿的评价标准和评价性语言的使用。如果教师多是指责、严厉的评价，那么必会导致这个班的幼儿在与同伴交往中喜欢用指责、命令性、强硬的话语。

在评价时，教师要多使用鼓励性、赞许性、支持性的话语，而避免使用否定性的、批评性的语言和语气，尽量是和幼儿自身作比较，以事论事，而不要在集体面前对单个幼儿进行批评，要根据不同幼儿的个体差异选择适合他们的评价方式。教师要用自己的包容心和积极的情绪情感去感染幼儿，给每个幼儿以尊重与信任，从而使幼儿形成积极健康的自我意识。

拓展阅读

英国语言哲学家格莱斯的合作理论以合作原则指导了教学语言的研究。格莱斯认为：人们的言语交际总是互相合作的，谈话双方都希望能够互相理解，共同配合，以促成言语交际的成功。

格莱斯认为人们在谈话中遵守的合作原则包括四个准则：①量的准则；②质的准则；③相关准则；④方式准则。① 量的准则要求幼儿教师在日常教学评价行为中，语言应重点突出、富有逻辑性，

① 付英：《语用学理论指导下的教师语言》，载《四川教育学院学报》，2003(9)。

能够让幼儿明白并且乐意接受；质的准则要求幼儿教师在评价时，语言应当真实、准确；相关准则要求幼儿教师的评价语言应具有针对性和相关性；方式准则要求幼儿教师对幼儿做出的评价应合理，评价语言应流畅、自然、富有感染力。①

思考与练习

扫二维码看参考答案

一、名词解释

1. 幼儿园班级管理

2. 班级环境管理

3. 教育评价

二、填空题

1. 班级管理中教师要以________为基本着手点、以________和________为支撑点、以________为启承点同步开展工作。

2. 幼儿园班级的基础设备设施是________、________得以正常展开的物质保障，它是教师根据________有计划、有目的地创设出的__________环境，它必须是________、________，有利于幼儿________的。

3. 幼儿园一日生活由四大领域构成：__________、__________、__________、__________。

4. 建立良好的精神环境主要体现在以下几个方面：①建立__________，②帮助________________，③发挥________________，④形成______________，⑤形成________________。

5. 班级的家长工作不是________________的过程，而是________________，共同为________________创造良好的条件。

三、简答题

1. 什么是好的幼儿园班级管理？

2. 如何在一日生活中体现教师的职业道德？

3. 怎样在班级物质环境的创设中体现教师的职业道德？

四、论述题

请谈一谈教育评价的重要性以及在教育评价中如何体现良好的职业道德。

学习反思

---

① 司秀月：《专家型与新手型幼儿教师日常教学评价行为的比较》，硕士学位论文，广州大学，2012。